Hubert Seipel

PUTINS MACHT

Warum Europa Russland braucht

Hoffmann und Campe

Sollte diese Publikation Links auf die Webseiten Dritter enthalten, so übernehmen wir für deren Inhalte keine Haftung, da wir uns diese nicht zu eigen machen, sondern lediglich auf deren Stand zum Zeitpunkt der Erstveröffentlichung im April 2021 verweisen.

1. Auflage 2021

www.hoffmann-und-campe.de
Umschlaggestaltung: Lisa Busch © Hoffmann und Campe
Umschlagabbildung: © Getty Images/Charles Platiau/Kontributor
Satz: fuxbux, Berlin
Gesetzt aus der Sabon und Helvetica Neue LT
Druck und Bindung: Friedrich Pustet, Regensburg
Printed in Germany
ISBN 978-3-455-00286-7

HOFFMANN
UND CAMPE

Ein Unternehmen der
GANSKE VERLAGSGRUPPE

Inhalt

»Wir werden hart arbeiten müssen, wenn es darum geht, dem Teufel auf die Spur zu kommen … Eine geheimnisvolle Verschwörung ist im Gange, so fein gesponnen, dass es kriminell wäre, sich an altem Respekt und langjährigen Freundschaften festzuhalten …«

Arthur Miller, Hexenjagd (1953)

»Wir dürfen nie vergessen, dass in Washington nur Siege zählen, die Siege für das amerikanische Volk sind. Die Menschen sind das Herz unserer Nation, die Träume der Menschen sind die Seele unserer Nation, und ihre Liebe ist es, die unser Land antreibt und erhält. Wir dürfen nie vergessen, dass Amerika an erster Stelle stehen muss.«

Donald Trump, 45. Präsident der Vereinigten Staaten von Amerika

»Geschichte wäre etwas Ausgezeichnetes, wenn sie nur wahr wäre.«

Leo N. Tolstoi

Prolog

Das Theaterstück *Hexenjagd* des amerikanischen Dramatikers Arthur Miller spielt im frühen Amerika der Puritaner. Der moderne Klassiker schildert eine historische Begebenheit. Die kleine Stadt Salem nahe Boston, Massachusetts, wurde vor gut dreihundert Jahren durch mehr als hundert Hexenprozesse berühmt, die zerstrittene Dorfbewohner im Winter 1692 gegen ihre Nachbarn anstrengten. Ein Gericht verurteilte während des kurzen Kreuzzugs neunzehn Menschen als »Hexen«, die sich vermeintlich mit dem Teufel verbündet hatten, und ließ die Mitbewohner hängen. Dutzende andere starben nach ihrer Verurteilung in Gefängnissen.

In Millers *Hexenjagd* werden einige junge Mädchen vom Pfarrer des Städtchens dabei erwischt, wie sie heimlich in einem Wald tanzen und okkulte Rituale praktizieren. Um sich der Bestrafung zu entziehen, behaupten sie, verhext worden zu sein, und benennen aufs Geratewohl Frauen aus dem Dorf, die sie für Hexen halten. Das Klima in Salem verändert sich. Nachbarn beschuldigen Nachbarn. Denunziation scheint die einzige Möglichkeit zu sein, um sich vor dem Galgen retten. »Das ist die Stunde der Fanatiker«, so heißt es im Programmheft des Hamburger Thalia-Theaters, wo das Stück 2018 Premiere feierte, und von denen gibt es nicht nur im puritanischen Salem jede Menge. Vor allem, wenn neben religiösen auch ökonomische oder erotische Interessen ins Spiel kommen.

Hexenjagd ist noch immer eine brillante Chiffre für die hysterische Verfolgung Andersdenkender, auch wenn Arthur Miller in erster Linie Erfahrungen in den USA zu den Zeiten des Kalten Kriegs verarbeitet hat. Damals hatte der republikanische Senator Joseph »Joe« McCarthy und der »Ausschuss für antiamerikanische Umtriebe« die Jagd auf vermutete oder wirkliche Kommunisten eröffnet. Nicht nur beim politischen Gegner, den Demokraten, sondern vor allem unter Künstlern und Filmschaffenden in Hollywood. Selbst in der US-Armee und unter amerikanischen Zahnärzten suchten die Kommunistenjäger nach subversiven Helfern Moskaus. Miller schildert in einem Artikel in der *New York Times* von 1989 den McCarthyismus als einen amerikanischen Albtraum mit ebenso düsteren und bedrohlichen wie absurden Zügen:

»Eine Zeitlang schien es, als würde Senator Joe geradewegs aufs Weiße Haus losgehen, nicht zuletzt, weil die schiere Ungeheuerlichkeit seiner Behauptungen gewissermaßen der Beweis für ihre Richtigkeit war: Wenn sich die Kommunisten tatsächlich *überall* versteckten, dann folgte daraus, dass sie auch dort waren, wo der gesunde Menschenverstand sie am allerwenigsten vermutete.«[1] Und Miller erklärt, warum die *Hexenjagd* nicht nur eine Parabel über die Ära des Kalten Kriegs ist: »Tatsache ist, je länger ich mich mit dem Dilemma beschäftigte, desto weniger schien es um Kommunisten und um McCarthy zu gehen, sondern um etwas, das ganz wesentlich für das Menschentier ist: seine Furcht vor dem Unbekannten, und vor allem, die Angst vor der sozialen Isolation.«

Das Theaterstück *Hexenjagd* ist nicht zuletzt deswegen bis heute faszinierend, weil sich die politischen Strategien seit den Tagen von Salem kaum verändert haben. Der Glaube an die eigene Mission ist unerschütterlich, und der Feind kommt grundsätzlich aus dem anderen Lager. Arthur Millers Resümee: »Politische Bewegungen versuchen immer, sich als Schutzschild gegen das Unbekannte zu inszenieren: Stimm für mich, und dir droht keine Gefahr! Bei einer Hexenjagd ist diese Gefahr allerdings eine einzige böse, verkommene, üble, gottlose, zügellose, betrügerische, amoralische, widerliche Verschwörung, die direkt aus dem Innersten der Hölle stammt.«

Die Vorstellung hat sich seit Salem über McCarthy bis in die Gegenwart gehalten. Für die US-Demokraten besteht kein Zweifel, dass der Republikaner Donald Trump nur dank Wladimir Putins Manipulationen 2016 zum Präsidenten der USA gewählt wurde. Seither vergeht kaum eine Woche, in der nicht die journalistischen Flaggschiffe wie *The Washington Post* oder *The New York Times* Geschichten zur angeblichen Unterwanderung der amerikanischen Gesellschaft durch russische Geheimdienste präsentieren. Stets mit dem Verweis auf Erkenntnisse amerikanischer Geheimdienste und den beiden Worten *»most likely«* – »sehr wahrscheinlich«. Worte, die Journalisten dann benutzen, wenn sie für einen Verdacht keine konkreten Beweise haben. Über zwei Jahre hat der amerikanische Sonderermittler Robert Mueller im Auftrag des Kongresses die sogenannte »Russland-Affäre« untersucht. Für die Verschwörungstheorie der Demokraten, nach der Trump dank Putin ins Amt gekommen sei, konnte er keine Beweise vorlegen.

Die tägliche Wiederholung von der Gefahr aus dem Osten hat allerdings die gesicherte Erkenntnis auch in deutschen Medien weitgehend verdrängt, dass die USA weltweit Marktführer sind, wenn es um flächendeckendes Ausspähen und Abhören der Geheimdienste geht. Es war bekanntermaßen der amerikanische Geheimdienst NSA, der weltweit nicht nur Angela Merkels Handy, sondern auch die deutscher Industrieunternehmen abhörte und wohl auch noch abhört – bestens ausgestattet mit einem Budget von gut 11 Milliarden Dollar, über 40 000 Angestellten und mit tatkräftiger Unterstützung der Internetgiganten aus dem Silicon Valley. »Ja, die NSA versucht, anderer Leute Geheimnisse zu klauen, und ich gebe zu, dass wir ziemlich gut darin sind«, erklärte ihr einstiger Chef Michael Hayden in der ARD-Dokumentation »Abgenickt und Abgehört« unmissverständlich. »Selbst wenn es um Amerikas engste Freunde geht. Unsere Werte, unsere Interessen, unsere politischen Interessen decken sich nie.«[2]

Für den US-Präsidenten Donald Trump kam die Gefahr gleichfalls von außen. Neben dem traditionellen Lieblingsfeind Russland hatte er noch eine weitere Gefahr aus dem Fernen Osten ausgemacht. Für ihn war es keine Frage, dass das Coronavirus chinesisch und damit die Kommunistische Partei Chinas für die über hunderttausend Toten in Amerika verantwortlich ist. Eine geradezu religiöse Überzeugung, die kein anderes Erklärungsmuster zuließ. Der Aufstieg Chinas zur Weltmacht und zum Konkurrenten der Vereinigten Staaten mobilisierte einmal mehr die Ängste wie zu den besten Zeiten des Kalten Kriegs.

Nach dem Zusammenbruch der Sowjetunion vor mehr als drei Jahrzehnten ist das triumphale Gefühl der Überlegenheit wieder gefährdet und damit auch die Vorstellung von der vermuteten Einmaligkeit. Weltweit machte damals ein Thesenpapier die Runde, das Sieger und Verlierer klar beim Namen nannte und der Welt eine glänzende Zukunft vorhersagte. Der Titel der frohen Botschaft: *Das Ende der Geschichte*. Verfasst hatte das Werk Francis Fukuyama, ein amerikanischer Politologe, und der Inhalt war ebenso einfach wie erfreulich: Wir, der Westen, haben gewonnen. Der Feind im Osten ist am Ende. Die Zukunft gehöre nun allein »der Demokratie und der kapitalistischen Wirtschaft«, die »alle Widersprüche überwinden und alle Bedürfnisse befriedigen« würden.

Francis Fukuyama war nicht der Einzige, der begeistert den Anbruch einer neuen Ära verkündete. Auch der amerikanische Präsident George Bush senior beschwor am 11. September 1990 vor dem Kongress das neue Zeitalter. Das Versprechen: »Eine Welt, in der die Herrschaft des Rechts die Herrschaft des Dschungels ersetzt. Eine Welt, in der die Völker die gemeinsame Verantwortung für Freiheit und Gerechtigkeit erkennen. Eine Welt, in der der Starke die Rechte des Schwachen respektiert.«

Was das konkret bedeutete und wer in dieser neuen Welt das Sagen haben sollte, beschrieb der Kommentator der *Washington Post* Charles Krauthammer eine Woche nach Bushs Rede in seinem berühmt gewordenen Artikel »The Unipolar Moment«. Der ausgewiesene Konservative mit besten Beziehungen zum Weißen Haus erklärte die Spielregeln. »Es gibt die Vorstellung, dass die Welt multipolar wird«, so Krauthammer. »Die Welt nach dem Kalten Krieg wird nicht multipolar sein. Sie ist unipolar. Die Vereinigten Staaten sind das Zentrum der Welt. Die USA sind die einzige Weltmacht, begleitet von westlichen Alliierten.«[3]

An der Größenvorstellung hat sich nichts geändert. Achtunddreißig Jahre später, im Sommer 2018, unterstreicht US-Präsident Trump wieder einmal den amerikanischen Führungsanspruch auf die Welt. »Amerika hat die beste Ausrüstung der ganzen Welt. Wir haben das beste Gefühl, die besten Soldaten. Auf jedem Schlachtfeld und zu jeder Zeit. Wir sind die Mächtigsten. Wir haben das meiste Geld. Wir sind die Größten. Wir sind die Stärksten, wir sind die Klügsten. Mit Amerika geht es wieder aufwärts. Wir werden nicht klein beigeben.«[4]

Auch nicht, was China angeht – das Land, das jetzt neben Russland auf der Anklagebank sitzt. Donald Trump, der republikanische Gewinner von 2016, hat – wie die Demokraten – den Feind von außen ausgemacht. »China wird alles tun, was in seiner Macht steht, damit ich die Wahl verliere«, verkündete Trump im Wahlkampf 2020.[5]

Donald Trump wähnte sich – ähnlich wie einst seine Konkurrentin Hillary Clinton – im Namen einer höheren Macht unterwegs, daran lässt er keinen Zweifel. »Ich bin der Auserwählte. Also nehme ich es mit China auf.« Der Mann aus Washington hat auch keine Zweifel, wie die Schlacht ausgeht. »Und wissen Sie was? Wir werden gewinnen.«[6] Und falls doch nicht, ist diesmal Peking schuld statt Moskau.

Die geschürte Angst vor finsteren Mächten der USA ist nicht nur eine innenpolitische PR-Variante der Überzeugung, dass das Böse von außen kommt. Die Projektion taugt auch als Mehrzweckwaffe gegen Deutschland, wenn der unbotmäßige Verbündete Amerikas Geschäfte stört. Weil per Fracking gewonnenes Öl und Gas aus den USA teurer ist als der Import aus Russland, versucht Washington mit allen Mitteln die deutsch-russische Pipeline zu verhindern. Präsident Trump wie auch Demokraten und Republikaner aus dem Kongress laufen seit langem Sturm gegen

Nord Stream 2. Das günstige Gas aus dem Osten stört die amerikanische Energiebranche sehr. Deutschland begebe sich in Abhängigkeit von russischem Gas, sorgt sich Amerika angeblich um unsere Sicherheit. Deswegen haben die USA als selbsternannte Erziehungsberechtigte ein »Gesetz zum Schutz von Europas Energiesicherheit« verabschiedet. Washington droht mit milliardenschweren Sanktionen und will deutsche und andere europäische Firmen ruinieren, die bei der Konstruktion der Pipeline beteiligt sind. Wie strategisch und übergriffig der Pate aus Übersee dabei vorgeht, zeigt ein Schreiben von amerikanischen Senatoren, das im August 2020 in Sassnitz auf Rügen einging, einem beschaulichen 9000-Einwohner-Flecken.

In ihrem Brief warnen die US-Parlamentarier vor »vernichtenden juristischen und wirtschaftlichen Sanktionen«, falls die Hafenbetreiber von Sassnitz nicht sämtliche Unterstützung für die Verlegung der deutsch-russischen Gaspipeline einstellen.[7] Die Drohung richtet sich ausdrücklich nicht nur gegen Unternehmer und Aktionäre, sondern auch gegen sämtliche Mitarbeiter der betroffenen Betriebe.

Der Fährbetrieb gehört der Stadt und dem Land Mecklenburg-Vorpommern. »Es geht dem Präsidenten offenkundig nicht um Europas Energiesicherheit«, kommentiert die *Frankfurter Allgemeine*. »Er will die neuen amerikanischen Gasproduzenten auf dem alten Kontinent ins Geschäft bringen. Dazu muss er Russland als dominierenden Anbieter aus dem Markt boxen.«[8]

Donald Trump hatte den Druck auf Deutschland weiter erhöht. Ohne Rücksprache mit Berlin wollen die USA fast 12 000 Soldaten aus Deutschland abziehen. Die Kommandozentrale der US-Truppen für Europa in Stuttgart soll ins belgische Mons verlegt werden. Trump warf

Deutschland vor, die USA beim Handel und beim Militär zu übervorteilen. »Sie nutzen uns seit vielen Jahren aus … Wir wollen nicht mehr die Deppen sein.« Mit Blick auf die ökonomischen Folgen des Abzugs fügte er hinzu: »Jetzt sagt Deutschland, es sei schlecht für seine Wirtschaft. Nun, es ist gut für unsere Wirtschaft.«[9]

Die USA setzen auf eine Spaltung Europas, um ihre Interessen durchzusetzen. Es ist die alte Strategie, die schon die Römer kannten: *»divide et impera«* – »teile und herrsche«. Washington zieht demonstrativ Soldaten aus Deutschland ab in Richtung Ostgrenze der Nato, »wo unsere neuen Alliierten sind«, verkündete Donald Trump. Der neue Partner heißt Polen. Die nationalkonservative Regierung in Warschau möchte seit langem mehr Truppen im Land haben – als Drohkulisse gegen den Erbfeind Russland. Bislang sind Soldaten dort im Rotationsprinzip stationiert, nach Angaben der polnischen Regierung derzeit etwa 5000. Geplant ist unter anderem eine ständige amerikanische Militärbasis, die nach dem Willen der polnischen Regierung den Namen »Fort Trump« erhalten sollte.

Die Regierung in Warschau ist auch eine von Trumps Waffen gegen die Gaslieferungen aus Russland. Polen hat mit den USA langfristig Verträge über amerikanisches Fracking-Gas abgeschlossen und organisiert in der EU den Widerstand gegen Nord Stream. Warschau war schon immer gegen russische Gaslieferung nach Deutschland und verwandelt die Erinnerung an den Zweiten Weltkrieg in einen Krieg der Erinnerungen. Der einstige Verteidigungsminister Radosław Sikorski verglich den deutsch-russischen Vertrag über die Gas-Pipeline gar mit dem Hitler-Stalin-Pakt. Er spielt damit auf eine exklusive polnische Geschichtsdeutung an, der zufolge Hitler und Stalin gemeinsam den Zweiten

Weltkrieg geplant haben. Genau so hätten Russland und Deutschland Anfang der Jahrtausendwende den Verlauf der Pipeline an Polen vorbei entschieden. Warschau sieht den Kampf gegen Russland als nationale Aufgabe, das geschichtliche Trauma mit dem mächtigen Nachbarn und Rivalen während der vergangenen dreihundert Jahre aufzuarbeiten. Die rechtsnationale Regierung kann dabei nicht nur auf die Unterstützung Washingtons bauen. Polnische Abgeordnete haben im September 2019 im Europaparlament eine Resolution durchgesetzt, die Russland als Rechtsnachfolger der Sowjetunion für den Zweiten Weltkrieg mit verantwortlich macht.[10]

»Jetzt sind wir also nur noch die Täter«, kommentiert der russische Historiker Alexey Miller von der Europäischen Universität St. Petersburg, »und die anderen sind nur die Opfer.«[11]

Die USA sind durch die Dauerfehde zwischen Republikanern und Demokraten für die nächsten Jahre politisch nicht kalkulierbar – auch, was die Amtszeit von Joe Biden angeht. Die Außenpolitik Washingtons ist die Fortsetzung der amerikanischen Innenpolitik, mit brachialen Konsequenzen für Europa.

»Was wir gerade erleben, ist für mich der Hirntod der Nato«, gibt der französische Präsident Emmanuel Macron im Oktober 2019 in einem spektakulären Interview mit dem englischen Magazin *The Economist* zu Protokoll und bricht damit bewusst das Tabu, offen über Ziel und Zweck des gemeinsamen Verteidigungsbündnisses zu reden. »Wir finden uns das erste Mal mit einem amerikanischen Präsidenten wieder, der unsere Idee des europäischen Projekts nicht teilt«, kritisiert Macron. Es könne nicht sein, dass man immer nur über die amerikanische Forderung nach höheren europäischen Verteidigungsausgaben rede, während die USA im Alleingang den Vertrag mit Russland über die Begrenzung der Mittelstreckenraketen kündigt, ohne die europäischen Verbündeten zu konsultieren, obwohl deren Sicherheitsinteressen betroffen sind. Macrons Schlussfolgerung: Europa könne sich nicht mehr auf Amerika verlassen. Gefordert sei mehr europäische Souveränität, auch in der Verteidigung, und man müsse wieder mehr auf Russland zugehen. Die Eiszeit in den Beziehungen zu Moskau habe Europa nicht stabiler gemacht.[12]

Die Antwort der Bundeskanzlerin kommt schnell und ist typisch für Angela Merkel. Sie könne nicht abstreiten, dass es in der Nato knirscht. Aber was Emmanuel Macron über das transatlantische Bündnis gesagt habe, könne sie auf keinen Fall so stehen lassen: »Diese Sichtweise entspricht nicht meiner«, betont sie in Berlin. »Ich glaube, ein solcher Rundumschlag ist nicht nötig, auch wenn wir Probleme haben, auch wenn wir uns zusammenraufen müssen.« Die Attacke aus Paris trifft Angela Merkel in einer empfindlichen Phase ihrer langen Karriere. Ihre Ära geht dem Ende zu. »Wer sagt es ihr?«, hatte die Wochenzeitung *Die Zeit* im Oktober 2018 getitelt und darauf angespielt, dass Merkels Zeit abgelaufen sei. »Merkel sitzt auf dem Sofa ihrer Überzeugungen, während um sie herum Betriebsamkeit herrscht. Alle schauen nach vorn, und Merkel ist noch da, aber gleichzeitig schon weg – ein gefährlicher Zustand.«

Einige Tage später verkündet die Kanzlerin unter dem Druck miserabler Landtags-Wahlergebnisse in Hessen, ihr Amt als CDU-Vorsitzende abzugeben. Bis zum Ende der Wahlperiode 2021 will sie allerdings noch Bundeskanzlerin bleiben. Es ist ihr Kampf um die verbliebene Restspielzeit und ihren schwindenden Einfluss. Sie weiß, was das bedeutet. Wer die eigene Partei nicht führen könne, könne auch nicht das Land führen, kommentierte einst die CDU-Vorsitzende Angela Merkel 2004 den Rücktritt ihres Vorgängers vom SPD-Vorsitz. Bundeskanzler Schröder habe einen »Autoritätsverlust auf ganzer Linie« erlitten. Für den französischen Präsidenten ist es der passende Moment, politisch anzugreifen. Er setzt auf ein stärkeres Europa, nicht auf Amerika.

Für Angela Merkel ist die Konfrontation mit den USA am Ende ihrer langen Laufbahn ein Debakel. Sie hat in ihrer erstaunlichen Politkarriere ausschließlich auf den großen Bruder jenseits des Atlantiks gesetzt und über Jahre die Beziehungen nach Moskau vernachlässigt. Washington hat die Bewunderung der deutschen Kanzlerin honoriert und ihr die »Freiheitsmedaille des Präsidenten« verliehen, einen der höchsten amerikanischen Orden. Eine Auszeichnung für Menschen, die sich um die Interessen der USA verdient gemacht haben, heißt es in den Statuten. »Dass ich einmal von einem amerikanischen Präsidenten die Freiheitsmedaille empfangen würde, das lag jenseits meiner Vorstellung«, bekennt sie gerührt im Juli 2011 im Rosengarten des Weißen Hauses vor den versammelten Gästen.

Was ihr Freund Barack Obama der deutschen Kanzlerin damals nicht verrät: Der amerikanische Geheimdienst hört die deutsche Kanzlerin seit Jahren ab, Handy inklusive. Eine US-Tradition, die vor politischen Freunden nicht haltmacht – wie schon bei Merkels Vorgänger und Vorvorgänger.

Als die Information durch den Whistleblower Edward Snowden zwei Jahre später öffentlich wird, bleibt sie Barack Obama treu. Ihre einzige kritische Anmerkung in der Öffentlichkeit lautet: »Wir sind Verbündete, aber solch ein

Bündnis kann nur auf Vertrauen aufgebaut sein. Und deshalb wiederhole ich noch mal: Ausspähen unter Freunden, das geht gar nicht.« Barack Obama ist wenig beeindruckt. Seine öffentliche Antwort auf den Abhörskandal lässt an Deutlichkeit nichts zu wünschen übrig. »Lassen Sie mich das klar sagen: Unsere Geheimdienste werden weiterhin auf der ganzen Welt Informationen darüber sammeln, was andere Regierungen vorhaben. Wir werden uns nicht dafür entschuldigen, dass unsere Geheimdienste besser sind.«[13]

Erst das gewöhnungsbedürftige, polternde Auftreten seines Nachfolgers Donald Trump zeigte, wie sehr Angela Merkel in der Rolle der politischen Dienstleisterin für eine Weltmacht aufgegangen war. Erst jetzt geht auch die Kanzlerin auf Distanz. Für die Politikerin aus Deutschlands Osten ist mit Trumps Amtsantritt jene geschäftliche Grundsicherung der Bundesrepublik verloren gegangen, die nicht nur in der Welt der Angela Merkel als politisch erdbebensicher galt: die gusseiserne Vorstellung einer unverbrüchlichen Gemeinsamkeit des Westens und der feste Glaube, die Großmacht USA werde stets an unserer Seite stehen, weil uns eine irgendwie gemeinsame Vorstellung von Demokratie und freier Marktwirtschaft verbindet. Dass der Westen keineswegs gemeinsam agiert und die Großmacht USA ausschließlich eigene Interessen hat, ist eine neue Erfahrung für die Kanzlerin am Ende ihrer Amtszeit.

Es ist diese späte Erkenntnis, die Angela Merkel pragmatisch bewogen hat, doch wieder mehr mit Wladimir Putin zu konferieren. Ihr Spielraum ist enger, die Probleme sind größer geworden. Dabei ist die Devise »America first« nicht neu. Die Erfahrung hatten schon ihre Vorgänger Gerhard Schröder und Helmut Kohl gemacht. Auch für Barack Obama oder George W. Bush stand das Leitmotiv nie infrage.

1 Deutschlands langer Abschied von Amerika

Die politischen Handlungsreisenden, die seit Jahrzehnten regelmäßig Mitte Februar nach München kommen, kennen sich meist schon länger. Das Treffen im Fünf-Sterne-Hotel Bayerischer Hof dauert in der Regel ein Wochenende und ist weiträumig abgesichert. Auch 2020 sperren Tausende von Polizisten für die Ankunft der Politprominenz die Straßen um den Promenadeplatz ab, versiegeln Kanaldeckel und montieren elektronische Sicherheitsschleusen am Hoteleingang. Was das schweizerische Davos für die globale Wirtschaftselite ist, ist die Münchner Sicherheitskonferenz für die Vertreter weltweiter Geopolitik. Dutzende von Staats- und Regierungschefs treffen sich in der Lobby des Hotels zu den offiziellen Konferenzen, führen in den ausgebuchten Suiten diskrete Hintergrundgespräche, treffen informelle Absprachen.

Die Liste der Teilnehmer ist lang. Politikerinnen und Politiker aus allen Enden der Welt, Lobbyisten der Rüstungsindustrie, Generäle der Nato oder CEOs internationaler Unternehmen. Frankreichs Präsident Emmanuel Macron ist ebenso vertreten wie der amerikanische Außenminister Pompeo und seine Kollegen aus China und Russland,

Wang Yi und Sergej Lawrow. Aus Kiew ist der neue ukrainische Präsident Wolodymyr Selenskyj eingeflogen und aus Washington ein halbes hundert Parlamentarier – darunter die Sprecherin des Repräsentantenhauses, die Demokratin Nancy Pelosi, achtzig Jahre alt und streitbare Gegenspielerin von US-Präsident Donald Trump.

Das war nicht immer so. Die Münchner Sicherheitskonferenz, 1963 als »Wehrkundetagung« gegründet, ist ein klassisches Produkt des Kalten Krieges. Die Tagung diente über Jahrzehnte ausschließlich Amerikanern und Deutschen als transatlantische Selbstvergewisserung unter Freunden, eine Art Familientreffen der Nato. Hier kamen der spätere Kanzler Helmut Schmidt und der amerikanische Sicherheitsberater Henry Kissinger bereits zum intimen Meinungsaustausch über die Kubakrise zusammen, als beide in den internen Zirkeln der Macht noch als vielversprechende Nachwuchspolitiker galten. Aus der intimen Runde von einst hat sich in den vergangenen Jahren ein internationales Diskussionsforum der sicherheitspolitischen Elite entwickelt, die regelmäßig über die weltpolitische Lage debattiert.

Diesmal ist alles anders. Es sind nicht nur die üblichen Verdächtigen aus China und Russland, die am Pranger stehen, weil beide nicht den guten Ratschlägen des Westens folgen, um die Welt besser zu machen. Im Mittelpunkt der Auseinandersetzung steht 2020 die hausgemachte Krise unter Freunden und ein mögliches Ende der transatlantischen Allianz. Es geht um »America first« und was das für den Rest der Welt bedeutet. »*Westlessness*« – »Westlosigkeit« – heißt der Kunstbegriff aus dem Englischen, der dem Krisentreffen als Motto dient. Es geht nicht nur um das drohende Ende der alten Ordnung. Es geht auch darum, dass die Welt immer weniger westlich geprägt ist, so lautet ein Teil der Analyse. Gemeint ist damit auch, dass der Westen die eigenen Vorstellungen selbst nicht umsetzt und damit wenig überzeugend ist. Und *last but not least*: Der einstige Pate europäischer Politik, die Vereinigten Staaten von Amerika, hat ausschließlich eigene Interessen im Blick. Das war zwar immer so, aber es wurde nie so deutlich ausgesprochen wie derzeit.

Wolfgang Ischinger, der Leiter der Konferenz, zieht daher eine bittere Bilanz: »Die Jahre seit 2014 sind durch die höchste Zahl bewaffneter Konflikte seit 1946 gekennzeichnet. Gleichzeitig dauern Konflikte länger an, früher durchschnittlich knapp zehn Jahre, heute siebenundzwanzig Jahre.« Für den einstigen deutschen Botschafter in Washington und flexiblen Transatlantiker eine ernüchternde Erkenntnis. »1,8 Milliarden Menschen – rund ein Viertel der Weltbevölkerung – leben in fragilen Staaten mit hohen Sicherheits- und Entwicklungsrisiken. Fast 71 Millionen Menschen sind auf der Flucht, so viele wie noch nie zuvor.« Aussicht auf Besserung ist nicht in Sicht. Die weltweite Coronavirus-Pandemie wird die Zahlen weiter in die Höhe treiben.[1]

Great again – auch auf Kosten der Nachbarn

Warum es so gekommen ist, beschreibt an diesem Freitagnachmittag der deutsche Bundespräsident. Frank-Walter Steinmeier ist in der Vergangenheit nicht gerade als polarisierender Politiker aufgefallen. Der einstige Außenminister beherrscht das Handwerk des Gewerbes perfekt, die jeweilige Lage nach den jeweiligen Interessen in gesetzten Worten zu verkaufen. Steinmeier kommt schnell zur Sache.

»Ich bin nun nicht mehr Stammgast hier«, entschuldigt sich der Bundespräsident vorsorglich zu Beginn seiner Eröffnungsrede und bemerkt scheinbar beiläufig, »Diplomatie ist jetzt nicht mehr mein Kerngeschäft.« Dann liest er den versammelten Politikerinnen und Politikern die Leviten. Recht und Regeln seien offenkundig zwar für kleinere Staaten überlebensnotwendig, zitiert er sinngemäß den griechischen Philosophen Thukydides, »für Großmächte ist das allerdings wohl nur eine von vielen Möglichkeiten«. Zum Auftakt kritisiert das deutsche Staatsoberhaupt routiniert die üblichen Verdächtigen der Nato-Partner. Russland habe, keine Frage, durch Unberechenbarkeit und Konfrontation einen Vertrauensverlust erzeugt. Und China akzeptiere das Völkerrecht nur selektiv und verstöre »uns alle« mit dem massiven Vorgehen gegen Minderheiten im eigenen Land.

Die klassischen Feindbilder, die Steinmeier bedient, sind allerdings nur der Auftakt zu einer fundamentalen Kritik an Amerika. Der Auftritt des deutschen Politikers wird zur Abrechnung, zum Ausdruck einer tiefen Enttäuschung über einen jahrzehntelangen Bündnispartner, dessen weltpolitische Regieanweisungen deutsche Regierungen in der Vergangenheit allenfalls hinter vorgehaltener Hand kritisiert haben. »Unser engster Verbündeter, die Vereinigten Staaten, erteilen unter der jetzigen Regierung selbst der Idee einer internationalen Gemeinschaft eine Absage«, so Steinmeiers Fazit. »Als ob eine Haltung, jeder ist sich selbst der Nächste, schon Weltpolitik sein könnte. Als ob an alle gedacht sei, wenn jeder an sich denkt. *Great again* – notfalls auch auf Kosten der Nachbarn und Partner.« Die Rede ist der offizielle Abschied des Bundespräsidenten von dem Ziel, die Welt nach westlichem Vorbild zu gestalten, was immer der Westen und Amerika genau darunter verstanden haben.

Frank-Walter Steinmeier weiß, wovon er spricht. Selbst wenn der einstige Außenminister die ständigen Konflikte der vergangenen Jahre zum ersten Mal öffentlich anprangert: Neu ist die schmerzhafte Erkenntnis nicht, dass Deutschland und Europa schon seit längerem nicht mehr im Mittelpunkt amerikanischen Interesses stehen. »Wir müssen uns vor der Illusion hüten«, so Steinmeier, »dass das schwindende Interesse der USA allein auf die gegenwärtige Administration zurückzuführen ist. Die Verschiebung hat früher begonnen, und sie wird auch nach dieser Administration weitergehen.«

Die Aussichten, dass sich das bald wieder ändern könnte, sind schlecht. Amerika hat seine Rolle als die führende Weltmacht eingebüßt. Der rasante Aufstieg Chinas in die globale Liga der Supermächte hat die Gewissheit des Westens erschüttert, dass wirtschaftlicher Fortschritt nur in Demokratien möglich ist. Das Reich der Mitte ist neben den USA Deutschlands größter Handelspartner. Zum anderen ist Europa sich selbst nicht einig, was es will. England hat sich mit dem Brexit von der EU verabschiedet, und die Beliebtheit der Deutschen in Resteuropa hält sich zunehmend in Grenzen. Für die USA ist es einfach, einzelne Staaten gegeneinander auszuspielen. Mit Vorliebe instrumentalisiert Washington Polen und die baltischen Staaten. Die Länder haben sich zwar gerne der Europäischen Union angeschlossen, haben aber mit Russland alte Rechnungen offen, aus der Sowjet-Ära ebenso wie aus der Zarenzeit.

Den eigenen Landsleuten bescheinigt der deutsche Bundespräsident »Selbstüberschätzung«. Als Deutsche sollten »wir unsere Außenpolitik nicht mit zu viel Heilserwartung überfrachten«. Unsere Politik dürfe sich »nicht in moralischen Verurteilungen« erschöpfen und in der weitverbreiteten Vorstellung, »alles wäre gut, wenn nur alle so vernünftig wären wie wir Deutschen«.

»Wir glauben gerne«, so Steinmeier weiter, dass »wir die Lektionen der europäischen Geschichte aufgrund unserer Vergangenheit« am »gründlichsten gelernt haben«. Ein Irrglaube, der »uns blind gemacht hat dafür, dass unsere Nachbarn die Welt anders sehen«. Dass Europa nicht enger zusammenhalte, sei wohl nicht zuletzt auch die Schuld der Deutschen. Trotz aller Kritik der osteuropäischen Staaten an Russland aus deren Trauma der Vergangenheit fordert der Bundespräsident, auch in Zukunft auf Russland zu setzen: »Mit einer zunehmenden Entfremdung von Russland kann und darf Europa sich auch nicht dauerhaft abfinden. Wir brauchen ein anderes, ein besseres Verhältnis der EU zu Russland und Russland zur EU.«[2]

Die Rede »war mehr als eine umfassende Analyse der Weltpolitik. Sie war und ist ein Rettungsversuch«, kommentierte die *Frankfurter Allgemeine*, die ansonsten wenig auf das transatlantische Bündnis kommen lässt. »Steinmeier hielt ein flammendes Plädoyer für die inzwischen vielfach verhöhnte Idee, eine sich an Regeln und Verträge haltende Zusammenarbeit sei für die Staatengemeinschaft insgesamt wie auch für jedes einzelne Mitglied besser als das rücksichtslose Verfolgen der jeweiligen eigenen Interessen auf wessen Kosten auch immer.«[3]

»Der Westen gewinnt. Wir gewinnen gemeinsam«

Die Antwort von US-Außenminister Mike Pompeo lässt nicht lange auf sich warten. Seine Rede ist eine Mischung aus bemühter Nachsicht und strengem Tadel. Er komme immer gern nach Deutschland und sei auch schon früher als CIA-Direktor zur Konferenz nach München gekommen, bemerkte der Mann aus Washington jovial. Erst vor ein paar Monaten habe er in Berlin den dreißigsten Jahrestag des Mauerfalls gefeiert. Er erinnere sich noch gut an den eigenen persönlichen Beitrag in den achtziger Jahren an der Front. Damals sei er als junger Offizier an der innerdeutschen Grenze Patrouille gefahren, um die Freiheit zu verteidigen. Die Freiheit, die mit dem Mauerfall ja auch gesiegt habe.

Dann änderte sich die Tonlage, der US-Politiker ist sichtlich angefasst. Ohne den Bundespräsidenten direkt anzusprechen, attestiert Mike Pompeo dem deutschen Staatsoberhaupt Realitätsverlust: »Ich bin heute hierhergekommen, um Ihnen die Fakten klarzumachen. Ihre Feststellungen haben nichts mit der Wirklichkeit zu tun.« Berichte über den Tod des atlantischen Bündnisses seien schlicht falsch. »*The West is winning. We are collectively winning.*« Der Westen gewinnt, und wir werden gemeinsam gewinnen. Freie Nationen, so das Resümee, »sind einfach erfolgreicher als jedes andere Modell«.

Pompeo belegt seine These mit rhetorischen Fragen: Warum wollen die Menschen wohl an Bostons Elite-Universität Cambridge »und nicht in Caracas« studieren? Warum haben sich denn alle Start-ups »im Silicon-Valley und nicht in St. Petersburg« niedergelassen? Und selbst im Fernen Osten befinde sich der einstige Kriegsgegner Vietnam nach Pompeos Einschätzung jetzt auf dem richtigen Weg in Richtung Westen. Nach einem jahrzehntelangen Krieg mit Millionen von toten Vietnamesen deutet der Mann aus Washington die US-Niederlage von 1975 um in einen späten Sieg westlicher Werte.

»Respekt für die Souveränität anderer Nationen« sei für die USA »die Grundlage und das Geheimnis« für den weltweiten Erfolg, gibt Pompeo in München zu Protokoll. Für den US-Außenminister lauern die Gefahren woanders. In Russland, China oder dem Iran. Die USA würden sich nicht in die Angelegenheiten anderer Nationen einmischen. Vorausgesetzt, dass »diese Länder sich nicht in die Angelegenheiten der USA einmischen oder die unserer Freunde«. Auch wenn die eine oder andere Nation offenkundig nicht weiß, dass sie sich zu den Freunden der USA zählen dürfen. Die USA engagierten sich weltweit, »um mit Europa für Freiheit und Souveränität zu kämpfen«.

Was alles unter die »Angelegenheiten der USA« fällt, macht der US-Außenminister den Deutschen an diesem Tag im Detail noch einmal nachdrücklich klar. Berlin solle das Nord-Stream-2-Projekt fallen lassen – jene Unterwasser-Gasleitung, die russisches Erdgas von Russland durch die Ostsee direkt nach Deutschland transportiert. Denn das Ziel sei klar: Russland wolle Deutschland nur weiter von sich abhängig machen. »*Don't be fooled* – lassen Sie sich nicht täuschen, auch wenn andere anderes behaupten.« Und der US-Außenminister gibt den Deutschen und allen europäischen Ländern, denen an der Freundschaft zu den USA gelegen ist, noch eine weitere Mahnung mit auf den Weg: Sollte sich Europa darauf einlassen und bei dem chinesischen Weltmarktführer Huawei digitale Technik einkaufen, hätte das unangenehme Folgen für diese Länder.

Das Stichwort lautet »5G« und steht für die fünfte Mobilfunkgeneration. Die neue digitale Schlüsseltechnik kann viel mehr Daten als bislang in kürzester Zeit für die Steuerung neuer Technik bereitstellen und ist entscheidend für die künftige Industrieproduktion. Ein digitales Spitzenprodukt, über das Amerika trotz Silicon Valley nicht verfügt. »Ich weiß«, räumt der US-Außenminister großzügig ein, es sei immer schwierig »für seine Unabhängigkeit einzustehen ... Aber solche Entscheidungen sind niemals ohne Kosten.«[4]

Wie die aussehen und wer der Leidtragende sein wird, sollten die Betreffenden nicht den amerikanischen Ratschlägen folgen – dies darzulegen überlässt er dem Kollegen Mark Esper. Der US-Verteidigungsminister macht klar: In diesem Fall sollten sich die Europäer darauf einstellen, dass die Vereinigten Staaten nicht mehr bereit sind, Geheimdiensterkenntnisse mit den Partnern zu teilen. China benutze seinen ökonomischen Erfolg nur dazu, um militärisch aufzurüsten. Aber »möglicherweise« könnten die USA Peking mit massivem Druck noch »auf den richtigen Weg« bringen.[5]

»Was gut ist, müssen wir behalten, was böse ist, muss vernichtet werden.«

Es sind nicht nur die Minister des republikanischen Präsidenten Trump, die an diesem Tag versuchen, eine gemeinsame Front gegen China zu errichten. Auch Nancy Pelosi, die ranghöchste Vertreterin der US-Demokraten und Gegenspielerin der Trump-Regierung, warnt in München die Europäer vor dem Kauf der Spitzentechnik, die Amerika selbst nicht bieten kann. Ein 5G-Netz aus China wäre die heimtückischste Aggression, die man sich denken könnte, so Pelosi. Wie wichtig Infrastruktur für das Wohl der Welt sei, belegt die Sprecherin des Repräsentantenhauses mit einem historischen Beispiel. Nur weil die Römer frühzeitig in ihrem großen Reich so viele Straßen gebaut hätten, konnte sich die frohe Botschaft des Christentums weltweit verbreiten. Sonst hätten die Jünger Jesu nie den christlichen Glauben in alle Welt tragen können. Aber was ein kommunistisches China mit Hilfe der neuen Technik ungehemmt verbreiten würde, könne man sich ja wohl vorstellen.

Was sich in diesem Jahr auf der Münchner Sicherheitskonferenz offenbarte, war ein selten offener Kampf um geopolitisches Gelände und eine eingeforderte Loyalität Europas – die Wiederauflage einer nahezu identischen Auseinandersetzung dreizehn Jahre zuvor. Nur ging es damals nicht um den Konflikt im eigenen Lager, sondern um die Abgrenzung Russlands gegen die Ansprüche des Westens. 2007 war es der erste Auftritt des neuen russischen Staatspräsidenten auf der Sicherheitskonferenz, der – ähnlich wie jetzt der deutsche Bundespräsident – die transatlantische Selbstgewissheit störte. Die Einladung biete ihm die Gelegenheit, einmal »ohne diplomatische Rücksichten zu sagen«, was er denke – und dann kam Wladimir Putin schnell zur Sache. Für ihn besteht der Zweck des transatlantischen Bündnisses darin, dass die USA anderen Staaten Regeln aufzwingen, die diese nicht wollten. Er nennt als Beispiel den Irak-Krieg, den Deutschland zusammen mit Frankreich und Russland abgelehnt hatte. Putins Analyse: Die USA strebten zur monopolaren Weltherrschaft und hätten »ihre Grenzen in fast allen Bereichen überschritten«.

An diesem Morgen des 9. Februar 2007 machte Wladimir Putin auch klar, dass Moskau Washington nicht als alleinige Weltmacht akzeptieren werde: »Eine monopolare Welt, das heißt: *ein* Machtzentrum, *ein* Kraftzentrum, *ein* Entscheidungszentrum. Dieses Modell ist für die Welt unannehmbar.« Zu den konkreten Rücksichtslosigkeiten zählte Putin die Osterweiterung der Nato, weil deren militärische Infrastruktur »bis an unsere Grenzen« heranreiche.

»Gegen wen ist diese Provokation gerichtet?«, so der russische Präsident. »Die Garantien, die uns gegeben wurden, wurden nicht eingehalten. Ist das normal?« Putin erinnerte daran, dass Michail Gorbatschow 1990 zwar einem vereinigten Deutschland innerhalb der Nato zugestimmt hatte, um eine Verlegung der Nato-Grenze nach Osten sei es dabei aber selbstverständlich nicht gegangen.[6]

Dass politische Garantien ein frühes Verfallsdatum haben, ist eine Erfahrung, die jetzt, Jahre später, Verbündete wie Deutschland und Frankreich teilen. Weil Russland 2007 nicht in der Lage war, mehr als nur den guten Willen der Nato-Partner einzufordern, hat Moskau längst eine strategische Partnerschaft mit Peking geschlossen und sich im Osten positioniert. Europa brauchte erst Donald Trump, um festzustellen, was eigene Interessen sind, und streitet sich seit dessen Amtsantritt, wie es sich aufstellen soll, nachdem die USA sich ausschließlich auf »America first« und die eigenen Interessen konzentrieren.

Ob Nato-Erweiterung, Nord Stream 2 oder China – die Vereinigten Staaten setzen nach wie vor auf den Traum vom »American Exceptionalism« – der amerikanischen Einzigartigkeit, jener evangelikalen Vorstellung der weißen Siedler in der Neuen Welt, in einem höheren Auftrag zu handeln. »*What is good we desire to preserve and improve* – was gut ist, müssen wir erhalten und verbessern«, brachte die *New York Daily Times* die US-Mission in ihrer Erstausgabe 1851 auf eine griffige Formel. Und der Vorläufer der *New York Times* predigte in dem Leitartikel auch die Konsequenz der harmlos klingenden Vorstellung: »Und was von Übel ist, muss beseitigt oder reformiert werden.« Dies ist zugleich bis heute das Leitmotiv der Zeitung geblieben. Eine Vorstellung, mit der auch Deutschland gerne kokettiert.

Die offene Konfrontation auf der Münchner Sicherheitskonferenz von 2020 markiert nicht nur für den deutschen Bundespräsidenten das Ende eigener Illusionen. Jenes triumphale Hochgefühl eines historischen Gesamtsieges des Westens dank einer moralischen Überlegenheit, für das die Ereignisse des 9. November 1989 stehen. Als damals im geteilten Berlin die Mauer fiel und sich einen knappen Monat später im Dezember Michail Gorbatschow und Bush senior zu einem Gipfeltreffen an Bord des Kreuzfahrtschiffes *Maxim Gorkiy* vor Malta trafen. Als der US-Präsident und der Generalsekretär des Zentralkomitees der Kommunistischen Partei, beide gemeinsam, den Kalten Krieg für beendet erklärten.

Dreißig Jahre später ist es jetzt Frankreichs Präsident Emmanuel Macron, der auf der Münchner Sicherheitskonferenz dem deutschen Bundespräsidenten zustimmt und die Vorstellung von der Dominanz einer einzigen Weltmacht in dem Nato-Zirkel verbal beerdigt. »Wir brauchen eine europäische Sicherheitskultur«, sagt Macron. Und: Wir können nicht jeden »Sicherheitsaspekt durch eine amerikanische Brille sehen«. Gerne mit der Nato, aber nicht mehr mit Amerika als Oberbefehlshaber. Kurz: Wir brauchen eine europäische Politik, nicht nur einfach eine Transatlantik-Politik.[7] Und wer diese europäische Politik formulieren sollte, dafür präsentierte Macron gleichfalls einen Vorschlag: Frankreich und Deutschland sollten sich zusammentun und einen neuen Anfang machen.

»Der Westen wird gewinnen, sagt Pompeo«, fasst die *New York Times* das denkwürdige Treffen der Münchner Sicherheitskonferenz im Februar 2020 zusammen, »aber der Westen glaubt ihm nicht.«[8]

2 Merkels Rückkehr zur Realität

Moskau, Anfang Januar 2020. Die Wagenkolonne der deutschen Kanzlerin wartet an diesem Samstagnachmittag bei leichtem Schneetreiben auf dem Gelände des Kremls länger als geplant. Vom angrenzenden Roten Platz schwappen Fetzen russischer Weihnachtsmusik über die Mauern des Präsidentensitzes. Ab und zu stellt der eine oder andere Fahrer die Scheibenwischer an, um die Windschutzscheiben frei zu machen. Die Mercedesflotte mit Wagenstandarte und deutscher Flagge am vorderen Kotflügel steht vor dem Haupteingang des *Senatskij dvorets*, dem Senatspalast aus dem 18. Jahrhundert, wie der offizielle Arbeitsplatz des russischen Präsidenten heißt.

Im zweiten Stock erklärt Angela Merkel nach stundenlangen Beratungen der versammelten Presse, warum die Gespräche mit Wladimir Wladimirowitsch Putin an diesem Tag so lange gedauert haben. Die Tonlage der Kanzlerin ist ungewohnt freundlich. »Wenn Bürgerinnen und Bürger unserer beiden Länder in Kontakt sind, dann kann das nur produktiv sein«, so Merkel. Sie kündigt an, dass Russland und Deutschland nun »sehr intensiv zusammenarbeiten wollen«. Natürlich »definieren wir aus deutscher Sicht unsere Interessen und die Russen die ihren«, räumt Angela Merkel ein. Und da gebe es durchaus Meinungsunterschiede. Aber der Besuch habe »einfach den Vorteil, dass man miteinander und nicht nur übereinander spricht«, was wichtig sei, um die Argumente des anderen zu verstehen. Und Wladimir Putin ergänzt, dass auch Russland bestrebt sei, die Zusammenarbeit im »Sinne des gegenseitigen Vorteils« des jeweils anderen zu gestalten.[1]

Fünf Jahre zuvor war die Stimmung im selben Raum eisig. Das Treffen der beiden im Mai 2015 war vom Konflikt in der Ukraine bestimmt, die Tonlage entsprechend. Angela Merkel sprach von »Verbrechen« und einem ernsten Rückschlag in den Beziehungen. Die deutsche Kanzlerin vermied jeglichen Blickkontakt und blieb nur so lange wie unbedingt nötig. Jetzt, an diesem Samstag Jahre später, ist die Stimmung entspannt. Angela und Wladimir wirken wie ein älteres Ehepaar, das schon vor Jahren geschieden wurde und jetzt mit gebührendem Abstand sachlich die gegenseitigen Unterhaltszahlungen besprechen kann. Man ist noch immer per Du und kennt die Stärken und Schwächen des anderen bestens. Die Zuneigung hält sich in überschaubaren Grenzen.

Wladimir Putin und ich hatten uns einige Tage zuvor, noch im alten Jahr, in seiner Vorstadtresidenz in Nowo-Ogarjowo getroffen, gut dreißig Kilometer vom Kreml entfernt. Es ist auch dieses Mal, wie bei den meisten unserer regelmäßigen Verabredungen der vergangenen Jahre, kurz nach Mitternacht, bis das Tagesgeschäft des Präsidenten durch ist und Wladimir Putin in T-Shirt und Kapuzenpullover Zeit hat. »Wir müssen nicht mehr kämpfen. Es gibt keinen Grund dafür. Wir wissen, woran wir sind«, beschreibt Wladimir Putin das gewandelte Verhältnis zur deutschen Kanzlerin. Die neue Gelassenheit ist die Konsequenz schwieriger Zeiten.

Er hat in den vergangenen Tagen viel mit Angela Merkel und Emmanuel Macron telefoniert. Angela Merkel steht unter Druck. Die Stichworte sind seit Monaten dieselben. Der Krieg in Syrien, die stagnierende Entwicklung beim Friedensprozess in der Ukraine und der Libyen-Konflikt, der sich wie Syrien zu einem Albtraum für Europa entwickelt hat. Die Bundeskanzlerin will eine weitere große Flüchtlingswelle wie jene von 2015 verhindern, die Deutschland und Europa weiter auseinanderdividieren würde. Sie setzt jetzt auf Putins Unterstützung.

Im Frühjahr 2011 hatten US-Kommandos zusammen mit der französischen, englischen und kanadischen Luftwaffe die libysche Armee vernichtet. Das Ziel der westlichen Intervention lautete: »Regime Change« – gedacht als Hilfe für die »Rebellen«, wie die Gegner von Alleinherrscher Muammar al-Gaddafi offiziell hießen, und ganz generell um »unschuldige Menschen zu schützen«. Barack Obama hat den Angriffsbefehl von damals als den größten Fehler seiner Präsidentschaft bezeichnet, als er das Weiße Haus verließ.

Das nordafrikanische Land hat sich seit der Nato-Intervention in einen unregierbaren Staat verwandelt. Gleichzeitig entwickelte sich Libyen zur Drehscheibe für Hunderttausende von Flüchtlingen aus afrikanischen Ländern, die versuchen, über das Mittelmeer nach Europa zu kommen. Deutschland hatte 2011 eine Teilnahme an der US-geführten Operation abgelehnt, da es sich »um eine militärische Intervention« handle. Niemand solle sich der Illusion hingeben, es gehe lediglich um die Aufstellung eines Verkehrsschildes, erklärte der deutsche Außenminister im Bundestag.

Weil Deutschland sich damals zurückgehalten hat, reden die libyschen Konfliktparteien auch mit der Bundeskanzlerin, die versucht, mit der Hilfe Wladimir Putins in dem Konflikt zu vermitteln.[2]

Unser Treffen an diesem frostigen Silvestertag 2019 in Nowo-Ogarjowo überschneidet sich mit einem Dienstjubiläum der besonderen Art. Zwanzig Jahre zuvor hatte der damalige russische Präsident Boris Jelzin Putin zum Übergangspräsidenten ernannt. »Ihr Büro, Wladimir Wladimirowitsch!« Mit diesen Worten übergibt Boris Jelzin am 31. Dezember 1999 sein Amtszimmer im Kreml an Wladimir Putin, den Jelzin erst ein knappes halbes Jahr zuvor als Ministerpräsidenten berufen hatte. »Jelzin hatte mir zwar schon vorher gesagt, dass er mich als möglichen Nachfolger sieht«, beschreibt Wladimir Putin die Situation aus der Erinnerung. Dann erzählt er, wie und wann er an jenem Tag in den Kreml bestellt wird und auf einen amtsmüden Vorgänger und dessen Protokollchef trifft. »Wann und wie genau das passieren sollte, darüber hatte Jelzin zuvor jedoch nie gesprochen – und auch nicht darüber, dass er mich zum Übergangspräsidenten machen würde.«

Der aus dem Amt scheidende Präsident wird noch ein weiteres Telefongespräch führen. Bill Clinton ruft an diesem Nachmittag aus dem Weißen Haus an und verabschiedet sich. Die beiden Präsidenten haben eine enge Beziehung. Es war der amerikanische Präsident, der 1996 in Russland mit dafür gesorgt hat, dass Boris Jelzin als russischer Präsident wiedergewählt wurde und nicht sein Rivale und Gegenkandidat Gennadi Sjuganow, der Vorsitzende der Kommunistischen Partei. Jelzins Umfragewerte waren damals einstellig. Bill Clinton setzte sich nach Absprache mit Jelzin dafür ein, dass der Internationale Währungsfonds rechtzeitig vor der Wahl Milliardenkredite nach Moskau überwies, damit der russische Präsident Löhne und Gehälter auszahlen konnte, um der Konkurrenz den Wind aus den Segeln zu nehmen. Parallel zu der finanziellen Rettungsspritze flogen aus den USA aktive Helfer ein. Richard Dresner, ein Wahlkampfmanager von Präsident Clinton, koordinierte das Team aus Meinungsforschern und PR-Spezialisten, um den Wahlkampf Jelzins zu professionalisieren. Erst nach dessen Sieg präsentierte das US-Magazin *Time* alle Details der US-Einmischung in Russlands innere Angelegenheiten. Als Aufmacher der Titelgeschichte »Rescuing Boris« (»Wie wir Boris retteten«) ein Jahr nach dem Wahlsieg ist Boris Jelzin zu sehen, der die amerikanische Flagge schwenkt. »Geheimhaltung war das oberste Gebot«, gibt einer der amerikanischen Wahlhelfer zu Protokoll. »Jedem war klar, wenn die Kommunisten vor der Wahl davon erführen, würden sie Jelzin als Werkzeug der Amerikaner brandmarken – ein hohes Risiko.«[3]

Boris Jelzin legt Bill Clinton zum Abschied seinen Nachfolger Wladimir Putin ans Herz. Der vorzeitige eigene Abtritt sei ihm schwergefallen, gesteht er. Er werde nun alles tun, um den Neuen im Kreml zu unterstützen, auch wenn der wohl eh gut zurechtkommen werde. »Er ist ein sehr starker und sehr intelligenter Mann«, resümiert Boris Jelzin, »das habe ich bei den unterschiedlichsten Gelegenheiten festgestellt.« Wladimir Putins Defizit sei allenfalls die mangelnde internationale Erfahrung. Ansonsten hat Jelzin keinen Zweifel, dass er der richtige Mann am richtigen Platz sei.

Der Rest des Gespräches ist für das Protokoll. Freundliche Worte, die man so sagt, wenn man abtritt. Über die gute gegenseitige Zusammenarbeit der vergangenen Jahre, trotz aller Konflikte. Grüße an die Ehefrauen und die Versicherung des US-Präsidenten, mit dem neuen Mann im Kreml zusammenzuarbeiten.[4]

Boris Jelzin wird sich anschließend um die Mittagszeit per Fernsehansprache offiziell verabschieden. »Ja, ich gehe. Ich habe getan, was ich konnte«, so Jelzin in einem kurzen, emotional berührenden Statement. »Ja, ich möchte mich bei Ihnen entschuldigen. Dafür, dass viele unserer Träume nicht wahr geworden sind.« Und dass alles, »was uns allen so einfach erschien, am Ende so quälend schwer war«.[5]

Wer der neue Mann ist, weiß zu diesem Zeitpunkt nicht nur der Westen nicht. Auch im eigenen Land können nur politische Insider mit dem Namen etwas anfangen. Jelzins Nachfolger Wladimir Putin hat sich in den wenigen Monaten, die er bislang als Premierminister gedient hatte, vorrangig mit der Härte, die er im Kampf gegen den Terrorismus gezeigt hat, einen Namen gemacht. »Die Mehrheit der Bürger Russlands weiß in Wirklichkeit nichts über ihn«, schreibt damals die führende Zeitung *Iswestija* und liefert ein paar Stichworte: Der neue Präsident ist siebenundvierzig Jahre alt, Leningrader und Ex-Geheimdienstler. Wladimir Putin gelte als hart, ehrlich und prinzipienfest. »Eine Diskussion, ob es nun gut oder schlecht ist, fünf vor Mitternacht einen Präsidenten mit diesen Eigenschaften zu bekommen, ist sinnlos«, so der Kommentar der Zeitung. »Das Volk bekommt die Herrscher, die es verdient. Jetzt braucht es einen solchen.«

Stunden später, kurz vor Mitternacht, sitzt ein scheuer Interimspräsident vor einem mit Lametta geschmückten Weihnachtsbaum und hält die traditionelle Neujahrsansprache. Er kündigt Neuwahlen an, versichert seinen künftigen Wählern, die Lage in Russland sei unter Kontrolle, und wünscht den Landsleuten ein gutes neues Jahrhundert. Drei Monate später gewinnt der Mann aus St. Petersburg mit rund dreiundfünfzig Prozent der Stimmen die Wahl. Er wird lange Präsident bleiben.

Auch Präsidenten können irren

»Mir war sehr klar«, sinniert Wladimir Putin in dieser Nacht zwanzig Jahre später im Rückblick auf die damalige Ausgangslage, »dass es mit Sicherheit viele Leute geben würde, auch solche, die mich gewählt haben, die meine Entscheidungen, die ich zu fällen hatte, falsch finden. Aber ich muss Entscheidungen im Interesse des Staates fällen, unabhängig davon, ob sie positive oder negative Reaktionen hervorrufen. Auf dem langen Weg, wieder einen halbwegs funktionierenden Staat zu errichten, kann ich nicht alle 140 Millionen Menschen überzeugen. Aber ich muss trotzdem entscheiden, auch wenn manche Entscheidungen falsch waren.«

Es ist Putins Grundüberzeugung, die er an diesem frühen Morgen wiederholt und die er fast wortwörtlich zwei Jahrzehnte zuvor nach Amtsantritt dem russischen Fernsehjournalisten Witali Manski in die Kamera gesprochen hatte. Damals hatte Putin bei Amtsantritt darauf bestanden, als neue Hymne Russlands wieder die vertraute alte Melodie der sowjetischen Nationalhymne einzuführen – allerdings mit neuem Text. Die bekannte Melodie steigere in diesen unsicheren Zeiten das Vertrauen der Bevölkerung, argumentierte der neue Präsident gegen die Kritik, wieder in alte Zeiten zurückzufallen. »Wenn Sie etwas Neues erreichen wollen, müssen Sie auf Bekanntes zurückgreifen, sonst kommen Sie nicht weit.« Auf gewohnte Muster zu setzen, um Vertrauen zu gewinnen und handeln zu können, ist das erprobte Modell der Ära Putin.

»Das öffentliche Bewusstsein ist eine ziemlich undefinierte Substanz. Ich versuche sehr pragmatisch vorzugehen, ein Gefühl zu bekommen, was die Ursache für die Stimmung in der Bevölkerung ist«, beschreibt er den gelegentlich skrupulösen und langwierigen Prozess, mit dem er sich absichert, wenn eine schwierige Entscheidung ansteht. »Und wenn ich das Gefühl habe, dass in Schlüsselfragen eine bestimmte Sache gut für unsere Gesellschaft ist, dann entscheide ich so, auch wenn die Entscheidung nicht mit meiner persönlichen Meinung übereinstimmt. Unsere Bevölkerung ist während der letzten hundert Jahre ziemlich gebeutelt worden.« Bislang ist er meistens gut gefahren, auch wenn seine Mitarbeiter gelegentlich verzweifeln, dass er vor allem bei Personalfragen zu viel »Beißhemmungen« zeige.

In Frankreich haben sich im selben Zeitraum vier verschiedene Präsidenten im Élysée-Palast die Klinke in die Hand gegeben. Die USA haben viermal das politische Personal ausgewechselt. Von Bill Clinton über George W. Bush, Barack Obama bis hin zu Donald Trump. Nur Angela Merkel kann annähernd mit Wladimir Putins Dienstzeit mithalten. Die deutsche Bundeskanzlerin trifft in der Endphase ihrer Regentschaft auf einen russischen Präsidenten, der schon vor ihr im Amt war und wohl noch nach ihrem Abgang im Amt sein wird. Er ist bis 2024 gewählt, und ob er noch einmal antritt, hat er bislang offengehalten. Gleichzeitig ist er international so einflussreich wie nie zuvor.

Wladimir Putin setzt noch immer auf Deutschland und Europa. Er rechnet es Merkel hoch an, dass die Kanzlerin die Pipeline Nord Stream 2 gegen den massiven Druck aus Washington verteidigt. Donald Trump hat das Verhältnis zwischen Deutschen und Amerikanern weit über die normalen politischen Reibungen hinaus belastet. »Das alles war nicht vorherzusehen«, sagt Wladimir Putin und nippt im Morgengrauen an einem letzten Glas Tee. »Natürlich sind persönliche Beziehungen unter Staatschefs wichtig. Es erleichtert das politische Geschäft, wenn man sich halbwegs versteht. Aber es geht trotzdem immer nur um nationale Interessen. Manchmal überdauern sie tatsächlich die Amtszeit, wenn ich etwa an den ehemaligen deutschen Bundeskanzler Gerhard Schröder denke.«

Auch wenn das Verhältnis zu Deutschland sich verbessert hat, innenpolitisch sind die Monate seit Putins Wiederwahl 2018 anstrengend. Die Konflikte zwischen Sergej Kirijenko, dem stellvertretenden Chef der Kreml-Administration, seit 2016 zuständig für die Innenpolitik, und Dmitri Medwedew, dem langjährigen Ministerpräsidenten und Vorsitzenden der Regierungspartei Einiges Russland, haben sich zugespitzt. Die Umfragewerte der Partei sind schlecht. Sie hat bei den letzten Wahlen nur 54 Prozent der Stimmen eingefahren, bei einer Wahlbeteiligung von weniger als 50 Prozent. »Mangelnde Effizienz«, »handwerkliche Fehler« lauten die Vorwürfe, nicht nur aus dem Kreml. Zwar hat Putin 2018 ein gigantisches staatliches Infrastrukturprogramm aufgelegt, aber die Umsetzung lässt zu wünschen übrig. Dass manche Ministerien noch nicht einmal alle Mittel abgerufen haben, die für das Haushaltsjahr zur Verfügung standen, hat Wladimir Putin besonders erbost. Eine vollmundig gepriesene Rentenreform des Kabinetts kassierte er kurz nach der Verkündung ein und besserte nach.

Sergej Kirijenkos erster großer Auftritt auf der zentralen

politischen Bühne Russlands liegt Jahrzehnte zurück, aber er hat sich den Russen tief eingeprägt. Boris Jelzin, politisch kaum noch Herr der Lage im Land, hatte den jungen Technokraten im April 1998 in der Wirtschaftskrise als neuen und jüngsten Ministerpräsidenten Russlands aus dem Hut gezaubert. Kirijenko ist damals gerade einmal fünfunddreißig Jahre alt. Kaum im Amt, kollabiert die Wirtschaft, der Rubel wird um 50 Prozent abgewertet, Russland muss die Zahlungsunfähigkeit erklären. Sechs Monate nach Amtsantritt ist die Personalie Kirijenko bereits wieder Geschichte.

Der Ex-Premier macht sich nach seinem politischen Absturz einen Namen als Manager der schwerfälligen Föderalen Agentur für Atomenergie, Rosatom, die er komplett umbaut. Sergej Kirijenko, ein Freund des ermordeten Oppositionspolitikers Boris Nemzow, gilt als effizient und liberal. Ein Grund dafür, dass Wladimir Putin ihn in den Kreml holte. Die Personalentscheidung entbehrt nicht einer gewissen Ironie: Es war Premierminister Kirijenko, der im Juli 1998 den damals noch unbekannten Wladimir Putin als neuen Direktor des Föderalen Sicherheitsdienstes (FSB) der Öffentlichkeit präsentiert hatte. Kirijenkos Hauptaufgabe sollte es sein, die Präsidentschaftswahlen im März 2018 zu organisieren. Eine Aufgabe, die der neue Mann zur vollen Zufriedenheit seines Chefs löst. Bei der vierten Wahl zum Präsidenten 2018 holt Putin sein bislang bestes Ergebnis von fast 77 Prozent, hohe Wahlbeteiligung inklusive.

Der russische Präsident hat auch registriert, dass die politischen Eliten der unterschiedlichen Lager begonnen haben, mit diskreten Hinweisen und Versprechen ihre Truppen zu versammeln, um für die Zeit nach seiner letzten Amtszeit gerüstet zu sein. Die Vorstellung, die verbliebenen vier

Jahre als *lame duck* zu agieren, ist keine, mit der Putin sich anfreunden kann.

In der traditionellen Neujahrsrede des russischen Präsidenten, die das Fernsehen einige Stunden nach unserem Treffen in Nowo-Ogarjowo kurz vor Mitternacht in den elf Zeitzonen des riesigen Landes ausstrahlt, ruft er einmal mehr zur »Einheit« auf und beschwört den Zusammenhalt der russischen Gesellschaft. »Nur zusammen können wir die Herausforderungen bewältigen, vor denen die Gesellschaft und das Land stehen«, so Putins Appell. Der Neujahrswunsch ist zugleich die Ankündigung eines innenpolitischen Stresstests für die nächsten Monate. Intern hat die Kremlspitze für den Beginn des neuen Jahres eine Krisensitzung anberaumt. Die Redenschreiber des Präsidenten sind dabei, anstehende Veränderungen in die Ansprache an die Nation einzubauen, die in zwei Wochen erfolgen wird – früher als sonst im Jahr. Wladimir Putin hat lange gezögert, den Premierminister und das Kabinett auszuwechseln. Medwedew ist ein Mann aus den Anfangszeiten seiner politischen Karriere, und Putin hält an alten Weggefährten fest, auch wenn deren Verfallsdatum längst überschritten ist. »Es wird die nächste Zeit nicht besser«, sagt er zum Abschied am frühen Morgen, »also müssen wir versuchen, uns darauf einzustellen.« Es geht um einen innenpolitischen Neuanfang, um mehr Effizienz – und um die Stabilisierung der Macht.

3 Putins Operation Machterhalt

Moskau, 15. Januar 2020. In der Ausstellungshalle der Manege, einer ehemaligen Offiziersreitschule aus Zarenzeiten gleich neben dem Kreml, hat sich die politische Elite des Landes versammelt. Gut 1300 Repräsentanten aus Parlament, Regierung, Justiz und Kirche erwarten die jährliche *Poslanije*, die Botschaft, die der Präsident dazu benutzen wird, das wichtigste politische Projekt seit seinem Amtsantritt vorzustellen. Die Kulisse unterstreicht den präsidialen Auftritt. Vorn am weißen Rednerpult glänzt das Staatswappen, der goldene russische Doppeladler. Im Hintergrund sind die Fahnen des Landes aufgereiht. Über eine Stunde lang wird das Staatsoberhaupt reden und seinen Plan für die künftige politische Ordnung des Landes vorstellen.

Wladimir Putin beginnt mit einer einfachen Feststellung. »Unsere Gesellschaft will definitiv eine Veränderung«, verkündet er, »die Leute wollen nicht mehr auf Veränderungen warten.« Die Sprache ist kühl, und anders als im Jahr zuvor hält er sich mit massiver Kritik zurück. Damals war ihm der Ärger über die stockende Umsetzung der milliardenschweren nationalen Programme deutlich anzumerken, als er die mangelnde Effizienz der Regierung kritisierte, die

Projekte umzusetzen. Er höre ständig, das sei alles zu anspruchsvoll, das werde nicht funktionieren, rüffelte er vor laufender Kamera das Kabinett und riet: »Leute mit solchen Ansichten« sollten sich besser aus der Politik heraushalten.

Jetzt, ein Jahr später, hat er nach langem Hin und Her eine weitreichende Entscheidung getroffen. »Die Umsetzung erfordert eine neue Qualität der Regierung auf allen Ebenen«, stellt er fest und beklagt den mangelnden Kontakt der Regierung zur Realität. Die Menschen wüssten oft »besser als die Regierung«, was geändert werden müsse. Er nennt keine Namen, aber jeder weiß, wer gemeint ist. Dmitri Anatoljewitsch Medwedew sitzt mit versteinerter Miene in der ersten Reihe. Der Premierminister sieht nicht so aus, als wäre er vor der Rede über seine Entlassung informiert worden.

Dann beklagt der Präsident die fallende Geburtenrate des Landes, die Russlands Zukunft gefährde. Ärmere Familien sollen deswegen künftig länger Unterstützung für ihre Kinder erhalten, statt bisher drei sieben Jahre lang, und für Eltern mit vielen Kindern verspricht er zusätzliche Leistungen. Er fordert die Regierung auf, den »föderalen Haushalt zu korrigieren«, um weitere Milliarden freizumachen für bessere medizinische Versorgung. Konkret schlägt er vor, die Verfassung zu ändern und sozialpolitische Mindeststandards festzuschreiben: das Recht auf eine menschenwürdige Rente und einen gesetzlich garantierten Mindestlohn.

Es vergeht fast eine Stunde, ohne dass Putin auf die eine von allen mit Spannung erwartete Frage eingeht: Was wird in vier Jahren geschehen? Laut Verfassung läuft die Amtszeit des Präsidenten 2024 aus und kann nicht mehr verlängert werden. Was wird also aus Wladimir Wladimirowitsch? Und wer wird sein Nachfolger?

Statt über seine Zukunft zu reden, stellt Putin vielmehr »eine Reihe von Verfassungsänderungen zur Diskussion«, die er »wichtig für die weitere Entwicklung Russlands« halte. Dann präsentiert er dem Publikum einen ausgetüftelten politischen Schlachtplan mit ausgeprägtem Understatement.

»Nicht alles hat geklappt, aber alles klappt nie«

Der wichtigste Punkt, den er in der Verfassung festschreiben will: die dominante Stellung des Präsidenten. Russland müsse eine präsidiale Republik bleiben, weil das Land als größter Flächenstaat der Welt nicht anders zu regieren sei. Das Parlament soll allerdings mehr Macht erhalten und künftig Premierminister und Kabinett bestimmen können. Dann listet er die Bedingungen für künftige politische Ämter auf: Wer künftig Präsident werden will, muss einen russischen Pass besitzen, fünfundzwanzig Jahre lang vor der Kandidatur in Russland gelebt haben und darf nur zwei Amtsperioden regieren. Wer in der Duma sitzt oder im Föderationsrat, Gouverneur ist oder Richter, darf gleichfalls keine ausländische Staatsangehörigkeit haben. Putin will dem »Staatsrat«, in dem die Gouverneure und regionalen Regierungen sitzen und der bisher nur eine beratende Funktion hat, in der Verfassung einen neuen Rang einräumen, ähnlich dem des Bundesrates in Deutschland. Alles Vorschläge, die zunächst das Verfassungsgericht prüfen müsse und anschließend in einer Kommission beraten werde, bevor das gesamte Paket in einem Volksentscheid zur Abstimmung kommen solle.

Als die Rede an die Nation vorbei und die Nationalhymne gesungen ist, trifft sich Putin demonstrativ mit Medwedew und dem Kabinett. Er sei der Regierung dankbar für ihre Arbeit, sagt der Präsident in freundlichem, wenn auch leicht unterkühltem Ton – auch mit den Ergebnissen, die diese erzielt habe. »Natürlich hat nicht alles geklappt, aber alles klappt nie.« Noch am selben Tag tritt die Regierung geschlossen zurück.[1]

Stunden später steht Medwedews Nachfolger fest. Er heißt Michail Mischustin, ist dreiundfünfzig Jahre alt und in Moskau geboren. Der neue Hoffnungsträger stand unter anderem zehn Jahre lang an der Spitze der russischen Steuerbehörde. Er hat sie modernisiert und digitalisiert. Der promovierte Ökonom kennt wie kein Zweiter die Verwaltung und gilt auch sonst als gut vernetzt. Eine Arbeitsgruppe erhält den Auftrag, die Vorschläge aus der Rede aufzunehmen, weitere hinzuzufügen und die Artikel der neuen Verfassung auszuformulieren. Es wird ein ziemlich dickes Paket. Hunderte von Vorschlägen werden eingereicht, geprüft, verworfen oder in den Entwurf der neuen Verfassung aufgenommen.

Putins Schachzug wirft Fragen auf. Die Medien rätseln wie zu den besten Zeiten der Kreml-Astrologie. »Der frühere KGB-Agent« habe eine Geheimoperation eingeleitet, bei der »niemand weiß, was passiert«, raunt die *New York Times* und wärmt die üblichen Klischees auf. Möglicherweise sei »er krank und hat keine Zeit mehr zu verlieren, bevor er gezwungen ist aufzuhören«, spekuliert die Zeitung.[2] »Putin regelt seine Nachfolge«, weiß der *Spiegel*, der seit Jahrzehnten regelmäßig das nahe Ende des Präsidenten verkündet. Aus unerfindlichen Gründen wolle er »seine Reform unbedingt dem Volk vorlegen, obwohl eine Abstimmung über die Verfassungsänderungen« nicht nötig sei. Dafür regt sich der Korrespondent über die russischen Entwürfe auf: In der Präambel »kommen wahlweise schöne Sätze über Gott, über den Sieg Russlands im Großen Vaterländischen Krieg und über die Ehe als Bund von Mann und Frau« vor, mokiert sich der Kritiker.[3] Er ist nicht der Einzige, der offenkundig den Gottesbezug in der Präambel des deutschen Grundgesetzes nicht kennt. »Im Bewusstsein seiner Verantwortung vor Gott und den Menschen«, steht dort zu lesen, »hat sich das Deutsche Volk kraft seiner verfassungsgebenden Gewalt dieses Grundgesetz gegeben.« Und: »Ehe und Familie stehen unter dem besonderen Schutze der staatlichen Ordnung.« Erst 2017 hat der Bundestag dafür gestimmt, auch Schwule und Lesben diesen besonderen Schutz angedeihen zu lassen. Bundeskanzlerin Merkel stimmte damals dagegen.

Was mit Putin passieren wird, dessen Amtszeit 2024 nach dem neuen Statut ausläuft, weiß bis zu diesem Tag im März 2020 keiner. Sechs Wochen später liegt das Paket der Duma zur Abstimmung vor. Es ist die Abgeordnete der Kremlpartei Einiges Russland, Walentina Tereschkowa, die in der zweiten Lesung des neuen Verfassungsentwurfs im Parlament Wladimir Putins Zukunft auf die Tagesordnung setzt. Sie ist nicht irgendeine Abgeordnete. Der goldene Stern am Revers ihres schwarzen Blazers weist sie als Heldin der Sowjetunion aus. Walentina Tereschkowa war in ihrem früheren Leben Kosmonautin und 1963 die erste Frau im Weltall. Sie ist bekannt und wird geschätzt. Da es eine neue Verfassung ist, seien die neuen Regeln auch für alle gleich, argumentiert sie. Deswegen müsse auch Wladimir

Putins bisheriges Amtszeitkonto wieder auf Null gestellt (»*obnullit'*«) werden. Damit könnte der russische Präsident unter Berufung auf die neue Rechtslage erneut noch zweimal den Gang in den Kreml antreten. Wladimir Putin eilt selbst kurze Zeit später ins Parlament und stimmt zu. Vorausgesetzt, das Verfassungsgericht erhebe keine Einwände und »selbstverständlich nur in dem Fall, dass die Bürger diesen Vorschlag, diese Verfassungsänderung unterstützen. Wenn sie Ja sagen bei der Abstimmung am 22. April dieses Jahres«, gibt Putin zu Protokoll. 382 Abgeordnete stimmen dafür, 44 enthalten sich. Auch das Verfassungsgericht gibt grünes Licht.

Was der Kreml zu diesem Zeitpunkt nicht auf der Rechnung hat, ist die Corona-Pandemie, die auch in Russland zuschlägt. Die Volksabstimmung verzögert sich um drei Monate. Anfang Juli 2020 liegt das Ergebnis vor, und das ist eindeutig. Wladimir Putin hat die Stimmung in Russland richtig eingeschätzt. Nahezu drei Viertel aller Wähler gehen zur Abstimmung. 77 Prozent stimmen dafür, knapp 23 Prozent dagegen. Putins politisches Testament wird mit großer Mehrheit angenommen. Er kann theoretisch bis 2036 Präsident bleiben – länger als Katharina die Große, die 34 Jahre lang regierte. Vorausgesetzt, er gewinnt die nächsten beiden Wahlen. Die Option ist sein politisches Kapital. Ob er 2024 tatsächlich noch einmal antritt, lässt er offen. Die Operation Machterhalt ist geglückt. Mit Wladimir Wladimirowitsch Putin ist weiter zu rechnen.

4 Europa und die Suche nach Gemeinsamkeit

Der Besuch der Kanzlerin in Moskau Anfang 2020 findet zu einem heiklen Zeitpunkt statt. In der Nacht zuvor hat US-Präsident Donald Trump den iranischen General Qasem Soleimani, den Chef der Quds-Brigaden, mit einem gezielten Raketenangriff im Irak töten lassen. Die Quds-Brigaden sind die Militäreinheit des Irans im Ausland, und der Iran hat blutige Rache geschworen. Trumps einsame Entscheidung, den Konflikt mit Teheran weiter zuzuspitzen, hat die Europäer wieder einmal überrascht. Seither ist die instabile Lage im Nahen Osten noch gefährlicher geworden. Syrien, Irak, Iran und Libyen sind nur einige der vielen explosiven Krisengebiete. Nirgends gehen die Überzeugungen in Berlin und Washington so weit auseinander wie beim Thema Iran. Kurz zuvor hatte die deutsche Regierung einen Vorschlag der USA abgelehnt, sich unter Führung der Vereinigten Staaten an einem Militäreinsatz an der iranischen Küste zu beteiligen.

Der neue Schulterschluss zwischen Deutschland und Russland ist der Beginn einer neuen Realpolitik, die weniger von persönlicher Zuneigung, sondern von politischer Notwendigkeit diktiert wird.

Angela Merkel setzt auf Verhandlungen, auch mit dem Iran, und dazu braucht die deutsche Bundeskanzlerin Russland nötiger denn je. Unter Putin ist der russische Einfluss im Nahen Osten und auf den schwierigen Nachbarn Iran gewachsen. Der russische Präsident ist am Vorabend des deutsch-russischen Gipfels von einer viertägigen Erkundungsreise nach Moskau zurückgekehrt. Er hatte während des russisch-orthodoxen Weihnachtsfests in Damaskus und Istanbul mit Syriens Präsident Baschar al-Assad und dem türkischen Präsidenten Recep Erdoğan weitere Verhandlungspositionen für den Merkel-Besuch ausgelotet.

Welcome to the new world disorder! Die Weltordnung, die seit dem Ende des Zweiten Weltkriegs die internationale Politik bestimmt, löst sich auf. Amerika ist nicht länger Garant für Stabilität, analysiert die Zeitschrift *Foreign Affairs*, und das traditionelle Zentralorgan der amerikanischen Außenpolitik hat neben den Bösen vom Dienst Russland und China den neuen Auslöser für das globale Chaos ausgemacht: Der Schuldige heißt Donald Trump. Er missachtet nicht nur die Regeln, die Amerika einst selbst für den Welthandel und in diversen Militärbündnissen durchgesetzt hat, schreibt das Magazin, sondern verprellt auch Verbündete ohne Rücksicht auf Verluste. Vor allem Deutschland ist ins Visier geraten.[1]

Im Sommer 2018 fasste der amerikanische Präsident in einem CBS-Interview sein außenpolitisches Konzept in ein paar kurzen Sätzen zusammen. Der Reporter fragt, wen er weltweit als die größten Gegner der USA sieht, und Donald Trump hat sich keine Hemmungen aufgelegt. Seine Antwort: »*Well, I think we have a lot of foes.* – Nun, ich denke, wir haben eine Menge Gegner. Ich denke, die Europäische Union ist ein Feind, wenn ich an unseren Handel denke.

Russland ist in verschiedener Hinsicht ein Feind. Ich denke, China ist sicherlich ein Feind.«

Und dann präsentierte der amerikanische Präsident auf dem eigenen Golfplatz in Schottland seine exklusive Einschätzung von Deutschland. Das Land sei »komplett von Russland« kontrolliert, so Trump, »ein Gefangener Moskaus«, weil die Deutschen zusammen mit Russland das Gaspipeline-Projekt Nord Stream 2 verfolgten. »Ich sage Ihnen«, so Trump zu dem Reporter, »es gibt eine Menge Ärger wegen der Tatsache, dass Deutschland den Russen Milliarden bezahlt. Das ist ziemlich ärgerlich. Das ist eine böse Sache, was Deutschland da tut.«[2]

Der Senat in Washington hatte dem Präsidenten allerdings schon vor der öffentlichen Schmähung mit großer Mehrheit der Demokraten und Republikaner massive Sanktionen bewilligt, um alle, die an der Pipeline beteiligt sind, zu bestrafen – deutsche und europäische Firmen gleichermaßen. Nicht nur wegen der jederzeit abrufbaren Russophobie aus den Zeiten des Kalten Krieges, sondern aus wirtschaftlichen Interessen. Amerikanische Firmen wollen ihr Fracking-Gas nach Europa transportieren. Die Deutschen sollen Flüssiggas aus Texas kaufen, nicht Erdgas aus Sibirien.

Donald Trump handelt nach dieser Devise. Gegen Russland setzt der US-Präsident nahtlos auf die politische Tradition der vergangenen Jahrzehnte und verhängt eine Sanktion nach der anderen. Wegen angeblicher Einmischung in den amerikanischen Wahlkampf, wegen der Ukraine und schließlich ganz generell »wegen bösartiger Aktivitäten«.[3]

Und sollte sich Deutschland in absehbarer Zeit nicht Trumps Wünschen fügen, hat Trump Angela Merkel wissen lassen, könnten deutsche Autos in den USA durchaus als eine Gefahr für die nationale Sicherheit gesehen werden. Die Kanzlerin sollte sich dann auf hohe Zölle einstellen für die Ware *made in Germany*.

Seit Trump seine »America first«-Parole ausgegeben hat, bemüht sich die deutsche Bundeskanzlerin wieder um mehr Nähe zu Russland – für die amerikabegeisterte Ex-DDR-Bürgerin ein ungewohnter Balanceakt. *Wie* ungewohnt, zeigt eine Äußerung der Kanzlerin im Mai 2017: »Die Zeiten, in denen wir uns auf andere völlig verlassen konnten, die sind ein Stück vorbei. Das habe ich in den letzten Tagen erlebt. Und deshalb kann ich nur sagen: Wir Europäer müssen unser Schicksal wirklich in unsere eigene Hand nehmen.«

Der Ort für das Statement war eher zufällig gewählt, ein Bierzelt im Münchner Stadtteil Trudering. Es ist die erste öffentliche Kampfansage der deutschen Kanzlerin an die Adresse eines amerikanischen Präsidenten. »Merkels Rede«, schrieb die *Washington Post*, »war keine impulsive Reaktion. Stattdessen versucht Merkel, eine andere EU zu bilden, eine, die stärker und selbstständiger ist und weniger geneigt, die Führung den USA zu überlassen.«[4]

Auf Angela Merkels Äußerung angesprochen, zuckt Wladimir Putin bei einem unserer Treffen nur mit den Schultern: »Angela Merkel macht jetzt mit Verspätung ähnliche Erfahrungen, wie ich sie schon seit Jahren mache. Sie sagt mit anderen Worten nun das Gleiche, was ich 2007 in meiner Rede in München gesagt habe.« Damals hatte sich Wladimir Putin bitter über die Ausbreitung der Nato beschwert und den Vereinigten Staaten attestiert, sie überschritten »ihre Grenzen auf allen Gebieten«, in der Politik ebenso wie in der Wirtschaft. Monopole und die Vorherrschaft eines einzigen Hausherren hätten noch nie ein Problem gelöst. Die Welt werde nur unsicherer, so Putins Kommentar damals.

Die Suche nach einem gemeinsamen Nenner

Seither steht Angela Merkel unter Druck, und dies nicht nur wegen der Auseinandersetzung um das Gas aus Russland. Europa ist auch nicht nur wegen des Coronavirus zerstrittener denn je. In ihrem Buch *Das Licht, das erlosch* analysieren der bulgarische Politikwissenschaftler Ivan Krastev und sein Co-Autor, der Rechtswissenschaftler Stephen Holmes, die neue Frontlinie. Standen sich einst Kapitalismus und Kommunismus gegenüber, so sind es heute Liberale und enttäuschte Nachahmer des Liberalismus. In Windeseile wurden den Gesellschaften im Osten wirtschaftliche Rosskuren aufgezwungen, wurden die Länder mit Konsumgütern, Fast-Food-Ketten und jeder Menge moralischen Ratschlägen versorgt. Ein Prozess, »gefördert und überwacht vom Westen«, beschreiben die Autoren die Umstrukturierung des Ostblocks.[5]

Die Westeuropäer glauben, sie seien die fortschrittlichsten Menschen auf Erden, so die Diagnose der Autoren, doch für Osteuropäer vollziehe sich nach dem Zusammenbruch der Sowjetunion eine erneute Traumatisierung. Diesmal zerfalle nicht mehr ein abstraktes Imperium, sondern ganz konkret das eigene Leben. Für Krastev und Holmes ist Europa tief gespalten. Es sei nicht nur eine Spaltung in Arm und Reich oder Nord und Süd. Die Länder verbarrikadierten sich heute wieder in nationale Gemeinschaften. Der europäische Graben verlaufe zwischen denen, die »den Zerfall des einstmals mächtigen kommunistischen Blocks am eigenen Leibe erfahren haben, und jenen, die von solchen traumatischen Ereignissen verschont blieben«.

Rezepte, wie die neue Trennung überwunden werden kann, sind rar und umstritten. Wie etwa die Forderung des US-Politologen Mark Lilla. Seine These: Nur die konkrete Politik und deren Institutionen im eigenen Land hätten die Chance, etwas zu verändern, und nicht die Vorstellung persönlicher Selbstoptimierung und die Verbreitung moralischer Vorschriften, jene Zwangsvorstellung des Westens etwa, alles Politische sei Teil einer privaten Identität, der andere zu folgen haben. Wer sein Land verändern will, so der US-Wissenschaftler in der *Zeit*, muss sich mit ihm identifizieren. Lillas Forderung ist im Westen als besondere Form des Nationalismus suspekt. Im Osten Europas ist sie sehr konkret.[6]

Jeder zehnte Bulgare verließ bislang sein Land, über drei Millionen Rumänen leben und arbeiten im Ausland, und in Polen und Litauen sieht es ähnlich aus. Es geht dabei nicht nur um Jobs, die so schlecht bezahlt sind, dass im Westen kaum noch jemand dafür arbeiten will – als Bauarbeiter oder Fließband-Metzger in deutschen Schlachthöfen, als Altenpfleger oder Erntehelfer, die zur Not auch in Zeiten von Corona kurzfristig eingeflogen werden, um zu Dumpingpreisen Spargel zu ernten. Es geht auch um Tausende von Ärzten. Sie wurden im Osten ausgebildet und versuchen ihr Glück im Westen. In ihren Heimatländern hinterlassen sie eine empfindliche Lücke.

Der Westen profitiert von seiner Wirtschaftskraft und blickt mit Verachtung herab auf die Länder in Osteuropa, in denen nicht Schlagworte wie »Multikulti«, »Säkularismus« und »Homoehe« hoch im Kurs stehen, sondern traditionell konservative Begriffe wie Vaterland, Kirche und Familie.

Für Wladimir Putin ist dieser Teil gepredigter Identitätspolitik des Westens reine Arroganz: »Die westlichen Ansichten sind mit den Interessen der überwältigenden Mehrheit unserer Bevölkerung in Konflikt geraten. Nehmen Sie die traditionellen Werte. Wir haben keine Probleme mit LGBT-Personen. Gott bewahre, lass sie leben, wie sie wollen. Aber das darf nicht die Kultur, die Traditionen und die traditionellen Familienwerte von Millionen von Menschen, die die Grundgesamtheit bilden, überschatten.«

Viele der Rezepte, die Berlin und Brüssel dem Rest Europas verschreiben und zu denen es in der Merkel'schen Diktion »keine Alternative« gibt, entspringen westlichen Überlegenheitsvorstellungen. Sie sind alles andere als von Verständnis oder gar Einfühlung in fremde Welten geleitet. *Unwashed natives* nannten die Engländer zur Zeit des British Empire jene Untertanen etwa in Indien, die sich gegen die verordnete Übernahme des englischen Lebensstils zur Wehr setzten.

Jeder stirbt für sich allein

Die Corona-Pandemie hat die Entfremdung zwischen den USA und Europa weiter vorangetrieben. Als sich die Außenminister der sieben wichtigsten westlichen Industriestaaten im April 2020 wegen des Coronavirus zu einer Videoschalte treffen, können sie sich über vier Stunden nicht auf eine gemeinsame Erklärung einigen, wie die Länder nun gegen die Gefahr vorgehen wollen. Der Grund ist der absurde Streit, welchen Namen die Seuche tragen soll. Die USA bestehen schon in den Vorgesprächen darauf, in einer möglichen Abschlusserklärung der G7 die chinesische Herkunft des Virus zu betonen. US-Außenminister Mike Pompeos Argument: »Die Kommunistische Partei Chinas stellt eine erhebliche Bedrohung für unsere Gesundheit und Lebensweise dar, wie der Ausbruch des Wuhan-Virus deutlich gezeigt hat.« Die Partei drohe, die freie und offene Ordnung in den G7-Ländern zu untergraben. Die Gruppe, der neben den USA und Deutschland auch Frankreich, Italien, Großbritannien, Japan und Kanada angehören, einigt sich schließlich darauf, auf eine gemeinsame Erklärung lieber zu verzichten, statt dem Vorschlag der USA folgend zu suggerieren, bei dem Coronavirus handele es sich nur um ein chinesisches Problem. Dabei war der amerikanische Präsident schon früh auf die tödliche Gefahr durch das Virus aufmerksam gemacht worden. Bereits Ende Januar 2020 informierte ihn sein nationaler Sicherheitsberater Robert O'Brien, dass die USA wie die restliche Welt von einer ähnlichen Katastrophe bedroht sei wie 1918, als schätzungsweise 50 Millionen Menschen an der Spanischen Grippe starben. Für Donald Trump war die Corona-Seuche, die zuerst in Wuhan ausgebrochen war, allerdings erst einmal nicht mehr als eine weitere politische Waffe gegen die chinesische Konkurrenz. In den USA spielte er über Monate die Gefährlichkeit des Virus als eine harmlose Variante einer Art Erkältung herunter, die bei besserem Wetter schon wieder verschwinden würde. Die Verharmlosung von Amts wegen kostete (bis Ende des Jahres 2020) in den USA über 250 000 Menschen das Leben, über 8 Millionen Menschen erkrankten in dieser Zeit – mehr als in jedem anderen Land der Welt.

Trump wusste über die Gefahr Bescheid. Das neue Virus sei *»deadly stuff«* – »viel tödlicher als unsere heftigen Grippewellen«, erklärte er im Februar dem amerikanischen

Journalisten Bob Woodward, die Gefahr sei viel größer, als er öffentlich zugebe. »Sie atmen die Luft ein, und schon haben sie das Virus«, erklärte er in einem der achtzehn Interviews, die Woodward für sein Buch *Wut* mit dem Präsidenten führte. Die neue Krankheit treffe keineswegs »nur alte Leute«, sondern ebenso »die jungen Menschen«. Er wolle mit der Verharmlosung der Epidemie »einer Panik im Land vorbeugen«, so Trumps zynisches Argument – und gegen China Stimmung machen.[7]

»Das Resultat der nationalen Kraftanstrengungen, die jetzt bei uns allen gefordert sind, darf nicht eine Spirale nationaler Egoismen sein«, verkündete der deutsche Außenminister Heiko Maas pathetisch nach dem Treffen der europäischen Außenminister mit dem amerikanischen Kollegen. Das Statement hat wenig mit der Wirklichkeit zu tun. Das Coronavirus hat auch Europa gespalten. Im Kampf gegen das Virus ist der Nationalstaat längst wieder zum Maßstab des Handelns geworden. Nicht nur die täglichen Infektionskurven in den Medien vergleichen den Erfolg Deutschlands beim Kampf gegen die Krankheit zwischen »uns« und den »anderen« wie ansonsten nur den Stand deutscher Fußballclubs in der Tabelle der Champions League.

Italien hat im Europa der Krise so viele Tote wie kein anderes Land gemeldet. Schon Ende Februar 2020 forderte das Land über den EU-Zivilschutz-Mechanismus Mundschutzmasken an. Die EU-Kommission rief die Mitgliedstaaten auf, medizinische Ausrüstung nach Italien zu senden. Leider habe kein einziges EU-Land auf den Aufruf reagiert, schrieb Italiens EU-Botschafter Maurizio Massari in einem Gastbeitrag für das Magazin *Politico*. Deswegen habe sich das Land an China und Russland gewandt.[8]

Was amerikanische und deutsche Journalisten schnell als Politmarketing abwerten, hat einen ernsten Hintergrund. »Italiens Hinwendung zu China und Russland erfolgt, da sich die EU und deren Mitgliedstaaten aus italienischer Sicht als nur bedingt verlässlich in der Lage zeigen«, bestätigt ein interner Lagebericht des deutschen Verteidigungsministeriums die prekäre Lage Roms, den der *Spiegel* zitiert.[9] Der russische Präsident Wladimir Putin schickt neun Militärflugzeuge mit medizinischem Material, Atemmasken, Beatmungsgeräten und Dutzenden von Spezialisten, die Italiens Außenminister Luigi Di Maio mitten in der Nacht auf der Landebahn des Militärflugplatzes Pratica di Mare persönlich in Empfang nahm.

Auch China liefert. »Als kein europäischer Staat auf Italiens dringende Bitte reagierte, medizinische Ausrüstung und Schutzkleidung zur Verfügung zu stellen, hat China sich öffentlichkeitswirksam bereit erklärt, 1000 Ventilatoren, 2 Millionen Masken, 100 000 Beatmungsgeräte, 20 000 Schutzanzüge und 50 000 Test-Kits zu schicken«, schreibt *Foreign Affairs*, das Zentralorgan der amerikanischen Außenpolitik. China schickte außerdem Ärzteteams und 250 000 Masken in den Iran und Versorgungsgüter nach Serbien, dessen Präsident die europäische Solidarität als ein »Märchen« bezeichnete und äußerte: »Das einzige Land, das uns helfen kann, ist China.«[10]

Zuvor hatte die Weltgesundheitsorganisation bereits massiv auf die drohende Gefahr hingewiesen, die nur gemeinsam zu bewältigen sei: »Große Teile der Weltgemeinschaft sind noch nicht bereit, von der Einstellung her und materiell, um die Maßnahmen in die Wege zu leiten, die in China zur Eindämmung von Covid-19 angewendet wurden. Es sind dies die einzigen Maßnahmen, die sich als wirksam erwiesen haben zur Unterbrechung oder Reduzierung der Infektionsketten.«[11]

Für Trump ist der Ratschlag der WHO-Experten nur ein weiterer Beleg, dass die UNO-Organisation mit China unter einer Decke steckt. Er stoppte die Zahlungen an die WHO und erklärte den Austritt aus dem internationalen Gremium. Dass er sich im Oktober 2020 selbst mit Corona ansteckte und dank der exklusiven Behandlung als US-Präsident rasch wieder auf die Beine kam, nahm er zum Anlass, die Krankheit trotz besseren Wissens weiter zu verharmlosen.

EU-Kommissionspräsidentin Ursula von der Leyen hat in der Corona-Krise Fehler der Europäischen Union im Umgang mit Italien eingeräumt. In einem Gastbeitrag für die italienische Zeitung *La Repubblica* entschuldigte sie sich für die mangelnde Solidarität. Viele EU-Staaten seien zu Beginn der Pandemie zu sehr auf die eigenen Probleme fixiert gewesen, so von der Leyen. »Es muss anerkannt werden, dass in den ersten Tagen der Krise angesichts der Notwendigkeit einer gemeinsamen europäischen Antwort zu viele nur an die eigenen Probleme dachten.«[12]

Der italienische Ministerpräsident Giuseppe Conte schreibt sich am selben Tag in der *Zeit* den Frust über die mangelnde europäische Hilfe von der Seele. »Die politische Klasse dieses Kontinents muss sich bewusst sein, dass es um die Bewältigung einer historischen Aufgabe geht, um nichts anderes … Wir können die heutige Herausforderung nicht mit der Brille der Vergangenheit angehen.«

Für Heiko Maas, Jahrgang 1966, der, wie er in seiner Antrittsrede als Außenminister bekundete, »wegen Auschwitz in die Politik gegangen« ist, besteht indes kein Grund zur Selbstanklage. »Das ist wie im Flugzeug: Jeder sollte sich im Notfall erst seine Maske aufsetzen, bevor er anderen hilft. Wenn wir unsere nationalen Hausaufgaben nicht gemacht hätten, hätten wir auch niemanden außerhalb unseres Landes unterstützen können. Die Reihenfolge war richtig.« Das Problem mit der Argumentation des deutschen Außenministers ist nur, dass Italien viel früher und besonders heftig von dem Virus befallen war und dringend Hilfe brauchte, als Deutschland noch weitgehend verschont war.

Wie sich die Corona-Pandemie weiterentwickelt, lässt sich unmöglich vorhersagen. Dass sich das Verhältnis zwischen den Vereinigten Staaten und China nicht bessern wird, ist indes schon jetzt klar. China ist zum wirtschaftlichen und politischen Konkurrenten aufgestiegen. Das Land hat viermal so viele Einwohner wie die USA. Die amerikanische Hegemonie bröckelt. Dennoch gehen die USA davon aus, weiter die Spielregeln bestimmen zu können. Wenn es sein muss, mit wirtschaftlichen Sanktionen oder militärischen Interventionen – wie bisher, sollten Verbündete oder die politische Konkurrenz nicht spuren. Daran hat auch Joe Biden nach seinem Amtsantritt keine Zweifel aufkommen lassen.

Es ist die bis heute ungebrochene elitäre Vorstellung, etwas Besonderes zu sein. Der einflussreiche Senator John McCain formulierte noch kurz vor seinem Tod im Jahr 2018 seinen festen Glauben an die Sonderstellung der USA in einem seiner letzten Artikel für die *New York Times*. Es ist gleichsam sein politisches Testament:

»Wir sind anders als andere Nationen, weil uns nicht ein einzelnes Land oder Volk oder eine einzelne Rasse oder Glaubensgemeinschaft verbindet, sondern weil uns ein Ideal verbindet – die Vorstellung, dass Freiheit das unveräußerliche Recht der Menschheit ist und im Einklang mit der Natur und ihrem Schöpfer steht … Wir sind die Hauptarchitekten und die Verteidiger einer Weltordnung, die sich ableitet von unseren politischen und wirtschaftlichen Werten.«[13] Eine Vorstellung, die Republikanern wie Demokraten trotz der ansonsten unterschiedlichen Agenda gemeinsam ist.

Doch die Zeit für einen übermächtigen Platzanweiser, der anderen Nationen die Rolle zuweist, die ihnen in dem amerikanischen Spiel zustehen, ist vorbei. China und Russland vertreten eigene Interessen und haben schon vor Jahren ein strategisches Bündnis geschlossen. Bleibt Europa, das zunehmend zwischen neuer Wirklichkeit, alter Verbundenheit und nationalen Interessen hin und her schwankt. Allen voran die Deutschen, die der gefühlte große Bruder jenseits des Atlantik nun nicht mehr mit dem vergangenen Appell an gemeinsame Werte im eigenen Lager halten will, sondern nur noch mit drakonischen Strafmaßnahmen.

Der zunehmende Streit über das, was geht und was nicht, hat Angela Merkel kurzfristig zu einem Kurswechsel veranlasst. Seit 2018 verhandelt ihr neuer außenpolitischer Berater, Jan Hecker, diskret mit seinen russischen Gesprächspartnern, um Lösungen für die Ukraine und Syrien zu finden. Der ehemalige Richter hat Merkels langjährigen Vertrauten und russophoben Transatlantiker Christoph Heusgen abgelöst, der für die harte Politik der Kanzlerin gegen Moskau mitverantwortlich war. Jan Hecker ist nicht allein unterwegs. Die politische Konkurrenz in Europa hat die deutsche Annäherung beschleunigt.

Paris, Ende August 2019. Emmanuel Macron hat an diesem Abend eine kleine Runde ausgewählter europäischer Botschafter und Politiker in den Élysée-Palast geladen.

Der Text, den der deutsche Botschafter stichwortartig mitschreibt, macht vierundzwanzig Stunden später im Bundeskanzleramt die Runde. Es ist die erste halböffentliche Abrechnung eines wichtigen westlichen Landes mit der jüngeren Vergangenheit. »Die Dinge ändern sich«, analysiert Emmanuel Macron in dem vertraulichen Zirkel. »Und sie geraten durch die von den westlichen Ländern begangenen Fehler in bestimmten Krisen ins Wanken.« Er benennt auch einen Schuldigen: »Die Vereinigten Staaten von Amerika befinden sich im westlichen Lager, fühlen sich aber nicht dem gleichen Humanismus verpflichtet. Wir teilen nicht die gleiche Auffassung bei Fragen zum Klima, zur Gleichstellung und zu sozialen Gleichgewichten. Wir befinden uns in Europa, genauso wie Russland. Und wenn wir es an einem bestimmten Punkt nicht schaffen, etwas Sinnvolles mit Russland anzufangen, wird eine grundlegende, unproduktive Spannung fortbestehen.«

5 Der Kampf um Nord Stream 2

Der Brief, den Edward Heerema, Vorsitzender der Allseas Group im Schweizer Kanton Freiburg, kurz vor Weihnachten 2019 erhielt, kam nicht unerwartet, aber der Wortlaut des Schreibens hätte von einem Drehbuchautor von Mafiafilmen stammen können. Heerema erhält ein Angebot, das er unmöglich ablehnen kann. Das Schreiben an den Allseas-Manager ist allerdings kein Hollywood-Requisit, sondern ein offizieller Brief des Senats aus Washington, D.C., der Edward Heerema nachdrücklich auffordert, die Arbeiten für Nord Stream sofort einzustellen. Die USA habe harte Sanktionen verabschiedet, die »auf Sie, Ihre Angestellten, Ihre Firma und Ihre Aktionäre maßgeschneidert sind«, so die Warnung.

Die viertausend Spezialisten der Firma verlegen Unterwasserleitungen und sind mit den beiden weltweit größten Arbeitsschiffen *Pioneering Spirit* und *Solitaire* seit einem Jahr in der Ostsee unterwegs, um die Gaspipeline vom russischen Wyborg nach Lubmin in Mecklenburg-Vorpommern zu verlegen. Die Pipeline wird von einem Konsortium gebaut, an dessen Finanzierung auch deutsche Unternehmen beteiligt sind: die BASF-Tochter Wintershall und das

Düsseldorfer Energieunternehmen Uniper. Der russische Konzern Gazprom stemmt 50 Prozent der Investitionskosten von rund 10 Milliarden Euro, Uniper und Wintershall zusammen mit drei anderen westlichen Versorgern den Rest, jeder von ihnen 950 Millionen Euro. Die Strecke – 2400 Kilometer – ist fast fertig verlegt. Nur noch 140 Kilometer bis zur deutschen Küste fehlen. »Wir wissen, dass Russland Allseas viel Geld bezahlt, um die Pipeline Nord Stream 2 zu verlegen«, heißt es in dem Brief. Sollte die Firma auch nur einen einzigen Tag nach Verhängung der Sanktionen weiterarbeiten, werde Allseas Ziel von »vernichtenden rechtlichen und wirtschaftlichen Sanktionen«. Wer Schiffe für die Verlegung der Rohre zur Verfügung stelle, werde hart bestraft. Gegen betroffene Personen würden Einreiseverbote in die Vereinigten Staaten verhängt. Etwaiger Besitz von Allseas in den Vereinigten Staaten werde eingefroren. Auch das Vermögen von Allseas USA mit Sitz in Houston, Texas, sowie Schiffe des Unternehmens, die amerikanische Hoheitsgewässer befahren, seien betroffen.

Allseas habe daher zwei Möglichkeiten, so der republikanische Senator Ted Cruz im Namen seiner Kollegen: »Stoppen Sie die Arbeiten und lassen Sie die Pipeline unvollendet. Sollten Sie den törichten Versuch unternehmen, die Pipeline in aller Eile fertigzustellen, nehmen Sie in Kauf, dass Ihre Unternehmen sich ein für alle Mal ins Abseits manövrieren.«[1]

Der Vorstandsvorsitzende Edward Heerema gibt noch am selben Tag die Anweisung, die Arbeit einzustellen. »Es gab keine andere Möglichkeit«, so erklärt er einige Tage später im dänischen Rundfunk. »Die Firma Allseas ist auch mit amerikanischen Ölkonzernen im Geschäft, und der Arm Washingtons reicht weit.«

Rafael Edward »Ted« Cruz ist Senator für Texas, der Heimat der US-Ölindustrie. Der Sohn eines Wanderpredigers ist Baptist und verkörpert den Hardliner-Flügel der Partei mit allen umstrittenen Positionen wie kaum ein anderer. Er macht sich regelmäßig für das traditionelle Recht auf Waffenbesitz für jeden Amerikaner stark – ein Recht, das die National Rifle Association auch nach Tausenden von Toten durch Amokläufer bislang erfolgreich verteidigt hat. Gegen Abtreibung und für die Todesstrafe ist Ted Cruz sowieso.

Die wichtigste Funktion, die Cruz allerdings nicht nur für seinen Heimatstaat Texas erfüllt, ist die Rolle als Lobbyist der amerikanischen Öl- und Gasindustrie. Allein für die Wiederwahl des einflussreichen Politikers in den Senat 2018 hat die amerikanische Öl- und Gasindustrie knapp 800000 Dollar ausgegeben. Ein Betrag, doppelt so hoch wie die Summe, die der Verband anderen Abgeordneten als Wahlkampfspende überwiesen hat.[2]

Das Geld ist gut angelegt. Es war Ted Cruz, der federführend dafür gesorgt hat, dass der Auswärtige Ausschuss des Senats im Juli 2019 mit den Stimmen der Demokraten die Sanktionen gegen Nord Stream beschlossen hat. »Nord Stream 2 stellt eine massive Bedrohung für die nationale Sicherheit und die unserer europäischen Verbündeten dar«, so Ted Cruz' fürsorgliche Begründung. Für die demokratische Abgeordnete Jeanne Shaheen aus New Hampshire, die ihren Kollegen tatkräftig unterstützt, sind die Sanktionen eine Hilfe für »viele Kräfte in Deutschland, die bislang nicht berücksichtigt wurden. Ich glaube, dieses Gesetz hilft, unsere gemeinsamen Anstrengungen innerhalb des transatlantischen Bündnisses aufrechtzuerhalten, um der russischen Aggression entgegenzuwirken.«[3] Und Cruz doppelt nach: »Die Pipeline muss gestoppt und Präsident Putin daran gehindert werden, seinen Expansionismus und seine militärische Aggression weiter voranzutreiben.«[4]

Hinter der vermeintlichen Hilfsbereitschaft stehen amerikanische Wirtschaftsinteressen. In dem Hunderte von Seiten langen Gesetzestext steht neben einem ausführlichen Sündenregister aller russischen Verfehlungen seit dem Zweiten Weltkrieg in Sektion 257 schließlich auch der eigentliche Grund, warum die USA gegen Nord Stream 2 in den Krieg ziehen: »Die Regierung der Vereinigten Staaten von Amerika sollte dem Export von US-amerikanischen Energiequellen erste Priorität einräumen, um amerikanische Arbeitsplätze zu schaffen, um unsere Verbündeten und Partner zu unterstützen und um die US-Außenpolitik zu stärken.«

Die Sanktionen gegen die am Bau der Nord-Stream-Pipeline beteiligten Firmen sind »die weltpolitisch verbrämte Umsetzung der America-First-Strategie, die in diesem Fall auch von den meisten US-Demokraten geteilt wird«, schreibt selbst Chefredakteur Kurt Kister in der *Süddeutschen Zeitung*, die seit Jahren Kampagnen gegen Wladimir Putin fährt, weil der russische Präsident nicht so handelt, wie das Blatt aus München regelmäßig vorschlägt. »Simpel gesagt: Washington will Deutschland vorschreiben, von wem es auf welche Weise Energie kaufen soll. Und gleichzeitig möchte man verhindern, dass Russland davon profitiert.«[5]

Amerika schwimmt in Öl und Gas. Dank einer neuen Fördertechnik sind die USA zum größten Öl- und Erdgasproduzenten aufgestiegen, noch vor Saudi-Arabien und Russland. Beim umstrittenen Fracking wird in Tausenden Meter Tiefe gelagertes gashaltiges Schiefergestein angebohrt und ein Gemisch aus Wasser, Chemikalien und Quarzsand mit enormem Druck in das Gestein gepresst. Durch die Risse und Brüche steigt das Gas auf und kann zu Flüssiggas verarbeitet werden. Das so geförderte Schiefergas wird dann als »Liquefied Natural Gas« (LNG) nach Übersee verkauft.

Hunderte von kleinen und großen US-Firmen haben sich auf diese Fördermethode spezialisiert, die in Deutschland wegen der enormen Umweltschäden verboten ist. Da die Produktion allerdings extrem kostenintensiv ist, können die Unternehmen nur durch ständiges Wachstum überleben. Seit 2005 stieg die Gas-Förderung in den Vereinigten Staaten von 31 Milliarden Kubikmeter auf 435 Milliarden. Knapp zwei Drittel der zusätzlichen Gasförderung gehen nach Berechnungen der Cornell University im Bundesstaat New York auf Fracking zurück.[6]

Trotz der gigantischen Fördermenge spielt amerikanisches LNG in Europa nur eine Nebenrolle. In der Rangliste von Europas Flüssiggaslieferanten rangieren die USA noch immer unter »ferner liefen«, weit hinter Qatar, Algerien, Nigeria, Norwegen. Selbst aus Peru wurde mehr LNG über den Atlantik geschippert als aus den amerikanischen Verladestationen am Golf von Mexiko. Gas *made in the USA* ist deutlich teurer als russisches Erdgas. Ohne Nord Stream 2 wäre amerikanisches Gas zumindest konkurrenzfähig, wenn auch nicht weniger umweltschädlich. Deswegen haben Republikaner und Demokraten dem Gesetz gegen die Pipeline mit überwältigender Mehrheit zugestimmt, das Senator Ted Cruz angeblich in »gemeinsamer Sorge um Deutschland und Europa« eingebracht hat. Seit 2016, also schon lange vor der Corona-Pandemie, sind über zweihundert Fracking-Firmen pleitegegangen und haben 122 Milliarden Dollar Schulden hinterlassen, zitiert die *New York Times* eine Untersuchung der renommierten Wirtschaftskanzlei Haynes and Boone, die auf den Energiemarkt spezialisiert ist. Viele kommen aus Texas, dem Bundesstaat, für den Ted Cruz Senator in Washington ist. Die Aktie von Chesapeake Energy, einem Vorreiter der neuen Technologie aus Houston, wurde zu ihren besten Zeiten mit 70 Dollar gehandelt. Im November 2019 fiel der Wert auf weniger als einen Dollar. Chevron, der Öl- und Gasmulti aus Kalifornien, rechnet allein für 2020 mit 11 Milliarden Verlust auf dem Gassektor.[7]

Botschafter oder Statthalter?

Der Mann, der am Nachmittag des 8. Mai 2018 seinen Antrittsbesuch bei Bundespräsident Frank-Walter Steinmeier absolviert, soll dafür sorgen, dass die Deutschen die Vorstellungen der USA schneller umsetzen. Die Stimmung im Schloss Bellevue ist trotz der Spannungen zwischen Berlin und Washington gelockert. Richard Allen Grenell ist neuer US-Botschafter in Berlin, und er hat zur Feier des Tages auch seinen Lebenspartner Matt Lashey mitgebracht. Frank-Walter Steinmeier nimmt sich Zeit und zieht sich mit dem neuen Mann zum Kennenlernen für eine halbe Stunde zurück. Der Bundespräsident wird Grenells Potenzial noch am selben Tag ein weiteres Mal erleben.

Grenell ist Trumps Mann fürs Grobe. Meinungsschwäche gehört nicht zu seinen dominanten Charaktereigenschaften. Schon wenige Stunden nach dem Empfang demonstriert der neue Botschafter, wie er den neuen Job versteht – als eine Art Generalgouverneur in der einstigen deutschen Besatzungszone. Den Anlass liefert ein US-Präsident Trump, der im fernen Washington am selben Tag offiziell und ohne Rücksprache aus dem Iran-Abkommen aussteigt und Sanktionen gegen Teheran verhängt. Steinmeier war als einstiger Außenminister am zähen Zustandekommen des Vertrags beteiligt gewesen.

Das Atomabkommen ist eine Vereinbarung zwischen dem Iran und den fünf Mächten des UN-Sicherheitsrats USA, Großbritannien, China, Russland und Frankreich sowie Deutschland und der EU. Der gefeierte »Joint Comprehensive Plan of Action« (JCPOA) wurde nach jahrelangen Verhandlungen im Juli 2015 in Wien beschlossen und dann als Resolution vom UN-Sicherheitsrat verabschiedet. Es verpflichtet die Islamische Republik, auf Atomwaffen zu verzichten. Im Gegenzug lockert der Westen die Sanktionen gegen das Land. Trump war von Anfang an gegen das Abkommen, das sein Vorgänger Barack Obama abgeschlossen hatte. Schon in seiner ersten Rede vor der UN-Generalversammlung im September 2017 kritisierte er das Ergebnis als »Peinlichkeit« und schlechtes Geschäft für die USA.

Der Iran verstoße gegen den »Geist« des Deals. Teherans Versprechen, nicht weiter an der Entwicklung von Atomwaffen zu arbeiten, sei eine »Lüge«, so Trump. Der Iran habe auch nach dem internationalen Abkommen weiter an der Entwicklung ballistischer Raketen gearbeitet, die mit nuklearen Sprengköpfen bestückt werden könnten. Beweise legte der US-Präsident nicht vor. Dafür verhängte Washington ab sofort wieder weitreichende Sanktionen gegen Teheran. Die Internationale Atomenergie-Organisation IAEO, die das Abkommen regelmäßig überprüft, konnte keinen Verstoß feststellen.

Was das für die deutsche Wirtschaft bedeute, erklärt

Trumps neuer Statthalter in der Bundeshauptstadt nur wenige Minuten später per Twitter. Deutsche Unternehmen sollten ihre Aktivitäten im Iran sofort einstellen, da auch sie von einem Boykott nicht ausgeschlossen seien. »Wie @realDonaldTrump sagt: US-Sanktionen werden kritische Sektoren der iranischen Wirtschaft treffen. Deutsche Firmen, die Geschäfte im Iran machen, sollten sich sofort zurückziehen.«

Eine Äußerung, die selbst einen Transatlantiker wie den ehemaligen deutschen Botschafter Wolfgang Ischinger zu einer direkten Antwort veranlasst: »Ric, mein Ratschlag … Erzähle deinem Gastland niemals, was es zu machen hat, wenn du keinen Ärger willst.«

Doch Richard Grenells Drohung hat Wirkung gezeigt. Zwischen Deutschland und dem Iran gibt es so gut wie keinen Handel mehr. Auch andere europäische Unternehmen haben sich zurückgezogen. Sie wollen ihre Geschäfte auf dem amerikanischen Markt nicht gefährden.

Bundesaußenminister Heiko Maas, dem der *Spiegel* »ein Übersoll an Freundlichkeit« der US-Politik gegenüber attestiert, verzichtete darauf, den Diplomaten einzubestellen, um ihm Grenzen aufzuzeigen. Grenells Operationen verstoßen massiv gegen die Regeln der internationalen Diplomatie, sich nicht in die inneren Angelegenheiten eines Landes einzumischen. Der neue US-Botschafter wird den ruppigen Stil zu seinem Markenzeichen machen. Grenell vergibt unermüdlich Haltungsnoten für die Bundesregierung und greift mit Drohungen ins politische Alltagsgeschäft ein. Auch direkt bei deutschen Firmen, die an Nord Stream 2 beteiligt sind.

In einem Schreiben, das Richard Grenell zur Jahreswende 2019 verschickte, droht der US-Botschafter den

Unternehmen BASF und Uniper, die beide an dem Projekt beteiligt sind, mit konkreten Konsequenzen. »Firmen, die Exportpipelines für russische Energie betreiben«, unterliegen »einem erheblichen Sanktionsrisiko«, heißt es in seinem Schreiben. »Im Namen meiner Regierung ersuche ich Ihr Unternehmen daher, sich der Gefahr bewusst zu sein.« Grenell will in Europa prinzipiell eine andere politische Richtung durchsetzen, erklärte er gegenüber der rechten Nachrichtenwebsite *Breitbart News*: »Ich möchte unbedingt andere Konservative in Europa stärken. Andere Führer.«

Die Reaktion der Politiker auf dem Berliner Parkett zu Grenells Ausfällen beschreibt der *Tagesspiegel*: Der Botschafter gilt als »Totalausfall«, Umgang mit ihm zu pflegen, sei »toxisch«. Er sei ein »rechtsextremer Kolonialoffizier«, kurz: »ein kleiner Trump«, der meint, »nach Gutsherrenart bestimmen zu können«. Geschadet hat es Richard Grenell zu Hause nicht. Der US-Präsident ist mit dem Einsatz des Topdiplomaten zufrieden. Der neue Mann habe die USA »außergewöhnlich gut repräsentiert«, twitterte Trump und beförderte den Botschafter im Februar 2020 zum Geheimdienstkoordinator im Weißen Haus. Als Direktor der Nachrichtendienste (DNI) hat Grenell die Aufgabe, die verschiedenen Geheimdienste der USA zu koordinieren. Den Job des Botschafters in Deutschland erledigt er bis auf weiteres nebenbei. Einige Monate später nominiert Donald Trump einen ehemaligen Offizier für den Posten in Berlin. Der designierte Ex-Oberst und dekorierte Kriegsveteran Douglas Macgregor weiß schon von Berufs wegen, was es mit Befehl und Gehorsam auf sich hat.[8]

6 Eine neue Schlacht in einem alten Krieg

Der neue Krieg um Nord Stream 2, der seit dem Beginn des Projektes 2012 tobt, mag zwar für Bundeskanzlerin Angela Merkel neu sein, ist aber nur die Wiederauflage einer alten Auseinandersetzung, bei der die USA seit dem Kalten Krieg nach der Devise verfahren: Warum aus der Geschichte lernen, wenn die sich ständig wiederholt?

Einen Steinwurf vom Weißen Haus entfernt, in der 17. Straße, in Nummer 900, dem Sitz der Firma McLarty Associates, beobachtet Richard Burt den Aufstieg des einstigen Kollegen Grenell mit Interesse. Burt, Jahrgang 1947 und noch rüstig, ist einer der Partner der internationalen Lobbyagentur, die mit ihrer weltweiten Klientel in der amerikanischen Hauptstadt gut im Geschäft ist. Die Firma steht für die gängige Geschäftsidee, gewachsene Verbindungen im politischen Gewerbe zu Geld zu machen. Thomas F. McLarty, der das Unternehmen gründete, ist ein Jugendfreund des ehemaligen US-Präsidenten Bill Clinton aus Arkansas und war dessen Stabschef im Weißen Haus. Er stieg bald aus der Politik aus und wurde dank seiner guten Beziehungen mit der Beraterfirma schnell erfolgreich. Auch der einstige US-Außenminister Henry Kissinger war hier Partner. Ob jemand Demokrat oder Republikaner ist, hat in der Firma nie eine besondere Rolle gespielt. Wichtig ist die Verbindung zu den entsprechenden politischen Kreisen, der direkte Zugang zur Macht. Es geht um diskrete Gesprächskanäle, um die Platzierung von Argumenten, den Einsatz sogenannter »Soft Power« durch Denkfabriken und Stiftungen, kurz um die Möglichkeiten, eigene Interessen »sanft« durchzusetzen. Viele der Mitarbeiter von McLarty Associates kommen aus der Politik und kennen sich auf den Fluren der Macht aus. Richard Burt ist Republikaner und orientiert sich seit langem an der alten Erkenntnis, dass der wirkliche Reichtum des Menschen der Reichtum seiner wirklichen Beziehungen ist.

US-Präsident Ronald Reagan hatte den jungen Journalisten der *New York Times* Anfang der achtziger Jahre als Direktor des Büros für Militärpolitik ins Außenministerium geholt. Burt macht schnell Karriere. Zunächst als Assistant Secretary of State und Leiter der Europa-Abteilung, wo er direkt verantwortlich für die amerikanische Deutschland-Politik war, und dann als US-Botschafter in Deutschland. Reagans Nachfolger George Bush senior ernannte den eloquenten Diplomaten 1989 zum Chefunterhändler für die START-Verhandlungen mit der Sowjetunion, die zu dem historischen Abrüstungsabkommen führten, das der US-Präsident und Michail Gorbatschow am 31. Juli 1991 in Moskau unterzeichneten. Zum ersten Mal in ihrer Geschichte unterschrieben beide Supermächte einen Vertrag, der die Zahl der atomaren Langstreckenraketen um 30 Prozent reduzierte.

Seither hat Richard Burt die Seiten gewechselt und verdient sein Geld als Lobbyist. Er sitzt im Atlantic Council, der einflussreichen amerikanischen Denkfabrik mit dem

Anspruch, »Frieden und Wohlstand unter der globalen Führung Amerikas« weltweit zu verbreiten. Burt arbeitete außerdem für Unternehmensberater McKenzie, für die Deutsche Bank und auch das größte private Bankunternehmen in Russland, die Alfa-Bank in Moskau. Seit 2016 ist Richard Burt in Washington auch in Sachen Nord Stream 2 aktiv.

Doch Richard Burt, dem Zweifel an eigenen Fähigkeiten eher fremd sind, ist an seine Grenzen gekommen. Er steht unter verschärfter politischer Beobachtung von Demokraten und Republikanern im Kongress – und dem amerikanischen Geheimdienst. »Leider hat dieses Projekt in Washington nicht einen einzigen Verbündeten«, beschreibt er die Lage. »Man könnte auch sagen, es ist ein Waisenkind.« Beim erbitterten Machtkampf, der zwischen Demokraten und Republikanern tobt und der das Land seit Trumps Wahlsieg 2016 gespalten hat, ist Burt unter die Räder gekommen. Der Lobbyist musste vor dem FBI und vor einem eigens eingesetzten Sonderermittler aussagen, welche Russen er kennt und welche Rolle er in diesem Zusammenhang gespielt hat. Trotz aller unterschiedlichen Argumente, die ins Feld geführt werden, haben Republikaner und Demokraten einen gemeinsamen Gegner aus alten Tagen ausgemacht: »das Reich des Bösen«, wie Ronald Reagan die Sowjetunion einst genannt hat. Schuld an der gegenwärtigen Misere sind konsequenterweise jetzt die Erben jenes Reiches: Russland und Wladimir Putin.

Wer Handel treibt, schießt nicht

Der Streit mit den USA um deutsche Wirtschaftsbeziehungen mit Russland hat eine lange Tradition. Der einstige Botschafter in Deutschland Richard Burt operierte in den achtziger Jahren in der damaligen Bundeshauptstadt Bonn ähnlich rigoros wie später sein Nachfolger Richard Allen Grenell in Berlin. Im Auftrag des Weißen Hauses versuchte auch er über Jahre die deutsche Bundesregierung unter Druck zu setzen. Der Anlass war der gleiche wie bei Nord Stream 2. Richard Burt setzte im Auftrag seines Präsidenten Ronald Reagan alles daran, um einen Mega-Gasdeal zwischen der damaligen Sowjetunion und Westdeutschland zu torpedieren.

November 1982. Die Botschaft der wöchentlichen Radio-Ansprache, die Ronald Reagan an diesem Sonntag hielt, klang zunächst fast wie eine Siegesmeldung. Doch je länger der Präsident sprach, desto mehr entpuppte sich die Rede als der Versuch, eine politische Niederlage schönzureden. Die Vereinigten Staaten hätten unter seiner Regentschaft aufgerüstet, um der Sowjetunion Paroli zu bieten und so die Aussichten auf Frieden zu stärken. Nur der Westen, vornehmlich Westeuropa, habe sich nicht daran gehalten und mit dem Reich des Bösen einen schwungvollen Handel getrieben. Er habe zwar die Europäer und auch Japan wiederholt aufgefordert, das sein zu lassen, und Sanktionen gegen die Verbündeten verhängt, allerdings ohne Erfolg. Es sei kein Geheimnis, »dass unsere Verbündeten damit nicht einverstanden waren«.

Aber nun, so Reagan, habe man sich auf eine gemeinsame Linie geeinigt. Das neue Abkommen zwischen den Vereinigten Staaten und ihren Verbündeten sei ein Sieg für alle.

Die wirtschaftlichen Verabredungen mit den Alliierten ergänzten die militärischen Anstrengungen Washingtons, die Sowjetunion in Schach zu halten. Deswegen habe er die Sanktionen gegen die Verbündeten aufgehoben – »there is no need for this sanctions and I am lifting them today«.[1]

Was der amerikanische Präsident als Kompromiss verkaufte, war die herbe Niederlage in einem grundsätzlichen Konflikt zwischen den Vereinigten Staaten und Westeuropa. Die USA wollten, wie bei Nord Stream 2 heute, mit allen Mitteln verhindern, dass Westeuropa, allen voran Deutschland, mit der Sowjetunion größere Geschäftsbeziehungen einging, und jetzt hatte Washington während des jahrelangen Kampfes eine Niederlage eingesteckt.

Der Hintergrund: Anfang der achtziger Jahre hatte die Sowjetunion mit dem Bau einer 5000 Kilometer langen Stahlrohrleitung begonnen, durch die Gas von Nowy Urengoi im fernen Sibirien nach Westeuropa fließen sollte. Ein Projekt von dieser Größenordnung, das war Regierungschef Leonid Breschnew und dem Politbüro klar, konnte logistisch und technisch nur mit Hilfe des Westens umgesetzt werden. Über Jahre verhandelten deutsche Firmen wie Mannesmann, AEG oder die Salzgitter AG mit dem Kreml. Die Deutsche Bank managte ein internationales Finanzkonsortium für die notwendigen Kredite des Deals. Aber auch Großbritannien, Italien und Frankreich waren mit von der Partie.

Zwei Tage, bevor der sowjetische Partei- und Regierungschef am 22. November 1981 zum offiziellen Staatsbesuch Bonner Boden betrat, unterzeichneten in Essen die Außenhandelsexperten das größte Ost-West-Industrieabkommen aller Zeiten: den Bau von Rohrleitungen und Kompressor-Stationen im Wert von 20 Milliarden Mark und – von 1984 bis 2009 – die Lieferung von jährlich 40 Milliarden Kubikmeter Sibirien-Erdgas im Wert von 16 Milliarden D-Mark – 400 Milliarden D-Mark in 25 Jahren.

Allein die Ruhrgas AG in Essen unterschrieb einen Vertrag für die Lieferung von rund 10 Milliarden Kubikmeter Erdgas. Die Gegenlieferungen zum Bau der Pipeline mit Stahlrohren übernahmen Mannesmann und der französische Konzern Creusot-Loire als Generalunternehmer. Zahlreiche Firmen aus Europa und den USA beteiligten sich als Zulieferer.[2]

Der Deal versetzt nicht nur US-Präsident Reagan in Washington in Alarmbereitschaft. Für das Weiße Haus bedeutet die wirtschaftliche Schwäche der Sowjetunion eine Möglichkeit, den militärischen und ideologischen Gegner in die Knie zu zwingen. Die Gasleitung, schreibt der amerikanische Geheimdienst CIA in einem umfangreichen Memo für den Präsidenten, sei wirtschaftlich »für Moskau überlebenswichtig«. Außerdem benutze Moskau die Gasleitung, um in Europa »Verwirrung zu stiften« und einen Keil zwischen die Alliierten und Amerika zu treiben.[3]

Der Kongress in Washington reagierte damals kaum anders als in der aktuellen Debatte über Nord Stream 2. Er sah in dem Gasdeal lediglich eine Entwicklungshilfe für den politischen Gegner. James L. Nelligan, ein Abgeordneter aus Pennsylvania, bemühte bei der öffentlichen Anhörung sogar Lenin, um zu belegen, dass der Feind noch immer im Osten steht. »Der Westen wird uns die Ausrüstung und die Technologie liefern, die uns fehlt«, so Nelligans Warnung mit den Worten des russischen Revolutionärs. »Der Westen wird immer an seinem eigenen Selbstmord arbeiten.« Das Gasprojekt von Lenins Nachfolgern sei genau diese Falle. In einem Eilbrief an Reagan forderten Abgeordnete harte

Maßnahmen. Das Projekt gefährde die westliche Sicherheit.[4]

Weder die deutschen noch die französischen oder italienischen Unternehmen ließen sich von den Drohungen der Amerikaner abschrecken. Daraufhin verhängte Reagan Sanktionen gegen deutsche und andere europäische Firmen, die beim Bau der Gasleitung mitwirkten – ohne Konsultationen mit den Verbündeten. Der deutsche Bundeskanzler Helmut Schmidt, obwohl überzeugter Transatlantiker, hatte Reagan zuvor mehrmals erklärt, dass Deutschland Sanktionen nicht hinnehmen werde. »Wer Handel miteinander treibt, schießt nicht aufeinander«, lautete Schmidts Devise. Der andere Grund für den deutschen Widerstand: Die Bundesrepublik steckt in einer Rezession. Der Deal würde der deutschen Wirtschaft Tausende von Arbeitsplätzen bescheren.[5]

Richard Burt, der zur gleichen Zeit in Bonn und anderen europäischen Hauptstädten im Auftrag des US-Außenministeriums dabei ist, für die amerikanische Position zu werben, holt sich eine Abfuhr nach der anderen. Auch der Präsident Frankreichs, der Sozialist Mitterrand, und Margaret Thatcher, Großbritanniens konservative Regierungschefin, rücken von dem Projekt nicht ab. Die Sanktionen, so ist man sich einig, verletzten internationales Recht. Die Amerikaner versuchten, mit amerikanischem Recht über europäische Verträge zu bestimmen.

Auf seiner Amerikareise liest Helmut Schmidt 1982 im Imperial Ballroom des Hyatt Hotels in Houston vor achthundert texanischen Geschäftsleuten und Angehörigen der Reagan-Administration die Leviten. Die Vorwürfe reichen von Ignoranz bis zu mangelnder Kompetenz, von Überheblichkeit bis zur Komplexbeladenheit.

Er habe »in den allerletzten Jahren« ein geringer werdendes »Interesse der Führungselite« der USA an den Problemen der Europäer festgestellt. »Klischeevorstellungen«, die Deutschen seien selbstsüchtig auf Wohlstand statt auf die Stärkung der westlichen Verteidigung bedacht, belasteten die Beziehungen. Und überhaupt seien die Kritiker »meist unzulänglich informiert«. Ein paar Tage später bei einem Historiker-Treffen in Berkeley legt Schmidt nach. Die Amerikaner müssten lernen, die Russen »in unsere gemeinsame Welt einzubeziehen«. Der deutsche Regierungschef: »Wenn man sich gegenseitig für Verbrecher hält, ist es sehr schwer, miteinander Verträge zu schließen.«[6]

Es war Schmidts Vorgänger im Bundeskanzleramt Willy Brandt, der Jahre zuvor mit seinem hartnäckigen Ansatz einer neuen Ostpolitik unter der Überschrift »Wandel durch Annäherung« das neue politische Klima für mehr wirtschaftliche Kooperation bereitet hatte. Brandt und seine Mitstreiter wussten, wie schwierig der Versuch sein würde. Die USA hatten bislang erfolgreich verhindert, dass Deutschland mit der Sowjetunion stärker ins Geschäft kam. Als die USA 1963 bei Konrad Adenauer ein Röhren-Embargo gegen die Sowjetunion durchsetzten, mussten die betroffenen deutschen Firmen später zusehen, wie ihre britischen Kollegen das Geschäft machten.

Nach Brandts Amtsantritt 1969 lief es anders. Noch im selben Jahr vereinbarte Moskau mit der Essener Ruhrgas AG die Lieferung von drei Milliarden Kubikmeter Erdgas pro Jahr für die nächsten zwei Jahrzehnte. Dafür verpflichteten sich die Düsseldorfer Stahlkonzerne Mannesmann und Thyssen, Röhren im Wert von 1,2 Milliarden Mark zu liefern, um 2000 Kilometer Pipeline zu bauen. Im Oktober 1973 erreichte das erste sowjetische Gas per Pipeline die Bundesrepublik. Die Leitung zwischen Ost und West verband zwei einstige Todfeinde und förderte den Handel in Zeiten des Kalten Krieges. Beide Seiten profitierten: Deutschland brauchte Energie und wollte sich vom Nahen Osten unabhängiger machen. Russisches Gas und Öl waren billig, und die Sowjetunion brauchte Einnahmen und technisches Know-how. Die Vereinbarung war die Blaupause für das gigantische Geschäft ein paar Jahre später.

7 Syrien 2020

Eine offene Wunde

Dienstag, 6. Januar 2020. Die Abfangjäger der russischen Luftwaffe, die das Passagierflugzeug links und rechts seit dem Eintritt in den syrischen Luftraum eskortieren, sind eine Schutzmaßnahme für die hochrangige Delegation, die auf dem Weg nach Damaskus ist. Wladimir Putin und Sergei Shoigu, der russische Verteidigungsminister, haben sich an diesem Morgen des russischen Weihnachtsfests auf den Weg gemacht, um mit dem syrischen Staatspräsidenten Baschar al-Assad vor Ort die Lage in dem Bürgerkriegsland zu erörtern. Um den Flug so lange wie möglich geheim zu halten, hat die Sicherheitstruppe des Präsidenten vor dem Abflug in der russischen Hauptstadt alle Handys der kleinen Delegation eingesammelt und stillgelegt.

Wladimir Putin hatte mich am Abend zuvor nach dem traditionellen Weihnachtsgottesdienst in St. Petersburg kurzfristig eingeladen, ihn zu begleiten. Am Flughafen in Damaskus wartet ein Dutzend schwarzer SUVs, die den Besuch im Eiltempo über abgesperrte Straßen und an den zerschossenen Häusern der Vorstädte vorbei in die Innenstadt fahren, die von den Spuren des Krieges verschont blieb. In der Kommandozentrale des russischen Militärs in der Innenstadt von Damaskus wartet Baschar al-Assad auf die Gäste aus Moskau.

Der syrische Präsident hat sich dank der Unterstützung Russlands seit dem Beginn des Bürgerkriegs 2011 im Amt gehalten, obwohl der Westen seit Jahren vehement seinen Rücktritt fordert. Assad wirkt angespannt, auch wenn die Lage für die syrische Regierung militärisch weit besser ist als 2013, als ich ihn zum letzten Mal in Damaskus für eine ARD-Fernsehdokumentation getroffen hatte.

Eine Stunde lang erklären die Generäle im Besprechungsraum den enormen Geländegewinn, den Assads Soldaten in den vergangenen Monaten erzielt haben. Seit Putins erstem Besuch im Dezember 2017 auf der russischen Luftwaffenbasis Hamaimim in Syrien, als er Assad in der Provinz Latakia traf, hat sich die Lage drastisch verändert. Der syrische Präsident kontrolliert nun gut zwei Drittel des Landes. Vor drei Monaten spürte eine amerikanische Spezialeinheit Abu Bakr al-Baghdadi auf, den Kopf der Terrormiliz »Islamischer Staat« (IS). Im kleinen Ort Barischa in der Provinz Idlib, kaum fünf Kilometer von der türkischen Grenze entfernt, endete nach fünf Jahren die Flucht des meistgesuchten Terroristen der Welt.

In aussichtsloser Lage, umzingelt von amerikanischen Spezialkräften, sprengte sich al-Baghdadi bei dem letzten Gefecht mit seiner Sprengstoffweste in die Luft. Wegen des Lufteinsatzes der amerikanischen Kampfhubschrauber auf syrischem Gebiet hatten die USA kurz zuvor Moskau informiert. Russische Einheiten in Syrien halten die Lufthoheit über dem Gebiet. Putin hatte den USA die Überflugrechte für die Operation eingeräumt.

Der IS war der stärkste Gegner der syrischen Regierung und hielt weite Teile Syriens besetzt. Heute spielt er militärisch keine Rolle mehr. Milizen der kurdisch-syrischen Partei, die im Norden Syriens leben, haben die Einheiten des Kalifats zusammen mit Spezialeinheiten der amerikanischen Armee in einem jahrelangen Kampf aufgerieben. Seit 2014 haben die USA die kurdisch geführte Miliz der »Syrian Democratic Forces« (SDF) mit Waffen und Luftangriffen unterstützt.[1]

Schon seit Monaten haben sich Assads Truppen mit Hilfe der russischen Luftwaffe immer weiter nach Norden und Westen durchgekämpft. Die Provinz Idlib nahe der türkischen Grenze und einige Gebiete, die türkisch besetzt sind, sind das letzte Rückzugsgebiet der Opposition. Dschihadisten wie die Hai'at Tahrir al-Scham (HTS), eine Abspaltung von al-Qaida, Hurras al-Din oder die »Islamische Turkestan-Partei«, in deren Reihen auch viele chinesische Uiguren im Namen Allahs kämpfen, beherrschen die Szene. Idlib hat sich zu einer Art Gazastreifen mit drei Millionen Menschen auf engstem Raum entwickelt. »Ein schmaler überbevölkerter Streifen Land entlang der türkischen Grenze, unter absoluter Herrschaft einer radikal religiösen Organisation«, analysiert die Stiftung Wissenschaft und Politik.[2]

Die Lage in der Provinz ist explosiv und hoffnungslos zugleich. Es fehlt an Wasser und Essen, an den wichtigsten medizinischen Versorgungsmitteln. Und mit der Türkei mischt nun ein alter Gegner Syriens mit. Die türkische Armee ist dreißig Kilometer auf syrisches Gebiet vorgestoßen und liefert sich täglich Scharmützel mit Assads Truppen. Erdoğan war immer gegen die Kooperation der USA mit den Kurden. Seine Regierung betrachtet die Miliz als syrischen Ableger der verbotenen kurdischen Arbeiterpartei PKK, die sich seit Jahrzehnten im bewaffneten Kampf gegen Ankara befindet. Jetzt will der türkische Präsident auf kurdischem Gebiet eine Dutzende Kilometer tiefe »Sicherheitszone« schaffen, entlang der gesamten Grenze, in Abstimmung mit Washington. Außerdem will Ankara syrischen Flüchtlingen die Rückkehr in die Heimat ermöglichen, so die Botschaft Erdoğans. Die Türkei hat seit dem Krieg über drei Millionen Menschen aus dem Nachbarland aufgenommen. Erdoğan will sie in die Kurdengebiete deportieren, um sein Land von der Flüchtlingslast zu befreien. Gleichzeitig setzt der türkische Präsident mit dem Versuch, die Syrer in den Kurdengebieten anzusiedeln, auf eine demographische Veränderung auf dem gegnerischen Terrain. Die meisten der Flüchtlinge stammen aus Homs, Aleppo und Damaskus, dem arabischen Teil Syriens. Sie haben mit den syrischen Kurden wenig zu tun. Eine Garantie für langfristige Unruhe in der Gegend.

Der Einmarsch der türkischen Armee hat die Lage verschärft, darüber sind sich Wladimir Putin und Baschar al-Assad an diesem Nachmittag einig. Putin hat sich seit Beginn von Russlands militärischem Einsatz für die nationale Unversehrtheit Syriens ausgesprochen. Auch Assad will die Verletzung der nationalen Grenzen nicht akzeptieren. Moskau, Ankara und Syriens Verbündete in Teheran verhandeln zwar seit Mai 2017 regelmäßig im Rahmen der Gespräche in Astana darüber, die Eskalation der Gewalt in dem Bürgerkriegsland zu verringern, doch Ankara steht auf der Seite der Gotteskrieger und hat die Zusage, die Dschihadisten in Idlib zu entwaffnen und aufzulösen, bislang nicht eingehalten. Für Assad und Putin der Grund, militärisch weiter in der Offensive zu bleiben.

Der Rest des Tages ist politisches Protokoll. Ein gemeinsamer Besuch in der Umayyaden-Moschee. Der einstige römische Tempel in Damaskus ist seit dem 8. Jahrhundert eine der ältesten und größten Moscheen der Welt. Putins Gastgeschenk an den Imam ist ein Koran aus dem 17. Jahrhundert. Weil es Weihnachten ist, zünden Assad und Putin anschließend in der griechisch-orthodoxen Kathedrale in der Hauptstadt gemeinsam Kerzen an. Dann verabschiedet Assad den Gast am Flughafen. Die russische Maschine fliegt von Damaskus direkt nach Istanbul weiter. Putin hat am nächsten Tag einen Termin mit Erdoğan in Ankara.

Beim improvisierten Weihnachtsessen im Flugzeug antwortet Wladimir Putin auf meine Frage, was denn nun den Krieg in Syrien ausgelöst hat, nach kurzem Überlegen: »Es gibt eine ganze Menge von Gründen. Aber ein Grund für das Elend von heute war der Irak-Krieg, den Deutschland und Frankreich aus gutem Grund 2003 abgelehnt haben. Und Russland hatte sich damals der Entscheidung von Bundeskanzler Gerhard Schröder und des französischen Präsidenten Chirac angeschlossen, wenn Sie sich noch erinnern.«

Mission erfüllt

Der Sturz des irakischen Machthabers im April 2003 war wirkungsvoll in Szene gesetzt worden. Zuerst verhüllten US-Marines das Gesicht von Saddam Hussein auf dem Firdaus-Platz in Bagdad. Dann riss ein Kran des 3. Infanterie-Regiments der US-Truppen die Statue des irakischen Machthabers, die zu dessen 65. Geburtstag errichtet worden war, vom Sockel. Einige Tage später verkündet George W. Bush auf dem Deck des Flugzeugträgers *USS Abraham Lincoln* das vermeintliche Ende des Irak-Kriegs. Im Hintergrund weht auf der Kommandobrücke ein Banner in den

Farben der US-Flagge. »*Mission accomplished* – Mission erfüllt«. Die Rede des US-Präsidenten wird live im Fernsehen übertragen. »In der Schlacht um den Irak haben die Vereinigten Staaten und unsere Alliierten gesiegt«, so der Oberbefehlshaber.[3] Amerika habe einen Verbündeten von al-Qaida besiegt, und »die Terroristen werden in Zukunft auch keine Massenvernichtungswaffen aus dem Irak bekommen. Denn das Regime gibt es jetzt nicht mehr – »*the regime is no more*«.[4]

Bushs Einschätzung vom anstehenden Ende eines Konflikts war ebenso falsch wie der Kriegsgrund, den der amerikanische Präsident Wochen zuvor offiziell verkündet hatte. Die Begründung für den Waffengang basierte auf Lügen, und die eigentliche Schlacht sollte erst noch beginnen. Die Waffeninspektoren der UNO, die im Irak nach angeblichen Massenvernichtungswaffen suchten, hatten dort vor dem Krieg keine gefunden, und sie konnten das angebliche Schreckensarsenal auch nach der militärischen Niederlage Saddam Husseins nicht finden. Der Irak besaß weder Massenvernichtungswaffen, noch war Saddam Hussein ein Verbündeter der Terrororganisiation al-Qaida, die für den Anschlag am 11. September 2001 in New York verantwortlich war. Der Krieg kostete Hunderttausende Menschen das Leben und stürzte den Mittleren Osten ins Chaos. Der US-Kreuzzug war von Anfang an auf Lügen gebaut, und er hat Millionen von Flüchtlingen produziert.[5]

Es war US-Außenminister Colin Powell, der im Auftrag des Präsidenten den Rest der Welt auf den bevorstehenden Feldzug eingestimmt hatte. In einer dramatische Rede 2003 im UNO-Hauptquartier, die weltweit übertragen wurde, präsentierte Powell »Beweise« für Massenvernichtungswaffen, um den *Regime Change* im fernen Irak zu begründen. Das angebliche Beweismaterial, so wird sich bald herausstellen, hatte der amerikanische Geheimdienst CIA aufbereitet und manipuliert: abgehörte Telefonate, Satellitenfotos von Lastwagen mit angeblich mobilen Biowaffen-Labors und tödlichen Viren oder nuklearen Sprengsätzen. Später entschuldigte sich Powell für die in der Rede verbreiteten Lügen. Er fühle sich »furchtbar«, dass er damals angebliche Beweise vorgelegt habe, die sich als falsch erwiesen haben, sagte Powell dem Sender ABC News. Die Rede sei ein »Schandfleck« in seiner politischen Karriere, so Powell.[6]

Auch der Senat hatte den Krieg zuvor abgenickt. Nicht nur die Republikaner, auch Demokraten wie der neue Präsident Joe Biden, der damalige Vorsitzende des Ausschusses zur Außenpolitik, verklärte die Kriegsermächtigung des Parlaments als richtigen »Weg für Frieden und Sicherheit«.[7]

Der Irak-Krieg war auch Angela Merkels Coming-out als politische Überzeugungstäterin. Bundeskanzler Gerhard Schröder hatte eine Teilnahme an dem Feldzug abgelehnt. »Mit einem bis dahin ungekannten Enthusiasmus stellte sie sich gegen Schröder und an die Seite des kriegsentschlossenen amerikanischen Präsidenten«, beschreibt die *Zeit* das vehemente Plädoyer der CDU-Vorsitzenden in der *Washington Post*. Auf einer Washington-Reise im Februar 2003, wenige Wochen vor dem Angriff auf Saddam Hussein, kamen der deutschen Oppositionsführerin »optimistische Betrachtungen darüber in den Sinn, ob der Nachkriegs-Irak nicht eine ähnlich positive Entwicklung nehmen könne wie Deutschland nach 1945«, kommentiert die Wochenzeitung Merkels Plädoyer, an der Seite der USA mitzumarschieren. Das Ergebnis des Feldzugs war ein Desaster.[8]

»Als die Vereinigten Staaten unter Bush im März 2003 den Irak angriffen, um Saddam zu stürzen, konnten sie sich weder auf Selbstverteidigung noch auf eine Resolution des Sicherheitsrats der Vereinten Nationen berufen. Daher war Bushs Krieg ein Verbrechen namens Aggression«, schrieb die *Süddeutsche Zeitung*. Es war nicht das einzige Verbrechen. Und seither hat sich Angela Merkel mit öffentlichen Erklärungen für einen Krieg zurückgehalten. Der Irak-Krieg war die Geburtsstunde der Terrormiliz IS, und er sollte auch den blutigen Krieg in Syrien entfachen.[9]

8 Krieg im Irak

Wie die USA den Terrorismus groß macht

Der Tag, an dem der Welt vor Augen geführt wurde, dass amerikanische Soldaten im Irak mit Menschenrechten wenig im Sinn hatten, war der 28. April 2004. An diesem Tag zeigte der amerikanische Fernsehsender CBS Aufnahmen, die in Abu Ghraib, dem Zentralgefängnis von Bagdad, entstanden waren. Die Bilder gehen in Windeseile um die Welt. Sie dokumentieren ein unvorstellbares Ausmaß an Grausamkeit. Man sieht, wie Gefangene von US-Soldaten sexuell gedemütigt und gefoltert werden, man sieht Leichen und Körperteile mit Brandwunden. Einem Mann, der am Boden liegt, wird die Zunge aus dem Mund geschnitten. Eine amerikanische Soldatin führt einen nackten Gefangenen auf allen vieren an einer Hundeleine durch den Gefängnisflur. Die Aufnahmen entstanden nicht etwa heimlich, sondern stammen von den Folterern selbst, die auf vielen Fotos stolz in die Kamera lächeln.

Die Menschen, die in Abu Ghraib festgehalten wurden, waren keine Kriegsgefangenen oder verurteilten Straftäter. Die amerikanischen Besatzer erhofften sich nur Informationen von ihnen. Doch die meisten der 6000 Gefangenen in Abu Ghraib konnten überhaupt keine wichtigen Informationen verraten, wie spätere Untersuchungen feststellten. Die Menschen waren einfach nur zur falschen Zeit am falschen Ort, als sie während der US-Invasion festgesetzt wurden.

Der amerikanische Verteidigungsminister Donald Rumsfeld, der für den Krieg mitverantwortlich ist, erklärt bei einer Anhörung vor dem Senat, dass nicht alle Belege des Abu-Ghraib-Skandals veröffentlicht worden seien. Es gebe noch viel mehr Bilder physischer Gewalt, die als »sadistisch, grausam und unmenschlich« beschrieben werden müssen, räumte Rumsfeld ein. Es sind nicht zuletzt die Bilder von Abu Ghraib, die dafür sorgen, dass sich in der islamischen Welt Hunderte Kämpfer und Terroristen auf den Weg machen, um den Besatzern im Irak ein blutiges Gefecht zu liefern.

Der Mann mit der Gefangenennummer US9IZ-157911CI, den US-Truppen ein paar Wochen vorher in das Gefängnis eingeliefert haben, ist für die Besatzer ein Unbekannter und wird es noch über Jahre bleiben. Ein paar Monate später wird Ibrahim Awad Ibrahim al-Badri in das größte Gefangenenlager der Amerikaner im Irak überführt werden – Camp Bucca. Jahre später werden die USA auf den ehemaligen Häftling ein Kopfgeld von 25 Millionen Dollar aussetzen. Er hat unterdessen den Namen geändert und nennt sich jetzt Abu Bakr al-Baghdadi, ist Chef des IS und beherrscht zu dem Zeitpunkt große Teile des Iraks und Syriens.[1]

In Camp Bucca sitzen Tausende von ehemaligen Anhängern Saddam Husseins. Die meisten sind Sunniten wie Hussein, den ein Gericht nach der Gefangennahme zum Tode verurteilte und hängen ließ. Sunniten gehören zur Minderheit des Landes, die Mehrheit im Irak sind Schiiten. Die neuen Herren aus dem fernen Washington haben rigoros alle Mitglieder der einstigen Staatspartei, der Baath-Partei, aus staatlichen Positionen entfernen lassen. Politiker ebenso wie einfache Mitläufer, Lehrer oder kleine Funktionäre. Auch die irakische Armee wird aufgelöst. Hunderttausende Soldaten verlieren über Nacht ihren Job, behalten aber ihre Waffen. »Wir haben Tausende von gut ausgebildeten Leuten arbeitslos und wütend gemacht. Sie waren die Ersten, die gegen uns in Stellung gingen«, beschreibt Colin Powell die desaströse Entscheidung der US-Besatzung in seinen Memoiren.[2]

Viele der künftigen IS-Kämpfer lernen sich in Camp Bucca kennen. Die kleine Gruppe, der al-Baghdadi angehört und die den Aufstand gegen die neuen Herren im Land probt, ist nur eine von mehreren Zusammenschlüssen, die viele frustrierte Sunniten auch unter der Flagge von al-Qaida versammeln, um gegen die US-Besatzung des Iraks und die schiitische Mehrheit zu kämpfen. Die sunnitischen Stämme im Irak und im Osten Syriens hatten schon immer gute Verbindungen, und dass Syriens Präsident Assad als Alawit zu den verhassten Schiiten gehört, befeuert alte Rivalitäten. Regionalmächte wie Saudi-Arabien, Qatar oder die Türkei machen alte Rechnungen auf und Front gegen Syrien und dessen Schutzmacht Iran. Sie setzen auf ein Kalifat, das die Sunniten in Syrien und im Irak vereinen soll.[3]

»Der Regime Change dauerte acht Jahre, kostete Tausenden von Amerikanern und Irakis das Leben und außerdem fast eine Billion Dollar«, merkte Bushs Nachfolger Barack Obama selbstkritisch an.[4]

Der gewaltsame Machtwechsel entwickelt sich zum Flächenbrand im Nachbarland Syrien. Ein interner Bericht des amerikanischen Militär-Geheimdienstes DIA beschreibt 2012, dass der Aufstand gegen Assad keineswegs von westlich orientierten Oppositionellen getragen wird, sondern sich längst zu einem Kampf der Konfessionen entwickelt hat. »Die Salafisten, die Muslimbruderschaft und al-Qaida im Irak sind die treibenden Kräfte des Aufstands in Syrien«, heißt es in dem Papier, das dem Weißen Haus vorliegt.

»Der Westen, die Golfstaaten und die Türkei unterstützen die Opposition, während Russland, China und Iran das Regime unterstützen.« Auch das Ziel des IS, der sich mit al-Qaida verbündet hat, beschreibt der Bericht. Das gemeinsame Bündnis arabischer Sunniten soll »für einen islamischen Staat« und gegen »die Ungläubigen« kämpfen.[5]

2015 erfährt der Rest der Welt, wie effektiv das Bündnis ist. Al-Baghdadi und seine Verbündeten haben – trotz aller gegenseitigen Rivalität – ein Drittel des Iraks und fast die Hälfte Syriens unter ihre Kontrolle gebracht. Ein Gebiet, so groß wie England, wird zum Gottesstaat erklärt, auch Städte wie Mossul im Irak oder Raqqa in Syrien sind darunter. Die Absetzung des syrischen Regimes von Präsident Baschar al-Assad stehe als vorrangiges Ziel des saudiarabischen Engagements in Syrien weiterhin fest, schreibt der BND.[6]

Es ist der Zeitpunkt, da die USA sich dafür entscheiden, beim Kampf gegen die militanten Islamisten auf die syrischen Kurden zu setzen. In Moskau entscheidet sich Wladimir Putin, den syrischen Präsidenten in dieser Lage mit Soldaten und der russischen Luftwaffe zu unterstützen. »Mit Syrien stand ein säkularer Staat auf der Kippe, den islamische Staaten unter ihre Kontrolle bringen wollten«, beschreibt Putin die damalige Situation. »Wir haben eine sehr lange Beziehung zu Syrien. Assad hat auch formell um Beistand gebeten. In den Reihen der IS kämpften Tausende von russischen Islamisten aus Dagestan und Tschetschenien, die auch für Russland eine Gefahr sind.« Diesmal ist es Russland, das wenige Stunden vor den Angriffswellen der russischen Luftwaffe auf Stellungen der Assad-Gegner die Vereinigten Staaten von dem militärischen Einsatz informieren.

Der Nahost-Experte Michael Lüders fasst die damalige Situation zusammen: »Die Türken wollen mit Hilfe des Islamischen Staates nach wie vor die Kurden im Norden Syriens schwächen, die Saudis wollen das Regime von Baschar al-Assad gestürzt sehen.« Auch Israel setzte auf den Sturz Assads, weil Syrien mit Israels Gegner, dem Iran, verbunden ist. Daneben gibt es, so Lüders, »die Amerikaner, die Regierung Obama, die noch immer irgendwie einen Sturz von Assad wollen, aber längst verstanden haben, dass es nicht mehr zu machen ist.« Das Machtvakuum nach einem Sturz Assads würde nur durch radikale Islamisten gefüllt, so Washingtons bittere Erkenntnis. Der russische Einsatz bringt die Wende für Assad. Er wird länger Präsident von Syrien bleiben, als sich seine Gegner vorstellen konnten.[7]

Wahrheit oder Dichtung

Die Lage ist auch Jahre nach dem Ausbruch der Gewalt in Syrien kompliziert und unübersichtlich. Über kaum einen Konflikt wurde in Deutschland so viel geschrieben wie über den Krieg in Syrien. Der Wahrheitsfindung hat es nur selten gedient. Zwischen Fakten und Propaganda, Gut und Böse, Opfer und Täter zu unterscheiden, fällt schwer.

Die Erzählung, die im Westen bevorzugt wird, hat der *Spiegel* auf Hochglanz poliert. 2018 erzählt das Nachrichtenmagazin einmal mehr die Geschichte von dem Jungen nach, der 2011 in der syrischen Stadt Daraa einen Graffito auf eine halbzerstörte Mauer sprühte – eine folgenschwere Beleidigung des syrischen Präsidenten (der bekanntlich in England als Augenarzt tätig gewesen war): »Du bist als Nächster dran, Doktor!« Auf sechs Seiten beschrieb *Spiegel*-Reporter Claas Relotius detailgenau, als wäre er dabei gewesen, den historischen Moment, mit dem angeblich »der Syrienkrieg begann«.[8] Der Name des Jungen ist Mouawiya Syasneh, und er ist laut Relotius zum damaligen Zeitpunkt dreizehn Jahre alt.

»Es ist eine Geschichte, von der Journalisten träumen«, schreibt der Medienkritiker Boris Rosenkranz, »weil sie emotional ist, dramatisch, relevant, und weil sie ein unglaubliches Stück Zeitgeschichte zu sein scheint: Ein Junge sprüht ein paar Worte auf eine Mauer in Syrien, sie richten sich gegen den bösen Diktator, der das Land unterdrückt. Der Junge wird gefasst, gefoltert – und löst so einen gewaltigen Krieg aus.« Und Rosenkranz benennt das Hauptproblem des Relotius-Textes: »Die Vorstellung wie der Kriegsausbruch, an dem viele Akteure beteiligt waren, auf einen Jungen als *einzigen* Auslöser reduziert wird. Man greift eine Person heraus, ein Schicksal – und erschafft eine Ikone.«[9]

Die Geschichte wird dem *Spiegel*-Autor einen weiteren seiner zahlreichen Journalistenpreise einbringen. Die Jurymitglieder des angesehenen Deutschen Reporterpreises – allesamt klangvolle Namen aus dem Mediengewerbe – sind begeistert. Der Text sei ein Lehrstück von »beispielloser Leichtigkeit, Dichte und Relevanz«, er lasse nie offen, »auf welchen Quellen« er basiere. Bei dem Text, wird der *Spiegel* später einräumen, handele es sich um Fake News, viele Ereignisse waren frei erfunden.[10]

Die Dramaturgie der Geschichte ist sorgsam ausgetüftelt. Als die Eltern des Jungen gegen das brutale Vorgehen protestieren, verbreitet sich ihr Protest in Syrien wie ein Flächenbrand und setzt den Aufstand gegen das verhasste Regime in Gang – mit Hunderttausenden von Toten und Millionen von Flüchtlingen. Kaum eine Weltmacht, die seither nicht ihre Finger im Spiel hat, um für oder gegen das Böse Partei zu ergreifen. Es passt alles perfekt. So, wie man es von einer spannenden Geschichte erwartet.

Relotius folgt einem üblichen journalistischen Muster, indem er den jahrzehntealten historischen Konflikt in Syrien derart trivialisiert. *Time*, CNN, NPR, *New York Times*, die *Welt* oder die *Süddeutsche* haben zuvor die gleiche oder eine ähnliche Geschichte in Umlauf gebracht. »Ein Zehnjähriger sprühte Anfang 2011 ein paar Sprüche an die Schulmauer. Damit begann der Krieg in Syrien«, schrieb etwa die *Süddeutsche Zeitung* zwei Jahre zuvor. Manchmal unterscheidet sich der Name des Helden, manchmal der Spruch oder die Farbe des Graffito an der Wand. Manchmal war es eine Gruppe Jugendlicher statt eines Einzelnen. Aber die Struktur der einfachen Geschichte bleibt immer dieselbe. Claas Relotius hat offensichtlich das geliefert, was die Redaktion von ihm erwartet hatte.

»Das Merkwürdige ist, dass der Konformitätsdruck nicht von mächtigen Medienunternehmern, Regierungschefs oder anderen finsteren Mächten ausgeübt wird. Vielmehr kommt er aus unserer eigenen Mitte, er geht von uns Journalisten aus, zum Teil auch von Lesern und Zuschauern«, schrieb Giovanni di Lorenzo, Chefredakteur der *Zeit*, bereits zwei Jahre vor dem Fall Relotius und brachte damit das Phänomen auf den Punkt.[11]

»Sagen, was ist« steht groß als Motto in der Eingangshalle des *Spiegel*-Gebäudes. »Claas Relotius hat alle geblendet«, schreibt der *Spiegel* in dem Versuch zu begründen, warum die gefälschten Geschichten problemlos von der Ressortleitung und der Chefredaktion durchgewinkt wurden. »Das stimmt«, resümiert der Medienkritiker Stefan Niggemeier und fügt an, was sich auch der *Spiegel* in seiner Aufarbeitung des Falls nicht eingestehen mag: »Aber wie gern sich alle von ihm blenden ließen!«

Der Sieger schreibt die Geschichte, lautet eine alte Redewendung. Heute werden Geschichten geschrieben, um zu siegen. In Syrien gibt es nur Verlierer. Die Lage in Idlib ist explosiv, auch wenn der IS gescheitert ist – er wurde durch andere, nicht minder militante Organisationen abgelöst. Das Treffen zwischen Putin und Erdoğan in Ankara bringt außer der Bekräftigung der bekannten Vereinbarungen keine konkreten Ergebnisse. Syrien soll souverän, unabhängig und als vollständiger Staat erhalten bleiben. Und was Idlib angeht, verkünden beide Präsidenten routiniert, dass die Lage deeskaliert werden muss. Nur was darunter zu verstehen ist, darüber haben beide sehr unterschiedliche Vorstellungen. Wladimir Putin hat während der vergangenen zwölf Monate keinen ausländischen Politiker häufiger getroffen als Recep Erdoğan.

Die Türkei hat die Grenzen zur Provinz Idlib dichtgemacht. Ankara hat schon über drei Millionen Syrer aufgenommen, und damit mehr als jedes andere Land. Für Erdoğan sind die Flüchtlinge im Land zunehmend ein Problem. In der Türkei regt sich Protest – gegen die Flüchtlinge, gegen die Europäer, die nur noch wenige Syrer aufnehmen, und gegen die finanziellen Folgen. Erdoğan benutzt die Flüchtlinge zunehmend als Faustpfand, um politische Forderungen in Brüssel durchzusetzen. Als Schleusenwärter für Flüchtlingsströme hat Erdoğan lange Erfahrung.

Die meisten Syrer, die sich auf den Weg nach Europa gemacht haben, nutzten erst die östliche Mittelmeerroute von der Türkei nach Griechenland. Von dort nahmen sie die westliche Balkanroute oder sie erreichten per Schiff die italienischen Häfen. Das UN-Hochkommissariat für Flüchtlinge (UNHCR) gab 2018 die Zahl der Syrer, die seit 2011 ihr Land verlassen haben, mit 6,7 Millionen an.[12]

2015 öffnete der türkische Präsident die Grenzen und flutete Europa. Die Zahl der Geflohenen war im Januar desselben Jahres dramatisch gestiegen, nachdem der IS zusammen mit der al-Nusra-Front, einem Ableger von al-Qaida, die Provinz Idlib und andere Regionen im Nordwesten Syriens erobern konnte. Deutsche Behörden hatten die Kanzlerin bereits vorher gewarnt, dass die Zahl der Flüchtlinge dramatisch steigen würde. Erdoğans Schritt brachte die Gemeinschaft an den Rand des Kollapses. Die alte und umstrittene EU-Vereinbarung, die Dubliner Verordnung, schreibt fest, dass Flüchtlinge in dem Land um Asyl bitten müssen, in dem sie zum ersten Mal den EU-Raum betreten. Das war allein schon wegen der Anzahl der Menschen schnell nicht mehr durchführbar. Für Deutschland ohne EU-Außengrenze war die Regelung eine komfortable Lösung, in Griechenland und Italien, deren Grenzen auch gleichzeitig die Außengrenze der EU sind, sorgt sie seit Jahren für Ärger.

Angela Merkel reagiert erst, als Hunderttausende an der deutschen Grenze stehen. Länder wie Österreich, Italien oder Ungarn hatten die Massen durchgewunken. In einem spektakulären politischen Alleingang ließ die Bundeskanzlerin für rund eine Million Menschen die deutschen Grenzen öffnen.

Der politische Stil, die eigenen Entscheidungen als »Alternativlosigkeit« zu dekretieren, hat massive politische Folgen. Die deutsche Haltung, die Katrin Göring-Eckardt, Fraktionsvorsitzende der Grünen, am 9. September als Beweis moralischer Überlegenheit feierte, katapultiert die AfD bei der nächsten Bundestagswahl erstmals ins Parlament. Die Rechten werden nach CDU und SPD drittstärkste Fraktion – noch vor den Grünen.

Der Riss ging weniger vom Volk aus als von Merkel selbst. Als viele Deutsche 2015 auf die Straße gehen und gegen den Zuzug der Kriegsopfer protestieren, kontert die Kanzlerin kritische Nachfragen, auch die von den eigenen Parteifreunden, mit der Nonchalance einer beleidigten Königin. Wenn sie aufgefordert werde, sagte sie pikiert, sich »noch entschuldigen zu müssen dafür, dass wir in Notsituationen ein freundliches Gesicht zeigen, dann ist das nicht mein Land«. Eine politische Fehleinschätzung Merkels, die sich nach all den Jahren im Kanzleramt nicht zum ersten Mal mit dem Land selbst verwechselt.

Der Satz bringt viele ihrer Kritiker in Rage. »Was ist hier mein Land?«, heißt es in der *Zeit*. Der konservative Historiker Heinrich August Winkler kritisiert den »hohen Ton«, in dem die Deutschen der übrigen Welt deutlich machen, dass sie ihre »Lektionen aus der Geschichte gelernt« haben und dass sie dabei ein so hohes Niveau erreicht haben, »zu dem sich andere Nationen erst noch emporarbeiten« müssen. Es gibt kein »deutsches Moralmonopol«, schrieb der konservative Historiker. Ob einige Deutsche wirklich glaubten, dass sich deutsche Menschheitsverbrechen »durch gute Werke« wiedergutmachen ließen, sei unerheblich – »um viele Nachbarn vor den Kopf zu stoßen, reichte die moralische Herablassung«.[13]

Nach dem politischen Kollateralschaden hat die Bundeskanzlerin unterdessen schnell alle Hebel in Bewegung gesetzt, um die Grenzen gegen weitere Flüchtlingsströme abzuschotten. Deutschland setzt mit Hilfe Österreichs und Druck auf Griechenland die Schließung der Balkanroute durch. In Brüssel initiiert Merkel einen Deal der EU mit Erdoğan, die Grenzen wieder dichtzumachen – gegen 5 Milliarden Euro Hilfe für Flüchtlinge in türkischen Lagern und der Zusage, eine mögliche Visafreiheit für die Türkei in der EU zu prüfen. Um die Ursachen des Konflikts in Syrien kümmert sich die Kanzlerin weniger.

Fünf Jahre nach der Flüchtlingswelle droht sich mit der Zuspitzung des Syrien-Konflikts in Idlib die tragische Geschichte zu wiederholen. Deswegen setzt Angela Merkel auf den russischen Präsidenten und unterstützt eine politische Lösung – auch wenn dafür die Zeit, sprich Merkels Amtszeit, bei weitem nicht mehr ausreicht, das Elend auch nur ansatzweise zu lindern, dass die Kanzlerin über ein Jahrzehnt systematisch mit befördert hat.

9 Ukraine

Diener des Volkes und offene Rechnungen

Es ist kurz vor Mitternacht, als ein erschöpfter, aber erleichterter Hausherr im Élysée-Palast mit seinen Gästen vor den Journalisten Platz nimmt. Die angekündigte Pressekonferenz war an diesem 9. Dezember 2019 mehrmals verschoben worden. Frankreichs Staatsoberhaupt ist bemüht, Optimismus zu verbreiten. Die Operation an »der offenen Wunde im Herzen unseres Kontinents« sei gelungen, preist der französische Präsident das Treffen. Nach Jahren des Schweigens und Krieges in der Ukraine gebe es endlich die Chance eines Dialogs. »Dieses Treffen ist bereits ein Sieg für uns.«

Mehr als acht Stunden hatten Emmanuel Macron und die deutsche Kanzlerin Angela Merkel zusammen mit dem russischen Präsidenten Wladimir Putin und dessen ukrainischem Kollegen Wolodymyr Selenskyj in wechselnden Runden verhandelt, in Sitzungen, die immer wieder unterbrochen wurden, um strittige Punkte zu klären. »Wir haben Sie warten lassen, aber … wir sitzen hier heute nebeneinander und sind in der Lage, Ihnen Fortschritte anzukündigen, die im vornherein nicht unbedingt absehbar waren, und das seit einigen Jahren«, sagt Emmanuel Macron.

Ein Treffen in der hochkarätigen Besetzung hatte es zuletzt vor gut drei Jahren in Berlin gegeben.

Die Teilnehmer sind voll des Lobes über die eigene Arbeit. »Wir haben heute die Zeit des Stillstands überwunden«, führt die Kanzlerin aus. Auch sie wirkt erleichtert. Diesmal ging es weniger um politische Grundsätze als um »realistische Dinge«, die vereinbart wurden. Und auch der ukrainische Präsident Selenskyj, der an diesem Abend zum ersten Mal persönlich mit Wladimir Putin zusammentrifft, stimmte mit ihm darin überein, dass es um konkrete Verbesserung der Lebensbedingungen für die Menschen in der Ukraine gehen muss.

Dass das Treffen in Paris zum ersten Mal seit langem die Kluft zwischen Reden und Realität überwindet, daran hatten die außenpolitischen Berater der Kanzlerin Jan Hecker und sein russischer Kollege Wladislaw Surkow über Monate hart gearbeitet. Merkel und Putin hatten ihre Teilnahme an die Bedingung geknüpft, dass zumindest einige der Abmachungen, die zuvor längst gemeinsam beschlossen worden waren, als Zeichen des guten Willens bis dahin umgesetzt sein müssen.

In der Kleinstadt Stanyzja Luhanska etwa. Dort stehen sich seit Jahren auf der einen Seite die Kämpfer der ukrainischen Armee zusammen mit den nationalen Freiwilligencorps und auf der anderen Seite die prorussischen Kämpfer der Luhansker Volksrepublik unversöhnlich gegenüber. Luhansk ist kein Einzelfall. Nach Schätzungen der UNO sind in dem Konflikt in der Ukraine seit 2014 über 13 000 Menschen umgekommen. Jetzt verbindet seit einem knappen Monat eine neue Brücke über den Donez die getrennten Gebiete, und die feindlichen Kämpfer haben sich – wie schon vor Jahren verabredet – auf beiden Seiten einen Kilometer weit von der Front zurückgezogen. Hunderte von Menschen pendeln täglich zwischen den Checkpoints hin und her – Händler, die Nachschub auf der anderen Seite kaufen, Familien, die sich nun in den getrennten Gebieten gegenseitig besuchen können, und nicht zuletzt die Rentner, die monatlich über die Brücke gehen, weil sie die Pension nur in Banken auf der Seite ausbezahlt bekommen, auf die Kiew Zugriff hat. Es war der neue ukrainische Präsident Selenskyj selbst, der das Bauwerk einweihte.[1]

Innerhalb von dreißig Tagen sollen weitere Übergänge an der Frontlinie eingerichtet werden, und neben einer wirklichen Waffenruhe wollen die Parteien die Grenzgebiete von den Tausenden von Minen säubern, hinter denen sich die Kombattanten verschanzt haben. Auch wenn sich Putin und Selenskyj an diesem Abend noch in vielen Fragen uneins sind, setzen beide auf konkrete Erleichterungen. Sie haben sich auch auf den umstrittensten Punkt geeinigt, der bislang weitere Verhandlungen blockierte – auf einen Zeitplan für Wahlen in den autonomen Gebieten. Sollten diese Lokalwahlen regulär ablaufen, bekommen die Gebiete automatisch einen dauerhaften Sonderstatus innerhalb der Ukraine zugebilligt, so Emmanuel Macron vor den Journalisten.

Angela Merkel lobt an diesem Abend nachdrücklich den Mann, der mit seiner Geste das Treffen möglich gemacht hat. Präsident Wolodymyr Selenskyj habe »Schritte getan«, die »wir lange besprochen hatten, die aber nie realisiert worden sind«. Dabei waren die deutsche Kanzlerin und der neue Mann aus der Ukraine gleich zu Beginn aneinandergeraten. Obwohl sich die politischen Unterhändler mit den Kriegsparteien in zähen Verhandlungen geeinigt hatten, ihre Truppen an der gesamten Frontlinie zurückzuziehen und die Konfliktzone zu räumen, erteilte Selenskyj der konsternierten Kanzlerin im ersten Vieraugengespräch eine Absage. Das sei nur ein Vorschlag unter vielen gewesen, begründete der ukrainische Präsident den politischen Rückzieher, als die Kanzlerin in dem Gespräch spitz anmerkte, dass dies doch schon alles verabredet worden sei. Merkels Bemühungen sind vergebens. Der ukrainische Präsident bleibt bei der Ablehnung. Eine weitere Entzerrung sei zunächst nur an wenigen Stellen und nicht an der ganzen Front möglich, der Vorschlag in diesem Stadium nicht verhandelbar, so Selenskyj.

Es ist Wladimir Putin, der in Paris dafür plädiert, diesen strittigen Punkt fürs Erste auszuklammern, bevor die russische Delegation nach den Marathonverhandlungen um drei Uhr morgens nach Hause fliegt. Zwar setzt auch Moskau in Zeiten knapper Kassen auf ein schnelleres Tempo bei der konkreten Verbesserung der Lage – das Engagement in der Ukraine kostet Russland Milliarden. Aber der neue Präsident ist in einer ziemlich schwierigen Lage. »Es ist immerhin ein Fortschritt«, beschreibt Wladimir Putin das Treffen achtundvierzig Stunden später, als wir uns spät abends im Kreml sehen. Beide Staatsoberhäupter hatten vor Paris nur telefoniert. Bei dem ersten persönlichen Treffen vereinbaren sie, einen weiteren Konflikt zu entschärfen. Russland wird weiter Gas durch die Ukraine nach Europa pumpen und dem Land dafür Milliarden an Leitungsgebühr bezahlen. Die Details soll eine Expertengruppe in den nächsten beiden Wochen in Wien endgültig verhandeln.

Doch auch Wolodymyr Selenskyj steht unter Druck. Einen Tag vor dem erstem Treffen mit dem russischen Präsidenten in Paris hatten mehrere Tausend ukrainische Nationalisten und Veteranen rechtsradikaler Freiwilligen-

Kampfverbände zu Hause auf dem Maidan gegen die Verhandlungen demonstriert. Der Platz in der Stadt ist zum Synomym für Revolutionen geworden. Zweimal wurde hier in der jüngeren Geschichte der Ukraine ein Machtwechsel eingeleitet. 2004 war es Wiktor Juschtschenko, der – zusammen mit Julia Timoschenko – landesweite Reformen gegen die grassierende Korruption versprach. Er wurde anschließend zum Präsidenten des Landes gewählt. Das Team verlor Jahre später bei den Wahlen gegen Wiktor Janukowytsch, weil das Duo die Versprechen nicht eingehalten hatte. Ihrem Nachfolger ging es nicht besser, mit dem kleinen Unterschied, dass nicht reguläre Wahlen seine Abwahl erzwangen, sondern ein bewaffneter Umsturz, der auf dem Maidan seinen Anfang nahm.

»Ich bin kein Idiot«

Die Stimmung auf dem zentralen Platz in Kiew an diesem Vorabend des ersten Treffens von Selenskyj und Putin ist aufgeheizt. Die Demonstranten skandieren Slogans wie »Keine Kapitulation der Ukraine«. Sie machen Front gegen jegliche Zugeständnisse an Russland. Selenskyjs Vorgänger im Amt, Petro Poroschenko, der sich über Jahre geweigert hatte, Truppen abzuziehen, warnt den neuen Präsidenten auf dem Maidan lautstark, die rote Linien zu überschreiten, die er, Poroschenko, gezogen hat. »Glauben Sie Putin kein Wort«, ruft er am Rednerpult.

Petro Poroschenko, ein Oligarch mit ebenso unzähligen wie undurchsichtigen Firmenbeteiligungen im ganzen Land, hatte während seiner Amtszeit und beim Kampf um seine Wiederwahl ausschließlich auf den ukrainischen

Nationalismus und eine heroische Vergangenheit gesetzt. Die Schlagworte waren übersichtlich und haben die öffentliche Stimmung geprägt: Vaterland, Armee, Glaube.

Selenskyj kämpft an unterschiedlichen Fronten, auch wenn er populär ist. Er weiß, dass die Stimmung kippen kann, wenn Vereinbarungen mit Russland als mangelnde Standfestigkeit für das Vaterland interpretiert werden. »Ich weiß, dass es viele Hitzköpfe gibt, die Demonstrationen organisieren und sagen: Auf in den Kampf, wir holen uns alles zurück«, grenzt sich der Präsident gegenüber den Hardlinern ab und wiederholt die rhetorische Frage, die er immer stellt, wenn er auf das Thema zu sprechen kommt: »Aber zu welchem Preis? Was sind die Kosten? Ich werde das nicht tun.«[2]

Ein paar Wochen zuvor hatte er sich persönlich mit rechtsradikalen Kämpfern in der Nähe von Zolote angelegt, jener Stadt, die an der umkämpften Grenze zum Separatistengebiet Luhansk liegt. Eine rechtsradikale Freiwilligen-Truppe weigerte sich, der Präsidentenanordnung nach Truppenrückzug Folge zu leisten. »Sie können mir keine Ultimaten stellen«, so die deutliche Ansage des neuen Oberbefehlshabers in einer direkten Konfrontation vor Ort mit den Kämpfern. »Ich bin kein Idiot.« Selenskyj spielt auf Zeit und hofft, dass es der Ukraine in absehbarer Zeit auch wirtschaftlich besser geht.

Nach jahrelangem Stillstand ist in den Ostukraine-Konflikt wieder Bewegung gekommen. In Washington werden die Ergebnisse misstrauisch beobachtet. Selenskyj hatte zuvor versucht, Donald Trump als amerikanischen Friedenstifter mit einzubinden. Das Weiße Haus steckt Hunderte von Millionen an Militärhilfe in die Ukraine und macht sich beim Internationalen Währungsfonds für Milliardenkredite stark. Trump, so das Kalkül von Selenskyj und seinen Beratern, könnte sich bei den weiteren Verhandlungen mit der Rolle eines erfolgreichen Friedenstifters schmücken und zugleich die Rolle der Ukraine gegenüber Moskau stärken. Aber weder Merkel noch Macron oder Putin sind daran interessiert, mit Donald Trump einen neuen Mitspieler am Verhandlungstisch zu bekommen, der alles aus der Perspektive des inneramerikanischen Wahlkampfs betrachtet. Außerdem, so das Hauptargument, waren die Amerikaner nicht von Beginn an offizieller Partner in dem Friedensprozess.[3]

Die Steinmeier-Formel

Es war Emmanuel Macron, der den aktuellen Gipfel in Paris initiiert hat. Einige Monate zuvor hatte er Wladimir Putin in seine Sommerresidenz nach Fort de Brégançon an der Côte d'Azur eingeladen und für den neuen Ukraine-Gipfel geworben. Er hoffe, dass es zukünftig prinzipiell mehr gegenseitiges Vertrauen gebe, warb Macron beim gemeinsamen Spaziergang entlang den Mauern der mittelalterlichen Festung, um viele der Missverständnisse auflösen zu können, die in den letzten Jahrzehnten zwischen der Europäischen Union und Russland entstanden seien. Die Zeit sei reif. Man sei an einem »zutiefst historischen Moment unserer internationalen Ordnung«, mit Blick auf die vielen internationalen Krisen. Paris wolle mit Russland wieder »eine Architektur des Vertrauens aufbauen«.

Das Verhältnis zwischen den beiden Präsidenten ist keine Liebe auf den ersten Blick. Wladimir Putin betrachtet den Newcomer und dessen äußerst flexible politische Haltung auf der weltweiten Bühne mit Zurückhaltung. Als eine Art Klassenprimus, der zu schnell und zu selbstsicher jederzeit weiß, was zu tun und was zu sagen ist. Bei ihrer ersten Verabredung, in einem kleinen, stickigen Besprechungszimmer am Rande des G-20-Treffens in der Hamburger Messe im Sommer 2017, lässt der französische Präsident seinen russischen Kollegen über eine halbe Stunde warten. Emmanuel Macron entschuldigt sich mit dem Hinweis auf Prioritäten. Es tue ihm leid, sagt Macron, aber er habe noch auf einem anderen Panel etwas sehr Wichtiges zum Thema Klimawandel beigetragen. Wladimir Putins Antwort ist sarkastisch: Es sei alles in Ordnung. Er hoffe nur, dass es dem Klima nun besser gehe.

Er hat auch nicht vergessen, was Macron ein paar Monate später in Washington dem TV-Sender FOX erzählt. In dem Interview bedient der französische Präsident einmal mehr das Lieblingsklischee der amerikanischen Presse: Russland sei »besessen von der Einmischung in unsere Demokratien«, bevor er anschließend dem amerikanischen Präsidenten im Weißen Haus seine Aufwartung macht. Dass Macrons Glanz im eigenen Land nach dem erdrutschartigen Wahlsieg zunehmend verblasst, ist dem russischen Präsidenten nicht entgangen.[4]

Beim gemeinsamen Abendessen mit den beiden Außenministern in Fort de Brégançon kommt der französische Präsident zum Kern der Sache. Macron will Bewegung in den festgefahrenen Friedensprozess zwischen Moskau und Kiew bringen. Er plädiere für ein baldiges Treffen im traditionellen »Normandie-Format«. Der Mord an dem Leiter der »Donezker Volksrepublik« Alexander Sachartschenko bei einem Bombenanschlag im August 2018, für den Moskau Kiew verantwortlich macht, war für Russland Anlass, das quadrilaterale Treffen in jenem Jahr abzusagen. »Die Umstände haben sich verändert«, wirbt jetzt Macron für die Wiederaufnahme des Formats. Es gebe immerhin einen neuen ukrainischen Präsidenten.

Putin stimmt zu. Er hatte zuvor mit Wolodymyr Selenskyj telefoniert. Der neue Kollege habe einige »interessante Vorschläge« gemacht. Allerdings besteht der russische Präsident darauf, als Zeichen des guten Willens zuvor ein schriftliches Bekenntnis Kiews zu dem politischen Ansatz der »Steinmeier-Formel« zu bekommen, die 2014 beim ersten Treffen im sogenannten Normandie-Format verhandelt worden war.[5]

Es war das erste Treffen dieser Art gewesen, und es fand statt zur Erinnerung an die Landung der Alliierten siebzig Jahre zuvor in der Normandie. Am Rande der Feierlichkeiten, neben den üblichen Militäraufmärschen und Veteranenehrungen, trafen sich Angela Merkel, Wladimir Putin, Macrons Vorgänger François Hollande und der ukrainische Präsident Poroschenko, um über eine mögliche Entschärfung der angespannten Lage nach dem Umsturz in Kiew zu verhandeln. Das Treffen war kurz und unterkühlt, aber das Quartett verabredete sich zu einem weiteren Versuch, den Konflikt zu entschärfen.[6]

Mit mäßigem Erfolg. Seit dem blutigen Machtwechsel in Kiew 2014, als Nationalisten und pro-westliche Demonstranten den gewählten ukrainischen Präsident Janukowytsch stürzten, ist das Land gespalten. Noch immer wird an der Front in der Ostukraine, im Donbass, an fast jedem Tag geschossen. Trotz der Waffenruhe, die 2015 in der weißrussischen Hauptstadt Minsk ausgehandelt wurde. Seit dem Ausbruch der Kriegshandlungen sind mehr als 13 000 Menschen getötet und Zehntausende verletzt worden. Millionen sind auf der Flucht. Die einen nach Osten, Richtung Russland, die anderen als Binnenflüchtlinge in die Westukraine. Vertrieben von Gewalt, Armut und Perspektivlosigkeit.

Damals pendelten Bundeskanzlerin Angela Merkel und François Hollande zu Krisengesprächen nach Kiew und Moskau und dann zum offiziellen Verhandlungsort Minsk. Nach einem sechzehnstündigen Sitzungsmarathon einigen sich die Präsidenten der Ukraine und Russlands mit den Deutschen und Franzosen auf einen Fahrplan zum Frieden. Neben einem Waffenstillstand und Truppenabzug geht es in dem Abkommen vor allem darum, Schritt für Schritt den Status der international nicht anerkannten Volksrepubliken Luhansk und Donezk zu regeln und künftige Wahlen zu organisieren. Es war Frank-Walter Steinmeier, damals Außenminister und heute Bundespräsident, der das Abkommen vorschlug und in einem Dokument mit dem Titel »Minsk II« vorlegte.

»Minsk II« ist ein Kompromiss wie aus einem diplomatischen Lehrbuch. Durch Wahlen in den Gebieten im Osten des Landes über einen Sonderstatus würde Kiew ein Stück Souveränität zurückgewinnen, so der deutsche Vorschlag, und die Separatisten bekämen im Gegenzug die föderale Selbstverwaltung zugesichert. Einen Sonderstatus mit sprachlicher, kultureller und wirtschaftlicher Autonomie und eigenen Justiz- und Sicherheitsorganen.

Damit der Plan in der Praxis funktioniert, hatte Frank-Walter Steinmeier konkrete Einzelschritte festgelegt. Der Sonderstatus der Autonomiegebiete soll am Abend des Wahltags zunächst nur vorläufig in Kraft treten und erst dann bestätigt werden, wenn diese Wahlen durch die Organisation für Sicherheit und Zusammenarbeit in Europa

(OSZE) für ordnungsgemäß und gültig erklärt wurden. Erst danach sollte Kiew wieder die Hoheit über die Landesgrenze in der Ostukraine bekommen.

Wunsch und Wirklichkeit

Doch die Umsetzung des Minsker Abkommens geriet schnell ins Stocken. Zwar unterschrieb der damalige ukrainische Präsident Petro Poroschenko die Vereinbarung. Aber anschließend blockierte der Oligarch den Prozess mit dem immer gleichen Argument: Zuerst müssten ukrainische Truppen die Grenzsicherung in den autonomen Gebieten übernehmen, erst dann könne man über einen Sonderstatus sprechen. Im Abkommen ist die umgekehrte Abfolge festgelegt worden. Im Übrigen, so schob Poroschenko routinemäßig nach, sei »Minsk II« ein Diktat des Kreml.

Für diese Geschichtsklitterung hat der einstige Außenminister Steinmeier wenig Verständnis. Dass Poroschenko behaupte, »Minsk II« sei in Wahrheit von Putin geschrieben worden, wundere ihn, so Steinmeiers knapper Kommentar. Schließlich sei Poroschenko »einer der Beteiligten bei diesen Verhandlungen gewesen«, der die Einigung akzeptiert habe. Das Abkommen sei der Versuch gewesen, aus den großen Schritten, die sich die Konfliktparteien nicht zumuten wollten, mehrere kleine zu machen, so der Bundespräsident heute.[7]

Petro Poroschenko war nach dem Umsturz in Kiew für kurze Zeit zum Hoffnungsträger der EU und der USA geworden. Auch Angela Merkel hat in den vergangenen Jahren auf Poroschenko gesetzt und ihn über ein Dutzend Mal getroffen. Er ist über Jahre Merkels wichtigster Gesprächspartner und Fixpunkt in Kiew. Geholfen hat es wenig. Die politische Personalie Poroschenko ist eine der größten Fehleinschätzungen, die Merkel unterlaufen sind. Er wird die Bemühungen von Frankreich und Deutschland behindern, das Minsker Abkommen und die Steinmeier-Formel umzusetzen. Eine Woche vor der ukrainischen Präsidentenwahl im April 2019, bei der Poroschenko noch einmal antritt, empfängt ihn Angela Merkel trotzdem öffentlichkeitswirksam in der deutschen Hauptstadt, um ihm politischen Rückenwind zu verschaffen. Denn Poroschenko ist weit abgeschlagen, steht nach Umfragen der Meinungsforscher in Kiew vor dem politischen Aus.

Am selben Tag, an dem die deutsche Kanzlerin in Berlin dem ukrainischen Präsidenten einen großen Bahnhof bereitet, empfängt in Paris der französische Präsident Macron dessen Herausforderer. Einen jungen Schauspieler und Kabarettisten namens Wolodymyr Selenskyj. Der Sohn eines Hochschulprofessors aus Krywyj Rih, dem Herzen der Eisenerzindustrie im Südosten der Ukraine, ist der wohl bekannteste und erfolgreichste Comedian des Landes. Seine Königsdisziplin: politische Satire. Der Quereinsteiger spielt seit Jahren einen Schullehrer für Geschichte, der zufällig Präsident wird und diese neue Rolle komisch, aber unbestechlich ausfüllt. *Sluha narodu* – zu Deutsch: »Diener des Volkes« – heißt die TV-Sendung.

Selenskyj legt sich auch im Wahlkampf selten fest, wann die Wähler dem Komiker oder dem Präsidentschaftskandidaten gegenüberstehen. Die Grenzen zwischen Show und Politik sind fließend. Frieden ist eines seiner wenigen Versprechen. Als Präsident wolle er den Friedensplan für den umkämpften Osten wiederbeleben. »Wir werden die Verhandlungen fortsetzen und bis zum Ende gehen, damit das

Feuer eingestellt wird«, verspricht er per Videobotschaft. Und sollten seine Landsleute ihn wählen, werde es ein »neues Leben – ohne Korruption, ohne Schmiergeld« geben.

Der amtierende Präsident lässt landesweit Plakate aufstellen, die Selenskyjs Gesicht und das des russischen Präsidenten zeigen – als finsteres Duett – und darunter den Slogan: »Die entscheidende Wahl«. Poroschenkos Wahlkampfstrategie, den Konkurrenten als Puppe Putins zu diskreditieren, weil Selenskyj sich auf Verhandlungen mit Moskau einlassen will, funktioniert nicht.

Poroschenko erleidet eine vernichtende Wahlniederlage. Nur knapp 24 Prozent der Wählerinnen und Wähler werden den Amtsinhaber wählen. Auf den Konkurrenten, den einundvierzigjährigen Fernsehstar, entfallen gut 73 Prozent. Ein Rekordergebnis. Noch nie in der Geschichte der unabhängigen Ukraine konnte ein Kandidat so viele Stimmen auf sich vereinen. Wolodymyr Selenskyjs Erfolg ist das Resultat der Wut und der Enttäuschung all der Wähler, die einst auf Petro Poroschenko gesetzt hatten.

Und dennoch: Selenskyj hat zwar einen Sensationssieg eingefahren, aber der neue erste Mann im Land zwischen der EU und Russland ist ohne jede Regierungserfahrung. Was ihm fehlt, ist eine Basis, eine eigene Partei im Parlament. Er stößt schnell an die Grenzen seiner neuen Macht, kann weder eigene Gesetze durchbringen noch Ministerposten wie den des Außenministers oder den Chef des Inlandgeheimdiensts SBU neu besetzen. Das Parlament blockt in den nächsten Wochen jegliche politischen Veränderungen ab.

Drei Monate später hat der neue Präsident das Problem zumindest formal gelöst. Selenskyj löst die »Rada«, das Parlament, vorzeitig auf und lässt neu wählen. Seine Partei,

»Sluha narodu«, gewinnt bei der Neuwahl zum Parlament die absolute Mehrheit. Es wird nach Selenskyjs Erfolg bei der Präsidentenwahl die zweite Sensation innerhalb von drei Monaten. Poroschenkos Partei kommt nur auf rund 8 Prozent und landet auf Platz vier.

Neue Macht und tiefer Staat

Die neuen »Diener des Volkes« sind eine bunte Truppe mit wenig Politikerfahrung. Sie gehören zur jungen Mittelschicht des Landes und stehen in Verwaltung und Ministerien einem Beamtenapparat aus Poroschenkos Zeiten gegenüber. Es ist nicht ihr einziges Problem. Die Korruption in der Ukraine hat die ganze Gesellschaft erfasst. Gleichzeitig sind nach wie vor die ukrainischen Nationalisten und Freiwilligencorps der Rechten gut organisiert, die an der Seite des offiziellen ukrainischen Militärs an der Front gegen die Separatisten kämpfen. Deswegen übernimmt Selenskyj gegen Widerstand in der eigenen Partei mit Innenminister Arsen Awakow einen Mann, der schon dem Vorgänger diente. Das einstige Mitglied der Vaterlandspartei kontrolliert die Polizei, die Nationalgarde, den Grenzschutz und die Einwanderungsbehörde.

Awakow gilt als Kopf einer gut organisierten mafiaähnlichen Gruppierung, der es von jeher um das eigene und weniger das Gemeinwohl ging. Er hält seit den Maidan-Ereignissen den Draht zu den Nationalisten und den Freischärlern der Rechtsradikalen, die in der ukrainischen Nationalgarde aufgegangen sind, so etwa das berühmt-berüchtigte »Regiment Asow«, das die »Patrioten der Ukraine« 2014 gründeten. Die Truppe hat trotz ihrer kurzen

Geschichte laut Untersuchungen der UN eine lange Liste von Folter und systematischen Menschenrechtsverletzungen aufzuweisen. »Das Regiment Asow ist eine ultrarechte Milizorganisation mit Neonazis«, beschweren sich selbst vierzig Kongressabgeordnete im fernen Washington in einem Brief an Außenminister Pompeo und erinnern daran, dass laut Beschluss des Kongresses für die Truppe jegliche finanzielle oder militärische Hilfe untersagt ist.[8]

Arsen Awakow baut seine Macht systematisch aus und stellt im Parlament einen Antrag, für die Nationalgarde auch einen eigenen Geheimdienst zu gründen. Er ist es, der kurz vor dem Pariser Treffen erfolgreich gegen die Zustimmung von Präsident Selenskyj intervenierte, die gesamte rund 400 Kilometer lange Frontlinie zu entmilitarisieren.[9]

Wolodymyr Selenskyj braucht Awakow, räumt der ukrainische Präsident bei der Pressekonferenz nach dem ersten Jahr im Amt in Kiew ein. Dass er ihm gefährlich werden kann, ist ihm bewusst.

Ausgestattet mit einer formalen Machtfülle, die kaum ein ukrainischer Präsident vor ihm besaß, steht Selenskyj zugleich unter einem enormen Erwartungsdruck der Wähler. Der Spielraum des neuen Mannes in Kiew ist in Wirklichkeit begrenzt. Awakow ist allerdings nur ein möglicher Stolperstein. »Arsen Boryssowytsch Awakow ist weder mein Pate noch mein enger Freund. Im Gegenteil – er hat enge Genossen, für die ich sicher kein Genosse bin. Ist er ein mächtiger Minister? Ja.«[10]

Der andere mächtige Mann im Land heißt nach wie vor Petro Poroschenko. Der Vorgänger kämpft um das politische Überleben und setzt verstärkt auf die Nationalisten, die keine friedliche Einigung mit der Ostukraine wollen. Doch Wolodymyr Selenskyjs größtes Problem sind die USA.

Der ukrainische Präsident steht seit Beginn der Amtszeit im Epizentrum eines politischen Erdbebens in den Vereinigten Staaten, auf dessen Ausgang er wenig Einfluss hat. Kiew ist zum zentralen Spielplatz für die heftigen Auseinandersetzungen zwischen Demokraten und Republikanern in Washington geworden.

Es geht um schmutzige Wäsche und alte offene Rechnungen. Und vor allem darum, wer im November 2020 neuer Präsident der Vereinigten Staaten wird. Der Wahlkampf hat begonnen, und die Ukraine spielt eine tragende Rolle. In der *New York Times* bekennt Wolodymyr Selenskyj nach einem Jahr im Amt, wovor er am meisten Angst hat. Er fürchtet, dass die Ukraine durch den innenpolitischen Streit in den USA nur verlieren kann, dass er »die Aufmerksamkeit von den wirklich wichtigen Dingen ablenkt, die die Ukraine angehen, und unser Land in eine Geschichte um Präsident Trump verwandelt«. Der Streit ist zu dem Zeitpunkt des *New York Times*-Artikels längst eskaliert. »Ich hatte Krieg erwartet«, schreibt der neue Präsident in seinem Resümee über die ersten zwölf Monate als Präsident. »Ich hatte weder mit einem Amtsenthebungsverfahren von Trump gerechnet noch mit einer Seuche.«[11]

10 Burisma

Macht und Möglichkeiten in Kiew

Das Weiße Haus, Juli 2019. An diesem Donnerstagvormittag kurz nach neun Uhr lässt sich der amerikanische Präsident mit dem ukrainischen Kollegen in Kiew verbinden. Es ist eine wohlkalkulierte Geste politischer Beziehungspflege. Donald Trump gratuliert Wolodymyr Selenskyj zu seinem Sieg bei den Parlamentswahlen einige Tage zuvor. »Ein großartiger Sieg« sei das, Selenskyj habe »einen phantastischen Job gemacht«, eröffnet Trump das Gespräch und hofiert den Gesprächspartner. Viele hätten seiner Partei eigentlich keine Chancen eingeräumt und dann habe er doch so überzeugend gewonnen. Es sind die üblichen unverbindlichen Freundlichkeiten zu Anfang solcher Telefonate – politische Routine. Selenskyj gibt die Komplimente postwendend zurück. Er habe »von Trump gelernt«, und von Trump lernen heißt siegen lernen, sagt er sinngemäß. Er hoffe, dass er und Trump nun öfters Kontakt haben. Es gebe viel zu besprechen.

Die Stimmung ist gelockert, es ist das zweite Gespräch der Politiker per Telefon. Der Mann im Weißen Haus unterstreicht einmal mehr die wichtige Rolle Amerikas, betont, dass die USA der einzige wahre Freund der Ukraine seien.

Angela Merkel tue beispielsweise überhaupt nichts für die Ukraine, so der amerikanische Präsident. Auch die anderen europäischen Länder wie Frankreich täten nichts. Nur die USA seien »sehr, sehr gut zur Ukraine«.

Der ukrainische Präsident nimmt die Steilvorlage an. Sein amerikanischer Kollege habe »zu hundert Prozent recht«, pflichtet Selenskyj bei. Merkel und Macron machten bei weitem nicht so viel für das Land wie die Vereinigten Staaten. Vor allem machten sie viel zu wenig Druck auf Moskau. Ganz anders Washington, und dafür sei er Trump dankbar. Er wolle in Zukunft auch in Energiefragen viel stärker mit den USA kooperieren, die Ukraine kaufe bereits amerikanisches Öl ein.

Wolodymyr Selenskyj ist in einer schwierigen Situation. Das taktische Geplänkel, abzuklopfen, was der andere konkret will und hören will, um daraus Kapital zu schlagen, ist unter Politikern üblich. Die Vereinigten Staaten sind für die Ukraine überlebensnotwendig, stellen Hunderte von Millionen für Militärhilfe für Kiew bereit, und ohne Washingtons Fürsprache vergibt auch der Internationale Währungsfonds keine Kredite an das klamme Land.

Ob der Republikaner Trump nur noch ein Jahr Präsident der USA sein wird oder noch fünf Jahre, falls er wiedergewählt wird, kann der neue Mann in Kiew, gerade drei Monate im Amt, zu dieser Zeit nicht abschätzen. Er weiß nur, dass er Trump braucht, und so fällt das Gespräch auch aus. Er werde bald einen neuen Botschafter für Washington benennen, teilt Selenskyj Trump mit, um die Bindung zu den USA noch enger zu knüpfen. Auch Trump zeigt sich hilfsbereit, als sich der ukrainische Präsident über die US-Botschafterin beschwert, die den neuen Amtsinhaber nicht ernst nehme. Sie wird gleichfalls ausgewechselt werden.

Dann kommt Donald Trump zum eigentlichen Anliegen seines Anrufes. »Ich möchte gerne, dass Sie uns einen Gefallen tun«, wirbt der US-Präsident um Unterstützung. Es habe so viele unerfreuliche ukrainisch-amerikanische Verwicklungen die vergangenen Jahre über gegeben, die zu Hause in den Staaten eine große Rolle spielten. Da gebe es beispielsweise »viel Gerede über Bidens Sohn«. Es geht um Hunter Biden, den Sohn von Joe Biden – politischer Konkurrent und Vizepräsident unter Barack Obama. Das »Gerede«, das Trump anspricht, zirkuliert in den beiden Hauptstädten seit Monaten. Präsident Barack Obama hatte Joe Biden, die Nummer zwei im Weißen Haus, zum *pointman* für die Ukraine ernannt. Bidens Job war es, sich nach dem Umsturz darum zu kümmern, dass das Land wieder auf die Füße kommt. Während dieser Zeit soll Joe Biden den damaligen Präsidenten Poroschenko unter Druck gesetzt haben, den eigenen Generalstaatsanwalt zu feuern, um persönliche Interessen zu bedienen. Der staatliche Ankläger hatte Ermittlungen gegen die ukrainische Energiefirma Burisma wegen krummer Geldgeschäfte eingeleitet. Das Unternehmen ist die größte private Gasfirma des Landes. Was die Ermittlungen so pikant machte, ist die Familienaufstellung der Bidens. Burisma hatte nach dem Machtwechsel Hunter Biden ein lukratives Aufsichtsratsmandat in Kiew angedient – zur gleichen Zeit, als Vater Joe Biden im Weißen Haus für das Land zuständig wurde. Sohn Hunter war bislang nicht durch einschlägige Kenntnisse der Ukraine oder des Gas-Gewerbes aufgefallen, allerdings beruflich stets im Kielwasser seines Vaters gesegelt.

Joe Bidens Hebel, die Ermittlungen gegen die Firma zu stoppen, war ein Angebot, zu dem der damalige Präsident Poroschenko nicht Nein sagen konnte. Der amerikanische

Vizepräsident machte eine US-Zustimmung zu einem Milliardenkredit des Internationalen Währungsfonds an die Ukraine von der Entlassung des zuständigen Generalstaatsanwalts Wiktor Schokin abhängig, der die Ermittlungen führte. Das Land braucht das Geld dringend, steht nach dem Umsturz vor dem Bankrott.

Er wäre ihm dankbar, lässt Donald Trump seinen Amtskollegen aus der Ukraine am Telefon wissen, wenn er, Selenskyj, dieser unfairen Geschichte nachgehen und ihn mit Informationen auf dem Laufenden halten könnte. Für Wolodymyr Selenskyj ist die Bitte des US-Präsidenten eine Chance, nicht nur im Gespräch zu bleiben, sondern weiter ins Geschäft zu kommen. Er verspricht, am Ball zu bleiben. »Ich habe verstanden. Ich weiß Bescheid«, sagt er am Telefon. Der nächste Generalstaatsanwalt werde, so Selenskyj, »zu hundert Prozent meine Wahl sein«, da »wir nun die absolute Mehrheit haben ... Wir werden uns darum kümmern.« Die beiden Präsidenten verabreden, in Kontakt zu bleiben.[1]

Donald Trump geht es weniger darum, mögliches Unrecht zu sühnen. Der Republikaner sucht in der Ukraine nach handfesten Belegen für einen Machtmissbrauch von Joe Biden, um den politischen Gegner im Wahlkampf anzugreifen. Der ehemalige US-Vizepräsident ist der Kandidat der Demokraten bei den anstehenden Präsidentschaftswahlen.

Joseph Robinette »Joe« Biden, Jahrgang 1942, gehört seit Jahrzehnten zum politischen Inventar der demokratischen Partei. Er war mit dreißig Jahren einer der jüngsten Politiker, als er für den Bundesstaat Delaware in den Senat gewählt wurde. Jetzt, im Jahr 2021, ist er der älteste gewählte Präsident den die USA je hatten. Die Wahl 2020 war seine dritte und zweifellos letzte Chance. Die beiden anderen Male scheiterte er schon früh in der eigenen Partei. Die Vorwürfe gegen Joe Biden, die Trump verbreiten lässt, lauten im Klartext: Der amerikanische Vizepräsident habe dem Sohn kraft seines Amtes zuerst den millionenschweren Job bei der Gasfirma besorgt und dann den ukrainischen Präsidenten erpresst, Ermittlungen der Staatsanwaltschaft gegen ebendieses Unternehmen zu stoppen. Es war Joe Biden selbst, der die politische Tretmine gepflanzt hatte. Bei einer Veranstaltung des »Council on Foreign Relations« am 23. Januar 2018 in Washington beschreibt er vor laufenden Kameras, wie er bei seinem unermüdlichen Kampf gegen die Korruption Präsident Poroschenko in Kiew mit der Drohung unter Druck setzte.

»Ich habe zu ihnen gesagt: Ihr kriegt die Milliarde nicht. Ich werde hier abreisen – ich glaube, es war sechs Stunden später. Wenn der Staatsanwalt bis dahin nicht gefeuert ist, bekommt ihr das Geld nicht«, erzählt Joe Biden auf der Veranstaltung. »Nun ja, der Mistkerl. Er wurde gefeuert. Und sie haben ihn durch jemanden ersetzt, der zu der Zeit zuverlässig war.« Es sei übrigens kein Alleingang gewesen, sondern er habe Rückendeckung von Barack Obama bekommen.[2]

Auch wenn Donald Trump in der Wahl seiner Mittel bekanntermaßen nicht wählerisch ist, um den politischen Gegner zu vernichten – im Fall Joe Biden geht es tatsächlich um mehr als nur um mangelndes Fingerspitzengefühl. Es geht um einen klassischen Interessenskonflikt. Die Belege sprechen für sich.

Als der US-Vizepräsident am Ostersonntag 2014 an Bord der Air Force Two von Washington nach Kiew aufbricht, herrscht in der ukrainischen Hauptstadt Chaos. Auf dem zentralen Unabhängigkeitsplatz sind noch die Spuren des gewaltsamen Umsturzes zu sehen. Präsident Janukowytsch, der für den russisch sprechenden Teil der Ostukraine stand, und sein innerer Zirkel sind nach Russland geflohen. Die Vertreter jener Fraktion, die vornehmlich aus der Westukraine stammt und seit einem Jahrzehnt den Anschluss an Europa und die USA sucht, hat gewonnen. Ein Kampf, den Washington nach Kräften gefördert hat.

»Niemand bestreitet, dass ausländische Hilfe für den Erfolg der Orangen Revolution entscheidend gewesen ist«, schreibt die *Frankfurter Allgemeine* und führt sämtliche amerikanischen Förderer namentlich auf. »Viele Organisationen, die in der Ukraine aktiv waren, von der staatlichen USAID über die Parteiinstitute der Demokraten und Republikaner NDI und IRI werden direkt oder indirekt von amerikanischen Steuergeldern finanziert, die teils vom Weißen Haus und teils vom Kongress kommen.«[3]

Das Briefing, das Joe Biden nach seiner Ankunft in Kiew in der US-Botschaft vor Ort erhält, ist ernüchternd. Die US-Administration hat zwar aus dem Personal der Sieger eine Übergangsregierung mit ausgewählt und Wahlen für einen neuen Präsidenten organisiert, aber die Probleme sind nach dem Regime Change nicht weniger geworden. Korruption, Gewalt, Verteilungskämpfe – und es gibt wenig Aussicht auf Besserung. Das Land befindet sich im Bürgerkrieg. Joe Biden selbst hatte zuvor auf militärische Härte gesetzt und Präsident Obama vergebens gedrängt, Moskau für die Krim-Übernahme »in Blut bezahlen zu lassen«, schreibt die *New York Times*. Die USA solle schwere Waffen in der Ukraine in Stellung bringen. Nun ist der US-Vizepräsident der wichtigste Ansprechpartner der ukrainischen Elite.

Joe Biden wird in den nächsten zwei Jahren mehrmals vor Ort sein, um die Beziehungen in und mit der Ukraine zu regeln. Er repräsentiert das Gesicht der amerikanischen Regierung und soll dafür sorgen, dass das Land sich weiter Richtung Westen bewegt.

Schläge und Ratschläge

Die Vorschläge, die Joe Biden während dieses Antrittsbesuchs dem ukrainischen Ministerpräsidenten Arsenij Jazenjuk unterbreitet, sind mehr als nur Vorschläge. Das Land braucht jede Form von Hilfe. Die USA werde Kiew technisch und auch sonst unter die Armee greifen, um nun die anstehende Präsidentenwahl zu organisieren, erklärt der Mann aus Washington. Und zwar so, dass nicht die geringsten Zweifel an der Rechtmäßigkeit des neuen Staatsoberhauptes aufkommen könnten.

Der Präsidentschaftskandidat, den die USA fördert, steht fest. Ein alter Bekannter aus der politischen Landschaft der Ukraine und notorisch flexibel: Petro Poroschenko, achtundvierzig Jahre alt, ein selbstbewusstes Mitglied der alten Elite und seit Jahren in der Politik. Zuerst diente er 2004 in der Regierung des prowestlichen Wiktor Juschtschenko, dann im Kabinett von dessen prorussischem Gegner und Nachfolger Wiktor Janukowytsch. Als die Proteste auf dem Maidan zunehmen, wechselt Poroschenko in der Endphase der Regierung einmal mehr die Seite und schließt sich den Demonstranten an, um nach dem Regierungswechsel wieder eine tragende Rolle zu spielen. Er ist nicht auf die Politik angewiesen. Hauptberuflich ist er Milliardär und besitzt ein weitverzweigtes Firmenimperium – von der Pralinenproduktion bis zum eigenen Fernsehsender reicht sein Portfolio. Er ist einer der reichsten Männer der Ukraine.

Joe Biden bietet der ukrainischen Regierung gezielte Hilfen für den wirtschaftlichen Aufbau an. Damit das Land auf den richtigen Weg kommt, haben die Vereinigten Staaten begonnen, zusammen mit dem Internationalen Währungsfonds ein Milliardenpaket zu schnüren, führt er wohlwollend aus. Wie dieser richtige Weg aussieht, erklärt er auch. Fürs Erste haben die USA eine Milliarde Dollar in Krediten bereitgestellt, die Washington im Energiebereich investieren will. Amerikanische Experten schauten sich gerade im Lande um, wie und wo das Geld am besten anzulegen sei, erläutert Biden und erklärt, was zu tun sei. Die Ukraine soll sich vom russischen Erdgas abkoppeln und gemeinsam mit dem großen Bruder Amerika eigene Kapazitäten aufbauen, fordert der amerikanische Vizepräsident vor der Presse, damit »Russland nicht mehr länger Energie als politische Waffe gegen die Ukraine und Europa« benutzen kann. »Stellen Sie sich einmal vor, wo Sie heute stehen würden, wenn Sie den Russen sagen könnten: Behaltet euer Gas! Wäre das nicht eine ganz andere Welt?«[4]

Dann gibt der Mann aus den USA den versammelten Hoffnungsträgern für eine bessere Zukunft noch einen persönlichen Rat. »Die Zeit der Korruption und Kleptokratie«, also jene Form der persönlichen Bereicherung durch gesellschaftliche Privilegien, sei nun vorbei. »Die Vereinigten Staaten sind bereit, der Ukraine Schritt für Schritt zu mehr Transparenz zu verhelfen, um das Vertrauen der Menschen wieder zurückzugewinnen.«

Auch die Familie Biden gewinnt nach der Rede schnell an Vertrauen vor Ort, vor allem bei den Oligarchen in der Gasindustrie. Einen Monat nach dem Auftritt von US-Vize Biden in Kiew und der Zusage, in die ukrainische Energiewirtschaft zu investieren, meldet der größte private Gaskonzern des Landes auf der Website des Unternehmens einen prominenten Neuzugang. Hunter Biden, der Sohn des Vizepräsidenten, wird ab sofort den Verwaltungsrat der Firma Burisma Holdings verstärken. »Hunter Biden wird für die Rechtsabteilung verantwortlich sein und die internationalen Beziehungen für das Unternehmen pflegen«, heißt es in der Pressemitteilung. Der Sohn des US-Politikers ist von sich und der neuen Aufgabe überzeugt. Er werde den Konzern »in Fragen der Transparenz, Corporate Governance und Verantwortungsgefühl« neben vielen anderen Dingen bestens beraten, erklärt Biden junior selbstbewusst in dem Statement. »Die Menschen der Ukraine werden davon profitieren.«

Es ist vor allem Hunter Biden, der von dem neuen Job profitiert. 50 000 Dollar wird er die nächsten Jahre pro Monat verdienen. Hunter hat weder Erfahrung im Gasgeschäft, noch hatte er zuvor beruflich etwas mit der Ukraine zu tun. Hunter Biden ist beruflich Sohn des erfolgreichen Politikers Joe Biden. »Hunter Bidens Karriere verlief in weiten Strecken parallel zur Arbeit seines Vaters als Senator und Vizepräsident«, schreibt die *Washington Post*. Der junge Rechtsanwalt arbeitet als Lobbyist für Klienten, die im Kongress etwas erreichen wollten, während Joe Biden einer der einflussreichsten Strippenzieher des Parlaments ist. Hunter Biden arbeitete auch für das Kreditkarteninstitut

MBNA, das wiederum seinen Vater im Wahlkampf sponserte. Dafür stimmte der demokratische Abgeordnete Joe Biden bei Gesetzesvorlagen im Kongress regelmäßig mit den Republikanern für die Interessen der Finanzindustrie.[5]

Das Prinzip der Familienförderung wie in der Ukraine hatte zuvor auch schon in China funktioniert. Im Dezember 2013, einige Monate vor dem neuen Job bei Burisma, fliegt der US-Vizepräsident dienstlich zu offiziellen Gesprächen nach Peking. Auch Sohn Hunter ist mit an Bord der Air Force Two. Es wird ein durchaus erfolgreicher Trip für die Familie. Joe Biden nennt beim Abflug aus dem Reich der Mitte den chinesischen Präsidenten Xi Jinping einen »guten Freund«, und Hunter Biden wird Teilhaber einer amerikanisch-chinesischen Investitionsfirma, bei der auch die staatliche Bank von China Anteile hält.[6]

Hunter ist nicht der einzige Neuzugang bei der ukrainischen Gasfirma, »um internationale Beziehungen zu pflegen«. Sein Freund und Geschäftspartner Devon Archer, ein früherer Berater und Wahlkampfmanager von US-Außenminister John Kerry, ist auch mit von der Partie. Wochen später wird ein weiterer alter Bekannter als Lobbyist mit seiner PR-Firma LM Strategies in Washington für Burisma arbeiten. David Leiter ist bestens vernetzt und gleichfalls mit Außenminister John Kerry verbandelt. Er war über Jahre dessen Büroleiter im Senat. Später wird auch noch ein ehemaliger CIA-Mann in den Verwaltungsrat aufrücken. Für die Pflege der politischen Landschaft in der EU und Osteuropa heuert Burisma Aleksander Kwaśniewski an, den ehemaligen polnischen Präsidenten mit besten Beziehungen.[7]

»Wenn man es wohlmeinend betrachtet, sieht die Ernennung des Sohnes des amerikanischen Vizepräsidenten in den Verwaltungsrat eines ukrainischen Gaskonzerns nur nach normaler Vetternwirtschaft aus. Wenn man es weniger wohlmeinend betrachtet, ist das Ganze schlicht abscheulich«, kommentierte die *Washington Post* Hunter Bidens Ernennung. »Man kann sich nur verwundert fragen, wie hoch das Gehalt sein muss, um einfach mal so amerikanische Softpower zu diskreditieren. Ziemlich hoch, nehmen wir an.«

Das Geld ist gut angelegt. Der Chef der Burisma Holding, Mykola Slotschewskyj, diente einst in der gestürzten Regierung von Janukowytsch als Minister für Umwelt und Rohstoffe und war in das Visier der Staatsanwaltschaft geraten. Wegen krummer Geldgeschäfte und Steuerhinterziehung für die Firma, die in Limassol, im Steuerparadies Zypern, registriert ist. Der Schachzug, prominente Vertreter der neuen Schutzmacht USA mit lukrativen Verträgen auszustatten, die über beste Beziehungen verfügten, sollte sich bald auszahlen. Als der Generalstaatsanwalt, Wiktor Schokin, die Ermittlungen wieder aufnimmt, die sein Vorgänger gestoppt hatte, intervenieren sowohl der US-Botschafter vor Ort als auch der amerikanische Vizepräsident beim ukrainischen Staatspräsidenten. Biden fordert, den unbotmäßigen Beamten zu feuern. Die Begründung: Der Staatsanwalt sei korrupt. Beweise für die Anschuldigungen legt die US-Administration nicht vor. »Sie müssen weißer als Schnee sein, sonst werden Sie von der ganzen Welt verlassen«, macht Joe Biden in einem Telefongespräch Druck auf Poroschenko in Anspielung auf die weitverbreitete Korruption im Land.[8]

Am 9. Dezember 2015, der Generalstaatsanwalt ist noch immer im Amt und ermittelt weiter, greift Joe Biden zu brachialeren Mitteln. In einer Rede im ukrainischen Parlament fordert der US-Vize die Abgeordneten auf, den Generalstaatsanwalt Wiktor Schokin zu entlassen. Ansonsten würden die USA eine Milliarden-Dollar-Kreditgarantie kippen. Es ist eine jener pathetischen Ansprachen, die Moral und praktischen Nutzen bestens verwebt und die Joe Biden später als seine beste Rede bezeichnen wird.

Auch Amerika, wo er herkomme, sei »dank einer Revolution geboren worden«, schlägt Biden gleich zu Beginn den großen historischen Bogen von Kiew ins Land der unbegrenzten Möglichkeiten. Damals, in jenen Tagen der Kolonisation, als »Männer mit Gewissen« aus Massachusetts oder Pennsylvania erklärten, dass man zwar verschiedene Sprachen spreche, aber »ein unveräußerliches Recht« habe – »das Recht auf Freiheit«. Die Abgeordneten in der Rada in Kiew »haben die historische Chance, als das Parlament in die Geschichte des Landes einzugehen, das nun die Säulen der Freiheit errichtet hat, nach der sich das ukrainische Volk verzehrt«. Und damit die Sache auch nicht falsch verstanden wird, erteilte Biden den versammelten Abgeordneten gleich einen Schnellkurs in politischem Realismus. Er sei hier, um Europa gegen die russische Aggression zu stärken. »Das ist der Augenblick für die Ukraine«, beschwört die Nummer zwei aus dem Oval Office das Parlament. »Ergreifen sie die Chance, es könnte ihre letzte sein.« Biden offeriert der Ukraine milliardenschwere US-Kredite. Vorausgesetzt, die Politik bekämpfe von heute an die grassierende Korruption. Natürlich würde er, Joe Biden, »niemals einer anderen Nation vorschreiben, was gut für sie ist«. Doch da es Sache des Parlaments ist, über Wahl oder Abwahl eines Generalstaatsanwaltes zu entscheiden, hat der US-Politiker dann doch einen guten Ratschlag parat. Die Justiz müsse »neu aufgestellt werden«, empfiehlt der Gast aus Übersee mit besorgter Stimme. »Vor allem der Bereich des Generalstaatsanwaltes muss dringend überholt werden.«[9]

Die Version, die er an diesem Tag staatsmännisch und mit historischer Perspektive den Parlamentariern präsentierte, hatte er am Tag zuvor weniger diplomatisch und verkürzt schon einmal dem Präsidenten des Landes Petro Poroschenko diktiert. Es war jenes Ultimatum, mit dem er sich später auf der Veranstaltung des »Council on Foreign Relations« brüstete. Dort behauptete er gar, er habe die Absetzung innerhalb von sechs Stunden bewirkt. Tatsächlich sollte es noch gut drei Monate dauern, bis der Generalstaatsanwalt seinen Schreibtisch räumte.

Wiktor Schokin weiß sehr genau, warum er gefeuert wurde. »Wenn Sie mich fragen, was die Motive von Joe Biden waren«, antwortet der Jurist auf Nachfrage: »Es waren die Aktivitäten der Firma Burisma und die Verwicklungen seines Sohnes Hunter, und dass die Staatsanwaltschaft ihm im Nacken saß. Das waren die einzigen Gründe, warum er meinen Rücktritt erzwang.«[10]

11 Impeachment

Das Telefongespräch, das Donald Trump mit Wolodymyr Selenskyj im Juli 2019 führte, bleibt nicht geheim, und auch die Bitte des amerikanischen Präsidenten nicht, sein Gesprächspartner solle ihm einen Gefallen tun. Wie bei Gesprächen von Präsidenten üblich, hören Spitzenbeamte der Administration mit und fertigen routinemäßig eine Abschrift für das Archiv an. Diesmal bleibt es nicht bei dem regulären Verwaltungsakt. Einer der Mitarbeiter findet Trumps Vorschlag, ein ausländischer Staat solle Ermittlungen über den politischen Gegner zu Hause führen, so empörend, dass er beim Justiziar des Weißen Hauses Alarm schlägt – ohne großen Erfolg. Es bleibt nicht der einzige Versuch, den Deal öffentlich zu machen. Die Absprache der beiden Spitzenpolitiker wird eine Schlammschlacht in Washington auslösen.

Das Schreiben, das im August 2019 auf dem Tisch von Michael Atkinson landet, hat es in sich. Atkinson ist Generalinspektor der Gemeinschaft der US-Geheimdienste ICIG. Er fungiert damit als eine Art interner Oberaufseher sämtlicher Nachrichtendienste, der – unabhängig von politischen Weisungen – Missstände untersuchen und aufdecken soll. Der Generalinspektor ist auch erster Ansprechpartner für interne Informanten, für Whistleblower also. Seine Aufgabe ist es zu prüfen, ob die vorliegenden Informationen über mögliches Fehlverhalten oder sicherheitsrelevante Vergehen in der Regierung so »glaubwürdig« und »dringend« sind, dass auch der Kongress sich darum kümmern muss. Nachdem Generalinspekteur Atkinson den Brief studiert hat, leitet er ihn an den Kongress weiter.[1]

Auf sieben Seiten schildert ein anonymer CIA-Agent detailliert, wie Donald Trump seine Macht missbraucht haben soll. Er sei zwar bei vielen der Treffen, die er als Beleg anführt, nicht dabei gewesen, räumt er ein, aber die Kollegen, die dabei waren und Zeugen der Ereignisse wurden, seien höchst glaubwürdig. Außerdem verweist er auf schriftliche Unterlagen, die das Oval Office unterdessen als geheim einstufen ließ, um Beweismaterial unter Verschluss zu halten. Die Anklageschrift des Geheimdienstlers ist nicht die erste dieser Art. Es ist eine der zahlreichen Kriegserklärungen des Sicherheitsapparates. CIA und FBI liegen seit Beginn der Trump-Ära mit dem neuen Mann an der Spitze über Kreuz.

Nach Ansicht des Informanten bedient Trump sich der gleichen Mittel wie Joe Biden, um jetzt eigene Forderungen durchzusetzen. Das Weiße Haus hatte vor dem delikaten Gespräch mit der Ukraine zugesagte Militärhilfen von rund 400 Millionen Euro erst einmal auf Eis gelegt – eine Anordnung, so der Informant, »die direkt vom Präsidenten ausging«. Viele offizielle Mitarbeiter, »die konkret über den Inhalt des Anrufs Bescheid wissen, haben mich darüber informiert, dass der Präsident das Gespräch benutzte, um persönliche Interessen zu verfolgen«, so der Informant. »Sein Ziel war es, den ukrainischen Präsidenten unter Druck zu setzen.« Donald Trump habe Selenskyj unverblümt aufgefordert, »die Aktivitäten des früheren US-Vizepräsidenten und seines Sohnes Hunter zu untersuchen«, und hinzugefügt, der persönliche Anwalt des Präsidenten und Justizminister William Barr würden sich deswegen beim ukrainischen Präsidenten melden.

Warum er nun als anonymer Whistleblower agiert, rechtfertigt der CIA-Mann in dem Brief mit der Sorge um das nationale Wohl. Er befürchte, dass solche Aktionen »Amerikas Sicherheit gefährden« und alle Versuche der Regierung sabotierten, »fremde Einmischungen bei US-Wahlen zu verhindern«.

Für die Demokraten ist das Schreiben, das Michael Atkinson als Generalinspektor der Geheimdienste weitergibt, die Gelegenheit zum Generalangriff auf den Präsidenten. Seit dem Amtsantritt des Republikaners befinden sich führende Demokraten wie Nancy Pelosi im Dauerwahlkampf, versuchen nachzuweisen, dass der Republikaner Trump zu Unrecht und nur wegen unzulässiger russischer Hilfestellung im Weißen Haus gelandet ist. Robert Mueller, der Sonderermittler des Kongresses, hatte – obwohl er im Laufe seiner zweijährigen Untersuchung zur »Russland-Affäre« einige Ungereimtheiten aufdeckte – am Ende auf eine Klageempfehlung verzichtet. Die Sprecherin des Repräsentantenhauses sieht mit den neuen Anschuldigungen eine neue Chance gekommen und setzt jetzt auf die schärfste Waffe, die der Kongress besitzt. Sie leitet ein Amtsenthebungsverfahren ein.

Donald Trump reagiert, wie er immer reagiert. Auf Twitter macht er sich über die Demokraten und die Vorwürfe lustig. »Wieder so eine Fake-News-Geschichte – es hört nicht auf! Wenn ich mit ausländischen Staatsführern am

Telefon rede, ist klar, dass viele Leute dabei zuhören, Leute von US-Agenturen, aber natürlich auch aus den anderen Länder selbst. Kein Problem!«[2]

Dann blockt das Weiße Haus weitere Zeugenaussagen und veröffentlicht selbst Ausschnitte des Telefongesprächs, um dessen Harmlosigkeit zu belegen. Trump weiß, dass das Amtsenthebungsverfahren keine Chance hat. Er ist erst der dritte Präsident in der Geschichte der USA, gegen den ein solches Verfahren im Senat eröffnet wurde. Die Amtsenthebung des Präsidenten ist ein schwerwiegender Vorgang. Deshalb haben die Verfassungsväter eine besonders hohe Hürde eingebaut: Zwei Drittel der Senatoren müssen für die Amtsenthebung stimmen, und im Senat haben die Republikaner eine knappe Mehrheit.

Unter dem Vorsitz von John Roberts, dem Obersten Richter der USA, werden die Vorwürfe gegen Trump im Februar 2020 verhandelt. Das Verfahren endet mit einem Freispruch für den Präsidenten und einer weiteren Niederlage der Demokraten. Der Senat stimmt mit einer knappen Mehrheit der Abgeordneten gegen die Amtsenthebung. Von einer nötigen Zweidrittelmehrheit sind Nancy Pelosi und ihre Anhänger meilenweit entfernt. Es ist wie immer. Trump spaltet die USA, aber die penetrante Art und Weise, wie er sich verkauft, hat ihn bisher immer gerettet. Bereits Dutzende Male vorher hatten die Medien erklärt, dass er nun wirklich erledigt sei. Nichts begleitete den Präsidenten so beständig wie die Prognose seines baldigen politischen Ablebens. Meistens sind es allerdings seine Gegner, die es trifft. Oder Menschen, von denen der einstige Immobilienmakler bedingungslose Loyalität erwartet. Trump hat nicht vergessen, wer das Schreiben des Whistleblowers weitergeleitet hat. Michael Atkinson, der Generalinspektor der

Geheimdienste, muss nach dem Freispruch seinen Hut nehmen. Und er ist nicht der Einzige in Trumps Umgebung, der gefeuert wird.[3]

Wolodymyr Selenskyj kommentiert die politischen Turbulenzen, als wäre er noch professioneller Comedian und nicht Präsident, mit Sarkasmus. »Auch wenn das Amtsenthebungsverfahren nicht angenehm für mich war«, zieht er in der *New York Times* nach einem Jahr Präsidentschaft eine positive Bilanz, »nachdem ich mein ganzes Leben hinter hohen Ratings in der Unterhaltungsindustrie her war, brauchte es nur ein Telefongespräch, und schon bin ich weltberühmt.«

Immerhin habe er die nötige militärische Unterstützung von den USA bekommen, um die Unabhängigkeit des Landes weiter vorantreiben zu können. »Und Amerikaner wie Westeuropäer«, da ist er sich sicher, wissen nun, »wo die Ukraine auf der Landkarte zu finden ist.«[4]

Der kurze Ausflug in die reale Welt der Politik hat dem Debütanten allerdings schnell klargemacht, dass es ohne einen Plan B nicht geht. Zum 1. Januar 2020 hat seine Partei »Sluha Narodu« mit ihrer absoluten Mehrheit die Immunität aller Abgeordneten des Parlaments aufgehoben. Es ist eines der Wahlversprechen Wolodymyr Selenskyjs und ein erster Schachzug im Kampf gegen die Korruption. Anschließend hat das neue ukrainische Parlament, wie Selenskyj in seinem Gespräch mit Trump angekündigt hat, einen neuen Generalstaatsanwalt gewählt. Eine Generalstaatsanwält*in*, um genau zu sein. Es ist die erste Frau in der Ukraine in diesem Amt. Die oberste Strafverfolgerin heißt Irina Wenediktowa, ist einundvierzig Jahre alt und weiß, was man von ihr erwartet. Seit seiner Abwahl wurden gegen den ehemaligen ukrainischen Präsidenten knapp zwei

Dutzend Ermittlungsverfahren eingeleitet. Poroschenko wird Steuerhinterziehung, Korruption, Amtsmissbrauch und Hochverrat vorgeworfen. Auslöser waren einmal mehr vertrauliche Telefongespräche, unter anderem zwischen Petro Poroschenko und dem damaligen US-Vizepräsidenten Joe Biden. Darin sichert der einstige ukrainische Präsident dem US-Vize zu, den missliebigen Generalstaatsanwalt zu feuern, auch wenn der oberste Ankläger nach seiner, Poroschenkos, Ansicht nichts Falsches getan habe. In einem weiteren Gespräch gratuliert der amerikanische Politiker zur Wahl eines Ersatzmannes. Er halte sein Wort, versicherte Biden. Nachdem der Mann gefeuert worden war, gewährte Washington auch den Milliardenkredit.

Wolodymyr Selenskyj, der neue Mann in der Ukraine, der im Wahlkampf Poroschenko einst flapsig entgegenrief: »Ich bin nicht dein Gegner, ich bin dein Urteil«, hat die Ermittlungen der neuen Generalstaatsanwältin begrüßt. »Ich bin sicher, das ist nicht das letzte Wort, das wir in dieser Sache hören werden«, lautet Selenskyjs Kommentar auf seiner Jahrespressekonferenz. Poroschenko hat ihm unterdessen öffentlich gedroht. Sein Nachfolger solle sich lieber an ihren gemeinsamen Vorgänger erinnern, den die Maidan-Bewegung gestürzt hat: »Rufen Sie Wiktor Janukowytsch an und fragen Sie ihn, wie das für ihn geendet hat. Ich rate Ihnen aufzuhören.« Joe Biden sei ein Freund der Ukraine, und hinter all den Manövern steckt nach Poroschenko nur Moskau – und nun ist »offenkundig auch das Büro des ukrainischen Präsidenten in diese Spezial-Operation verwickelt«.[5]

Die ukrainischen Gasgeschäfte des Juniors entwickeln sich für Joe Biden zum Albtraum während des laufenden Wahlkampfs um die Präsidentschaft. Auf seiner Website und auf Twitter macht auch er in seinem Wahlkampf-Video Russland und speziell den russischen Präsidenten für den Ärger verantwortlich. In hellblauem Hemd und dunkelblauem Blazer, vor einer dunkelbraun getäfelten Holzwand mit sanftem Licht ausgeleuchtet, warnt er vor der Verschwörung: »Putin und die Russen mischen sich in unsere Wahlen ein und versuchen zu bestimmen, wer Präsident wird.« Dieses Mal hätten die Russen ihn ins Visier genommen, so Biden. Der Grund? »Der russische Präsident weiß, dass seine Tage der Tyrannei zu Ende gehen.« Dann schickt der Kandidat noch eine theaterreife Drohung hinterher: »Die Dinge werden sich ändern, Herr Putin. Die Amerikaner werden die Wahl entscheiden. Nicht Sie!« Deswegen bittet er die amerikanischen Wähler vorsorglich nicht nur um ihre Stimme, sondern auch um Geld für den Wahlkampf, im Dienste der höheren Sache: »Spenden Sie 5 Dollar für die Nachricht an Putin, dass das amerikanische Volk entscheidet und nicht er.«

12 Vom richtigen Gedenken

Der Kampf um Schuld und Sühne

Als Frank-Walter Steinmeier Mitte Januar 2020 in Yad Vashem ans Rednerpult tritt, ist dem deutschen Bundespräsidenten die Anspannung deutlich anzusehen. Es ist das erste Mal, dass ein deutsches Staatsoberhaupt am jährlichen Holocaust-Gedenktag in Israel eine Rede hält. Die Liste der Vorredner ist lang: Israels Präsident Reuven Rivlin, Ministerpräsident Benjamin Netanjahu, der russische Präsident Wladimir Putin und sein französischer Kollege Emmanuel Macron. Donald Trump hat seinen Vertreter, Vizepräsident Michael Pence geschickt, und der britische Thronfolger Prinz Charles vertritt Premierminister Boris Johnson. Die Botschaft der Politiker ist stets die gleiche. Der Holocaust darf nicht vergessen, die Erinnerung muss bewahrt werden.

Die Feier ist diesmal auch deswegen etwas Besonderes, weil im Januar vor fünfundsiebzig Jahren die Rote Armee das Konzentrationslager Auschwitz befreite.

Reuven Rivlin kennt Frank-Walter Steinmeier schon lange. Er ist mit ihm befreundet und hat ihn nicht zuletzt auch deswegen eingeladen. »Fünfundsiebzig Jahre nach der Befreiung von Auschwitz stehe ich als deutscher Präsident vor Ihnen allen, beladen mit großer historischer Schuld«, bekennt Steinmeier in Gegenwart von rund dreißig Holocaust-Überlebenden und den Vertretern der Siegermächte, die den Zweiten Weltkrieg beendet haben. »Der industrielle Massenmord an sechs Millionen Jüdinnen und Juden, das größte Verbrechen der Menschheitsgeschichte – es wurde von meinen Landsleuten begangen.«[1]

Dass Antisemitismus durchaus noch ein Thema in Deutschland sei, sagt er ebenfalls. »Ich wünschte, behaupten zu können: Unser Erinnern hat uns gegen das Böse immun gemacht.« Aber dem sei leider nicht so. Der Bundespräsident spielt auf den Anschlag auf die Synagoge in Halle im Oktober 2019 an. Dort hatte sich die jüdische Gemeinde versammelt, um das Ende des Versöhnungsfests Jom Kippur zu feiern, des höchsten jüdischen Feiertags. Nur die massive Holztür am Eingang der Synagoge, die ein schwer bewaffneter deutscher Rechtsextremer nicht aufbekam, verhinderte, dass ein Blutbad angerichtet wurde. Steinmeier beendet in Yad Vashem seine Rede mit einer Warnung: »Es sind nicht dieselben Worte. Es sind nicht dieselben Täter. Aber es ist dasselbe Böse.«

Die Haltungsnoten, die der deutsche Bundespräsident für den schwierigen Auftritt von den deutschen Medien bekommt, sind durchwegs hoch. »Er wurde den Erwartungen an den ersten Redeauftritt eines deutschen Staatsoberhaupts in Yad Vashem gerecht und hielt als Vertreter des Landes der Täter eine beeindruckend einfühlsame und klare Rede – und das auf Englisch, wohlgemerkt«, heißt es im Kommentar der *Tagesschau* am selben Tag. Das Lob der Journalistin Sabine Müller aus dem ARD-Hauptstadtstudio gilt allerdings nur dem deutschen Repräsentanten. Unter der Überschrift »Gedenktag in Yad Vashem. Leider eine vertane Chance!« erklärt die Journalistin als Enkelin der deutschen Tätergeneration den Nachkommen der Opfergeneration, wie sie ihrer ermordeten Vorfahren gedenken sollten. »Unwürdig war dagegen, wie Israel und Russland diesen Gedenktag teilweise kaperten. Wie sie vor der offiziellen Veranstaltung sozusagen ihre eigene politische und erinnerungspolitische Privatparty feierten – mit … den demonstrativ überlangen bilateralen Gesprächen zwischen Ministerpräsident Benjamin Netanyahu und Präsident Wladimir Putin.«[2]

Nicht nur die *Jüdische Allgemeine* kritisiert die journalistische Arroganz, den eigenen Standpunkt moralisch auf- und Andersdenkende moralisch abzuwerten. »Im Gedenken sind wir Deutsche Spitzenklasse. Sogar in Fremdsprachen! Davon könnten andere Völker sich eine Scheibe abschneiden«, kommentiert die Zeitung den *Tagesschau*-Beitrag spöttisch. »Die haben sich nämlich, fand Frau Müller, ziemlich daneben benommen.«[3]

Der offizielle Anlass der »erinnerungspolitischen Privatparty«: Kurz vor dem Festakt zum Gedenken des Holocaust weiht Wladimir Putin gemeinsam mit Israels Premierminister Netanjahu und Staatspräsident Reuven ein Denkmal zur Erinnerung an die Belagerung von Leningrad durch die Wehrmacht ein, der über eine Million Russen zum Opfer fielen. Die Blockade der Stadt, dem heutigen St. Petersburg, gehört zum nationalsozialistischen Vernichtungskrieg, gilt jedoch formal nicht als Teil des Holocaust. Allerdings fällt die Befreiung der Stadt wie bei Auschwitz auch auf einen 27. Januar. Das Vernichtungslager wurde 1945 auf den Tag genau ein Jahr später von der Roten Armee befreit. Die neunhundert Tage lange Belagerung von Leningrad gilt als eines der schwersten Kriegsverbrechen der deutschen Wehrmacht im Zweiten Weltkrieg. Auf Befehl Adolf Hitlers sollten die Bewohner der Stadt durch Aushungern systematisch getötet werden.

»Die Nazis haben es nicht geschafft, diese Stadt und den Mut ihrer Bürger zu brechen«, sagt ein sichtlich berührter Wladimir Putin, der in Leningrad geboren wurde, und erzählt auf der Feier von den Eltern, die den Kampf um die Stadt nur knapp überlebt hatten – im Gegensatz zu Wladimir Putins Bruder, der 1942 während der Belagerung als Dreijähriger umkam. »Weder Geschichten noch Tagebücher noch Wochenschauen können vermitteln, was die Menschen damals wirklich ertragen haben«, sagt er, um zu erläutern, warum er sich für das Denkmal im Sacher-Park, nicht weit von der Knesset, dem israelischen Parlament, entfernt, eingesetzt hat. »Wir geben die Erinnerung weiter, und wir lassen es nicht zu, dass der Holocaust geleugnet wird oder Verbrecher versuchen, sich reinzuwaschen.« Gleichzeitig sollten weder die Blockade von Leningrad noch das Massaker an Juden in der Babyn-Jar-Schlucht in der Ukraine vergessen werden, so Putin. In Israel sprechen zwanzig Prozent der Bevölkerung russisch. Menschen, die seit dem Zusammenbruch der einstigen Sowjetunion eingewandert sind.[4]

Die *Jüdische Allgemeine* kommentiert den Beitrag der deutschen Journalistin in der *Tagesschau* über das vermeintlich unwürdige Verhalten von Israel und Russland mit den Worten: »Bei den Nachkommen der Opfer ist das Gedenken offenbar in schlechten Händen. Die nutzen es, so Frau Müller, bloß für egoistische Auftritte.« Wo es doch um »internationale Einheit« geht statt »nationale Eigeninteressen«. Die Zeitung macht auch gleich einen Vorschlag, wie es besser werden könnte. »Wie damals bräuchte es auch heute eine konzertierte, gemeinsame Anstrengung gegen neuen Antisemitismus ... Am besten wahrscheinlich unter deutscher Federführung. Schließlich hält dieses Land das Copyright an Auschwitz. Ohne Deutsche gäbe es nichts zu feiern.«

Die vermeintlich höhere Moral eines *Tagesschau*-Kommentars ist nicht die einzige Auseinandersetzung um den Gedenktag. Das seit 2005 jährlich an verschiedenen Orten vor allem in Osteuropa stattfindende World Holocaust Forum wird durch den zunehmenden Streit über die Sicht auf die Geschichte überschattet. 2020 ist Jerusalem Gastgeber des Forums. Auch fünfundsiebzig Jahre nach dem Ende des Zweiten Weltkriegs geht es wieder einmal um die Lufthoheit über die nationale Interpretation von Geschichte. Darüber, wie es zu dieser Katastrophe gekommen ist und ob es möglicherweise eigene nationale Versäumnisse gab, die den Durchmarsch von Adolf Hitler und den Nazis förderten. Der polnische Präsident Duda hat demonstrativ seine Teilnahme an der Gedenkfeier abgesagt. Trotz mehrerer diplomatischer Interventionen hätten die Organisatoren nicht auf die polnische Forderung reagiert, dort eine Rede halten zu dürfen, so Duda. Polen sei das Land, aus dem die meisten Opfer des Holocaust stammten, begründete Duda die Forderung. Die Verhinderung seines Auftritts sei ein Schlag gegen die Interessen Polens und gegen die Menschen, die ihr Leben gelassen hätten, um Juden zu retten. »Es ist vor allem eine Verfälschung der historischen Wahrheit«, attackierte der polnische Präsident die Veranstalter in Israel. »Ich sehe keinen Grund, warum die Präsidenten Russlands, Deutschlands und Frankreichs sowie Vertreter Großbritanniens und der USA an so einem Ort und aus so einem Anlass auftreten dürfen, aber nicht der Präsident Polens.«[5]

Die Antwort aus Yad Vashem ließ an Deutlichkeit nichts

zu wünschen übrig. Die Staatsangehörigkeit der Auschwitz-Opfer habe keinen Einfluss auf die Staatsangehörigkeiten der Repräsentanten, die bei der Veranstaltung Reden halten werden. Es sei durchaus angemessen, dass die Vertreter der vier Alliierten sprechen. Sie hätten Europa und die Welt von der Tyrannei Nazi-Deutschlands befreit. »Es ist wichtig anzumerken, dass von 1,5 Millionen Opfern des Todeslagers Auschwitz-Birkenau rund 1,1 Millionen Juden waren, die ermordet wurden, einfach weil sie Juden waren, ungeachtet ihrer Herkunftsländer«, hieß es in einer Stellungnahme der Gedenkstätte.

Dass Polen durch Mord, Zwangsarbeit und Terror unvorstellbar gelitten hat, nachdem Deutschland 1939 das Land überfiel und besetzte, ist unstrittig. Und ebenso unstrittig ist, dass es die deutschen Nationalsozialisten waren, die auf polnischem Boden Vernichtungslager in Auschwitz, Treblinka, Bełżec, Sobibór und Majdanek bauten, um dort drei Millionen Juden zu ermorden. Ein Grund der Absage des polnischen Präsidenten war nicht zuletzt Polens heftiger Streit mit Israel über den exklusiven Anspruch Warschaus, heikle Fragen über mögliche Verstrickungen bei Verbrechen während der Nazizeit per Gesetz auszuschließen, der über Monate ausgetragen wurde. Warschau versteht sich als Wahrer eines nationalen Geschichtsbilds, das die Polen ausschließlich als Opfer im Zweiten Weltkrieg sieht.

Polens Parlament hatte 2018 ein neues Gesetz zum Umgang mit dem Holocaust verabschiedet. Die rechtskonservative Regierung will künftig nicht nur gegen diejenigen juristisch vorgehen, die Konzentrationslager, die von den Deutschen während der Hitler-Diktatur im besetzten Polen errichtet wurden, fälschlicherweise als »polnische Lager« bezeichnen.

»Jeder, der öffentlich der polnischen Nation oder dem polnischen Staat faktenwidrig die Verantwortung oder Mitverantwortung für Verbrechen zuschreibt, die durch das Dritte Reich begangen wurden, unterliegt einem Bußgeld oder einer Freiheitsstrafe von bis zu drei Jahren«, heißt es in dem Gesetz. »Dies gilt ebenso für die Zuschreibung von Verbrechen gegen die Menschlichkeit und den Frieden sowie für Kriegsverbrechen.« Das Gesetz macht damit Fragen nach Denunziation, Kollaboration oder Komplizenschaft, die seit dem Ende des Zweiten Weltkrieges in Polen immer wieder laut wurden, so gut wie unmöglich.[6]

Es geht um patriotische Reinheit und ein makelloses Bild der eigenen Vergangenheit. Für die nationalkonservative Regierungspartei »Recht und Gerechtigkeit« (PiS) war Polen im Zweiten Weltkrieg ausschließlich eine heldenhafte Nation von Widerstandskämpfern oder Opfern für das Vaterland. Wer diese Darstellung hinterfragt oder relativiert, gilt der Partei als Nestbeschmutzer.

Für den polnischen Historiker Piotr Osęka steht fest, dass die staatliche Regulierung der Wahrheitsfindung nur eine »glorreiche Version« der polnischen Geschichte zulässt. »Wenn jemand damit nicht einverstanden ist und die polnische Geschichte anders erzählen will, dann ist er gleich ein Vaterlandsverräter, der im Auftrag fremder Mächte handelt.«[7]

Israel hatte vehement gegen das Gesetz protestiert. Man fürchtet, es könnte dazu missbraucht werden, die Rolle Polens bei Verbrechen gegen Juden während des Holocaust zu leugnen. Es wurde kritisiert, das Gesetz könnte »zur Vertuschung der historischen Wahrheit führen«, dass die Deutschen »während des Holocaust Unterstützung von der polnischen Bevölkerung erhielten«.[8]

Zu den Kritikern des »Holocaust-Gesetzes« gehört auch der polnisch-amerikanische Historiker und Soziologe Jan Tomasz Gross. Das Gesetz gebe dem polnischen Justizminister die Möglichkeit, »jeden Juden anzuklagen, der in Polen die Besatzungszeit überlebt hat«, falls dieser von den Leiden erzählen würde, die ihm von Polen zugefügt wurden, kritisierte der emeritierte Professor der Universität Princeton. Sein Standardwerk *Nachbarn. Der Mord an den Juden von Jedwabne* über den Judenpogrom im ostpolnischen Dorf Jedwabne entfachte Jahre zuvor eine heftige Debatte über die Kollaboration von Einheimischen mit den Nazis im besetzten Polen. Gross beschrieb in seinem Buch akribisch, wie polnische Dorfbewohner im Juli 1941 mehrere Hundert jüdische Nachbarn in einer Scheune zusammentrieben und verbrannten. Das Buch löste nach der Veröffentlichung 1991 eine der heftigsten Geschichtsdebatten in Polen aus und beschädigte die sorgsam gepflegte Vorstellung, dass Polen nur Opfer oder heroische Helden des Widerstands waren. Dass es daneben Tausende von Polen gab, die gegen die Deutschen im Untergrund kämpften und sich für ihre jüdischen Mitbürger einsetzten, dafür steht Gross' eigene Familie. Jan Gross' Mutter Hanna Szumańska war katholisch und im polnischen Widerstand. Sie rettete etliche Juden vor dem Holocaust, darunter ihren späteren Mann, Zygmund Gross, Jans Vater.

»Der Antisemitismus hat in Polen tiefe Wurzeln«, schrieb Adam Michnik in der *Zeit* als Reaktion auf Gross' Buchveröffentlichung und beschrieb die ausgeprägte Judenfeindlichkeit und das Mitläufersyndrom als ideologischen Kitt der polnischen Nationaldemokratie. »Zwischen den Weltkriegen war der Antisemitismus auf der nationalistischen Rechten selbstverständlicher Bestandteil der Ideologie, auch katholische Würdenträger setzten antisemitische Akzente.« Der streitbare Solidarność-Kämpfer und spätere Chefredakteur der Zeitung *Gazeta Wyborcza* räumte selbstkritisch ein, er habe sich, wie offenkundig andere auch, »wegen meines fehlenden Vorstellungsvermögens, Opportunismus und geistiger Faulheit einige Fragen nicht gestellt«.

Die Regierung veranlasste den Staatsanwalt, sich mit Gross' kritischen Büchern über die polnische Vergangenheit auseinanderzusetzen. Die Strafverfolger konnten allerdings nichts Verwerfliches in den wissenschaftlichen Veröffentlichungen finden und stellten 2019 das Verfahren ein. Nach dem außenpolitischen Flurschaden, den die Einführung des Holocaust-Gesetzes angerichtet hat, ließ die polnische Regierung einen Passus aus dem Gesetz »zur Wahrung des guten Rufes Polens« ersatzlos streichen. Sollte jemand in Zukunft tatsächlich »faktenwidrig dem polnischen Volk eine Verantwortung oder Mitverantwortung für Verbrechen des Dritten Reiches« zuschreiben, kann der Täter jetzt maximal mit einer Geldbuße bestraft werden. Es war vor allem die heftige Kritik aus Israel und aus Amerika, die beide Kammern des Parlaments – Sejm und Senat – motivierten, dafür zu stimmen, die vorgesehene Gefängnisstrafe bis zu drei Jahren aufzuheben.

Die Auseinandersetzung, wer am Zweiten Weltkrieg schuld ist oder ob der Krieg nur eine unvermeidbare Folge von Ereignissen war, die zwangsläufig ablief und niemand beeinflussen konnte, ist so alt wie der Kalte Krieg, und dass Polen für sich die alleinige richtige Deutung der Geschichte beansprucht, ist es auch. Die neue Schlacht um altes Leid spaltet Europa aufs Neue.

13 Polens Tragik

Vergessen und Erinnern sind zwei Seiten derselben Medaille und je nach politischem Interesse eine erprobte Möglichkeit, die eigene Geschichte als politische Waffe einzusetzen. Es war Polen, zusammen mit den neuen Mitgliedstaaten der EU aus Osteuropa, das erfolgreich darauf bestanden hat, die eigene nationale Erinnerungskultur in einer gesamteuropäischen Erzählung dominant zu verankern.

Am 4. April 2009 verabschiedete das europäische Parlament mit großer Mehrheit eine Entschließung, den 23. August zum Gedenktag für die Opfer totalitärer und autoritärer Regime zu machen. »Europa«, so heißt es in der Entschließung, »wird erst dann vereint sein, wenn es imstande ist, zu einer gemeinsamen Sicht seiner Geschichte zu gelangen«, Kommunismus, Nazismus und Faschismus als gemeinsames Vermächtnis anerkennt »und eine ehrliche und tiefgreifende Debatte über sämtliche totalitären Verbrechen des vergangenen Jahrhunderts führt«.[1]

Der Versuch, eine gemeinsame Erinnerungskultur per Dekret einzuführen, hat die Wahrheitsfindung nicht einfacher gemacht und zu erneuten erbitterten Debatten geführt. Das Datum des Gedenktages bezieht sich auf jenen Tag im

August 1939, als die Sowjetunion und das deutsche Reich einen Nichtangriffspakt unterschrieben, den Hitler-Stalin-Pakt. Ein paar Tage später überfiel das deutsche Reich Polen. Der Zweite Weltkrieg hatte begonnen.

Es sind die einst kommunistischen Staaten, die auf dem Datum bestehen. Die tschechischen, baltischen und polnischen Parlamentarier verlangen mit ihren Kollegen aus christdemokratischen und liberalen Fraktionen in der eingebrachten Resolution »eine umfassende Neubewertung der europäischen Geschichte«. Mit dem verordneten Datum hat das Parlament eine nicht unproblematische Sichtweise auf die Geschichte in den Fokus gerückt. Der nachvollziehbare Anspruch, traumatische Erfahrungen Osteuropas unter Stalins Herrschaft aufzuarbeiten, hat in der Europäischen Gemeinschaft eine Erzählung aufgewertet, die den Zweiten Weltkrieg als das Ergebnis eines gemeinsamen Masterplans von Adolf Hitler und Josef Stalin betrachtet – Nationalsozialismus und Kommunismus gegen den Rest der freien Welt. Die einseitige Deutung ist die Fortsetzung von Schlachten der Vergangenheit, die neu inszeniert werden, um alte Feindbilder zu zementieren.

Der Hitler-Stalin-Pakt, den der deutsche und der russische Außenminister am 23. August 1939 in Moskau unterzeichneten, ermöglichte Hitler strategisch den Angriff auf Polen, ohne in einen Zwei-Fronten-Krieg zu geraten. Das Abkommen teilte Osteuropa in einem geheimen Zusatzprotokoll in unterschiedliche Interessenssphären auf. Während sich die polnische Armee im Westen nur kurz gegen die deutschen Invasoren behaupten kann, marschiert am 17. September die Rote Armee in Ostpolen ein. Offiziell bezeichnet die Sowjetunion den Einmarsch als »Intervention zum Schutze der slawischen Brudervölker«, die binnen weniger Wochen sowjetische Staatsbürger wurden. Am 28. September 1939 besiegelten Hitler und Stalin in einem »Grenz- und Freundschaftsvertrag« die Teilung Polens.

Der Beschluss des europäischen Parlaments, rund siebzig Jahre nach dem Ende des Zweiten Weltkriegs Geschichte als politische Waffe einzusetzen, ist nur ein Puzzlestein in einem größeren Gesamtbild.

Das Verhältnis zwischen dem Westen und Russland ist 2009 angespannt. Die Europäische Union will ehemalige Sowjetrepubliken wirtschaftlich und militärisch stärker an Brüssel und die Nato koppeln. Es geht vor allem um die Ukraine, mit 46 Millionen Einwohnern das wichtigste Land unter den einstigen kommunistischen Staaten. Brüssel nennt die eigene geopolitische Expansion »Östliche Partnerschaft«. Die EU will Kiew mit einem Assoziierungsabkommen an den Westen binden. Wladimir Putin verhandelt mit Kiew über eine gemeinsame eurasische Freihandelszone.

Neun Monate vor der Verabschiedung der Entschließung, im August 2008, hatte Georgiens Präsident Micheil Saakaschwili Truppen in die abtrünnige Provinz Südossetien geschickt, um die Provinz nach hundert Jahren wieder einzugemeinden. Der Landstrich im Kaukasus hatte schon in der Sowjetunion einen Autonomiestatus. Als Anlass für die militärische Intervention dient ein gängiges Muster, das zu Zeiten der Nato-Erweiterung gerne benutzt wird. Der Einsatz der georgischen Truppen sei notwendig gewesen, weil Russland versucht habe, die einstige Sowjetunion wiederherzustellen.

Saakaschwilis Kalkül, mit der Attacke schneller vom Westen adoptiert zu werden, weil der Einmarsch georgischer Truppen gegen den gemeinsamen Feind Russland zielt, geht nicht auf. Binnen Stunden greift russisches Militär in Südossetien ein, fünf Tage später unterschreibt Saakaschwili einen Waffenstillstand, den die EU ausgehandelt hat.

Der Untersuchungsbericht der EU ein Jahr danach zerpflückt die Schutzbehauptung des georgischen Präsidenten, sein Angriff sei Notwehr gewesen, weil ein Angriff aus Moskau gedroht habe. »Es gab keine bewaffnete Attacke durch Russland vor dem Beginn der militärischen Operation Georgiens«, stellt der Bericht der unabhängigen Untersuchungskommission fest, den Frank-Walter Steinmeier als Außenminister drei Wochen nach dem Konflikt im EU-Ministerrat durchgesetzt hatte.[2]

Der Versuch, eine große gesamteuropäische Erzählung zu formulieren, hat vor allem nationale Mythen und alte Feindbilder wiederbelebt. Pünktlich zum 10. Jahrestag der Gründung der »Östlichen Partnerschaft« zwischen der EU und den postsowjetischen Staaten kommt es 2019 zur Wiedervorlage der Schuldzuweisung, die wenig mit Wahrheitsfindung zu tun hat. Sie ist nach dem bekannten Muster des Kalten Krieges gestrickt, wonach sich demokratische liberale Gesellschaften in einem ständigen Kampf gegen totalitäre Diktaturen befinden. Jetzt ist es ein politisches Geschäft des alten Europas mit den Staaten aus Ost- und Mitteleuropa, die noch eine Rechnung mit Moskau aus der Vergangenheit offenhaben.

Auf Antrag von achtzehn polnischen und einem lettischen Abgeordneten legt das Parlament den Hitler-Stalin-Pakt als Ursache des Zweiten Weltkriegs aus und schiebt Russland als dem Nachfolgestaat der Sowjetunion einmal mehr die Schuld am Ausbruch des Kriegs zu. Per Mehrheitsabstimmung verfügt das EU-Parlament, was geschichtliche

Wahrheit ist und was nicht. So heißt es in dem Beschluss, »dass der Zweite Weltkrieg, der verheerendste Krieg in der Geschichte Europas, durch den auch als Molotow-Ribbentrop-Pakt bezeichneten berüchtigten Nichtangriffsvertrag zwischen dem nationalsozialistischen Deutschen Reich und der Sowjetunion vom 23. August 1939 und seine geheimen Zusatzprotokolle ausgelöst wurde, die zwei totalitären Regimen, die beide das Ziel der Eroberung der Welt verfolgten, ermöglichen, Europa in zwei Einflusssphären aufzuteilen«.

Aufrechnung und Abrechnung

Die verordnete Geschichtsdeutung ist nicht neu. Die Schuldverteilung für die historischen Katastrophen hat viel mit Nationalinteressen und politischer PR zu tun und weniger mit Geschichtsforschung. Dass die Opfer des kommunistischen Terrors das gleiche Anrecht auf Gedenken und Erinnerung haben wie NS-Opfer, kann niemand ernsthaft bezweifeln. Im Vorwort zu ihrem 2008 erschienenen Buch *Beyond Totalitarianism* schreiben die Historiker Michael Geyer und Sheila Fitzpatrick, es sei legitim, Stalinismus und Nationalsozialismus zu vergleichen, aber falsch, sie gleichzusetzen. Die penetrante Suche nach historischen Analogien, die eine deckungsgleiche Übereinstimmung der Verbrechen belegen soll, ist in der Tat nicht mehr als der Versuch einer nationalen Schuldverrechnung, um sich selbst zu entlasten.

»Unser Gedenken an den Zweiten Weltkrieg bleibt unvermeidlich unvollständig, nicht nur unter nationalen Vorzeichen«, schreibt der russische Historiker Alexey Miller in der *Frankfurter Allgemeinen.* »Die Kommunisten, die zum Bild der Täter geworden sind, waren auch eine Hauptopfergruppe des Nationalsozialismus und spielten im Widerstand eine wichtige Rolle. Es darf bezweifelt werden, ob wir durch den Erinnerungskrieg einer ganzheitlichen Wahrheit näherkommen, die sowohl das berücksichtigt, auf das wir gerne stolz sind, als auch das, wofür wir uns schämen sollten. Im Krieg gelten Kriegsregeln, es gibt nur Freund und Feind, kein Einerseits-Andererseits. Wir sind nur Opfer, die anderen nur Täter. Wenn wir in diesen Krieg eintreten, können wir Verzerrungen nicht mehr erkennen. Den Krieg wird keiner gewinnen.«[3]

Der geopolitische Kampf ist noch nicht zu Ende. Geht es nach dem Beschluss des Europäischen Parlaments, sind »die Länder des östlichen und mittleren Europas mit ihrem Beitritt zur EU und zur Nato zwar in die europäische Familie freier demokratischer Staaten zurückgekehrt«, aber »das europäische Friedens- und Integrationsprojekt (wird) erst vollständig sein, wenn alle europäischen Länder, die sich für den Weg europäischer Reformen entschieden haben, wie etwa die Ukraine, die Republik Moldau und Georgien, vollwertige Mitglieder der EU geworden sind: erst dann wird Europa vollständig, frei, geeint und friedlich sein«.

Bis dahin, so legt die Entschließung nahe, solle die russische Führung aufhören, »historische Tatsachen zu verzerren und die von dem totalitären Sowjetregime begangenen Verbrechen zu verharmlosen«. Man betrachtet »diese Versuche als einen gefährlichen Bestandteil des Informationskriegs, der gegen das demokratische Europa geführt wird«. Die Entschließung nennt allein Russland, das seine Hausaufgaben nachholen muss, niemand anderen.[4]

Auch wenn im politischen Geschäft Verbrechen der Vergangenheit als Hypothek auf den Konten der nachfolgenden Politiker-Generationen verbucht werden, hat der Wortlaut der Resolution den russischen Präsidenten massiv gekränkt. Schon die Formulierung im Titel: »zur Bedeutung des europäischen Geschichtsbewusstseins für die Zukunft Europas«. Dann aber vor allem die Gleichsetzung der einstigen Sowjetunion mit Nazideutschland und beide zu beschuldigen, gemeinsam den Zweiten Weltkrieg entfesselt zu haben.

»Geschichte lebt von der Interpretation«, räumt Wladimir Putin ein. Doch bei dem Entschluss des EU-Parlaments geht es für ihn nur darum, vorsätzlich Fakten unter den Tisch fallen zu lassen oder bestenfalls um einen Fall von politischer Amnesie. »Der Versuch, Russland die Schuld am Zweiten Weltkrieg zuzuschieben, hat noch einmal Fahrt aufgenommen«, sagt Wladimir Wladimirowitsch Putin und zuckt resigniert mit den Schultern. »Ja, es gab natürlich den Hitler-Stalin-Pakt. Keine Frage. Aber der Zweite Weltkrieg ist nicht einfach so passiert«, äußert er zu fortgeschrittener Stunde. »Die Sowjetunion war der letzte in der Reihe der Staaten in Europa, der einen Nichtangriffspakt mit Deutschland unterzeichnete. Die anderen Staaten hatten schon längst zuvor Verträge mit den Nationalsozialisten unterschrieben. Stalin ließ unterschreiben, um Zeit zu gewinnen.«

Es ist nicht das erste Mal, dass wir uns über die Russische Revolution, Lenin, Stalin und die Folgen unterhalten. Wladimir Putins Standpunkt hat sich über die Jahre kaum verändert. Die Vorstellung, dass die Sowjetunion in den zwanziger und dreißiger Jahren des vergangenen Jahrhunderts auserkoren war, mit einer historischen Mission die

Mitglieder der sowjetischen Völkerfamilie in die lichte Zukunft des Kommunismus zu führen, teilt er nicht. Er sieht in der Revolution und dem Bürgerkrieg nach 1917 eine der Quellen für die offenen Wunden der russischen Gesellschaft. Für ihn sind die turbulenten Jahrzehnte danach die direkte Folge des Ersten Weltkriegs, der seinerseits ein fatales Gemisch aus nationalen Egoismen und politischen Fehleinschätzungen war. Josef Stalin habe das Andenken an Lenin als politisches Marketing genutzt, nachdem Lenin 1924 gestorben war.

Der russische Präsident kennt auch Lenins »Brief an den Parteitag«,[5] in dem dieser seinem Nachfolger die Qualifikation für das Amt abspricht: »Stalin ist zu grob, und dieser Makel, der in unserer Mitte und im Verkehr zwischen uns Kommunisten durchaus zu ertragen ist, kann auf dem Posten des Generalsekretärs nicht geduldet werden. Darum schlage ich den Genossen vor, zu überlegen, wie man Stalin ablösen kann«, diktierte die Parteiikone eine letzte Warnung, die allerdings erst Jahrzehnte später die Parteiöffentlichkeit erreichte. Dass es an Stalins Terror im Land nichts zu beschönigen gibt, hat der russische Präsident mehr als nur einmal öffentlich bekundet. Die Befürchtung, die Putin seit seinem Amtsantritt umtreibt, ist eine andere. Russlands Geschichte der vergangenen hundert Jahre war die Folge radikaler Brüche mit der vorigen Epoche – mit blutigen Konsequenzen. Deswegen setzt er auf eine homöopathische Aufarbeitung der jüngeren Vergangenheit.

»Sie können sich Geschichte nicht aussuchen«

»Sie können sich Ihre Geschichte nicht aussuchen«, sagt mir Wladimir Putin bei unserem Treffen Ende 2019. »Natürlich haben sich alle negativen, tragischen und positiven Ereignisse im Leben dieses Landes über Jahrzehnte unter der Führung von Stalin abgespielt und bestimmen unsere Erinnerung. Millionen von Menschen haben unter den traumatischen Spaltungen gelitten«, fährt er fort. »Doch nun kriegen wir noch einmal kollektiv die Schuld für den Krieg aufgeladen. Wie verrechnen Sie denn historische Schuld, losgelöst vom konkreten historischen Zusammenhang, achtzig Jahre später?«

Nicht nur Putin, sondern die gesamte politische Elite Russlands sieht eine gezielte politische Diskreditierung darin, zum 75. Jahrestag des Kriegsendes im Mai 2020 nicht den gemeinsamen Sieg der Alliierten gegen Nazi-Deutschland in den Mittelpunkt zu stellen, sondern den Hitler-Stalin-Pakt. Es trifft das kollektive Gedächtnis der Russen an ihrer empfindlichsten Stelle. Die Erinnerung an den Großen Vaterländischen Krieg ist die gemeinsame Erinnerung, auf die sich in Russland die Menschen in allen Schichten und politischen Lagern einigen können. Das Land hat den Zerfall des Sowjetreichs überlebt und ist trotz harter Machtkämpfe und schwerer wirtschaftlicher Krisen in den folgenden Jahren nicht zerbrochen. Moskau spielt im Konzert der Weltmächte mit, hat einen ständigen Sitz im UN-Sicherheitsrat. Darum setzt der russische Präsident auf eine spektakuläre Veranstaltung im Mai 2020 und hat neben den einstigen Verbündeten auch Angela Merkel eingeladen. »Sie können natürlich darüber spotten, dass wir das Kriegsende feiern. Das ändert nichts an unseren Leistungen, sondern belegt nur die westliche Überheblichkeit, um mich milde auszudrücken.«

Dass ihm die Corona-Pandemie einen Strich durch die Rechnung machen wird, den Jahrestag in großem Stil zu feiern, weiß Wladimir Putin an diesem Abend noch nicht.

Das Bedürfnis, die Geschichte Russlands im Kontext der jeweiligen historischen Ereignisse zu verstehen, hat Putin dazu veranlasst, sich in den vergangenen Jahren intensiv mit der Vergangenheit zu beschäftigen. Allerdings nicht nach den vorgelegten Lehrplänen des Westens. Wladimir Putin, Jahrgang 1952, ist in der Sowjetunion groß geworden. »Es handelt sich immerhin um unsere eigene Geschichte. Ohne die Verbindung zu unserer geschichtlichen Erfahrung gibt es für uns keine nationale Identität«, beschreibt er seine Motivation. »Identität« ist für Wladimir Putin der Schlüsselbegriff, seitdem der Jurist während des Zerfalls der Sowjetunion den Job beim Geheimdienst quittierte und als stellvertretender Bürgermeister von St. Petersburg mit den desolaten Zuständen der postsowjetischen Ära zu kämpfen hatte. Die Zeit hat sich bei ihm eingebrannt. Deswegen ärgert ihn der Beschluss des europäischen Parlaments um so mehr.

Mit seiner nationalen Sinnsuche ist der russische Präsident nicht allein. Die Siegesfeier als Erinnerung an den Zweiten Weltkrieg ist längst nicht mehr nur eine staatliche Inszenierung, die jedes Jahr am 9. Mai mit dem pompösen Aufmarsch Tausender Soldaten und Panzer auf dem Roten Platz gefeiert wird. Fast alle Russen sehen im Großen Vaterländischen Krieg das wichtigste Ereignis des 20. Jahrhunderts und den Sieg im Mai 1945 als hinreichenden Grund, Nationalstolz zu empfinden. Das belegen die Umfragen, die das Putin-kritische Meinungsforschungsinstitut Lewada über Jahrzehnte erhebt. Zwei Drittel der Menschen bedauern nach wie vor den Zusammenbruch der einstigen Sowjetunion. Eine emotionale Verbindung, die Putin als politische Größe einkalkuliert.[6]

Es gibt viele private Initiativen, die die Erinnerung wachhalten. Die jüngste und wohl spektakulärste ist das »Unsterbliche Regiment« aus dem Jahr 2012, eine Bewegung, die sich in den Folgejahren rasant ausgebreitet hat. Entstanden ist sie rund 3500 Kilometer östlich von Moskau, im sibirischen Tomsk. Der Journalist Sergej Lapenkow wollte gemeinsam mit zwei Freunden eine Form finden, die Erinnerung an die Veteranen auch über deren Tod hinaus lebendig zu halten. Die Initiatoren riefen Nachfahren von Kriegsteilnehmern auf, biographische Angaben, Fotos und weitere Dokumente ihrer Mütter, Väter, Großmütter und Großväter auf einer Internetseite hochzuladen. Seitdem marschieren am 9. Mai jedes Jahres in Dutzenden von Städten Hunderttausende Russen in Trauer und Verehrung mit großformatigen Fotos ihrer Vorfahren durch die Straßen. Der Triumph über Nazi-Deutschland wurde mit ungeheuren Opfern erkauft. Die Sowjetunion erlitt mit 27 Millionen Toten fast die Hälfte der weltweiten Verluste während des Krieges.

Auch Wladimir Putin marschiert gelegentlich mit, trägt das Bild seines Vaters. Er setzt auf die emotionale Erinnerung als Kitt für den Zusammenhalt und die nationale Identität nach dem Untergang der Sowjetunion.

Wie sehr ihn die Attacke aus Polen berührt, hatte Wladimir Putin schon einige Tage vor unserem Treffen auf einer Sitzung im russischen Verteidigungsministerium demonstriert, wo es einmal mehr um die Rolle der europäischen Länder während der Zeit des Nationalsozialismus ging.

Was ihn beim Lesen des Archivmaterials aus jener Zeit vor allem verstört habe, erzählt der russische Präsident in der Runde mit dem russischen Verteidigungsminister Schoigu und dem Generalstabschef Gerassimow, sei eine Unterredung Adolf Hitlers mit dem damaligen polnischen Botschafter Josef Lipski in Berlin gewesen. Der »Führer« habe in dem Gespräch erwogen, die Juden zur Vernichtung in ehemalige Kolonien zu deportieren. Dann zitiert Putin aus dem vertraulichen Protokoll des Gesprächs, das der polnische Botschafter an seine Regierung in Warschau geschickt hatte. Wenn »das Problem damit gelöst« sei, so der polnische Botschafter, »dann werden wir für Sie« – also für Adolf Hitler – »in Warschau ein wunderschönes Denkmal aufstellen«. Putins emotionaler Kommentar in der illustren Runde: »Was für ein Bastard, was für ein antisemitisches Schwein.«

Es ist nicht die einzige Veranstaltung in dieser Woche, auf der er gezielt das heikle Thema anspricht. Nachdem er lange überlegt hat, ob er den Streit austragen oder ignorieren soll, hat der russische Präsident sich entschlossen, die Resolution des Europäischen Parlaments frontal anzugehen.

Einen Tag später nutzt er das Treffen der Gemeinschaft Unabhängiger Staaten (GUS) in St. Petersburg für eine weitere Attacke. Im Taurischen Palais, das einst Katharina die Große erbauen ließ, trifft sich die Organisation ehemaliger Sowjetrepubliken wie Kasachstan, Weißrussland und Usbekistan regelmäßig mit Russland. Das Thema an diesem Abend ist der anstehende Gedenktag des Zweiten Weltkriegs, und Wladimir Putin weist die Gleichsetzung von Großdeutschem Reich und der Sowjetunion zurück. »Wir sind alle Nachfahren der einstigen Sowjetunion«, beginnt er, »und wenn die europäischen Staaten über die ehemalige Sowjetunion sprechen, dann sprechen sie über uns, was bei uns und in der Welt passiert ist. Jede Familie in der einstigen Sowjetunion hat auf die eine oder andere Weise gelitten.« Vor ihm auf dem Tisch liegt ein Stapel Dokumente. Während der nächsten Stunde wird er aus ausgewählten Verträgen, Abkommen und Gesprächen zitieren, die Hitler mit polnischen Politikern führte. Die Verlesung der Dokumente hat ein Ziel: Die Texte, die eine Arbeitsgruppe russischer Historiker zusammengestellt hat, belegen, dass der Hitler-Stalin-Pakt nur der Schlusspunkt in einer Reihe vieler Verträge war, die seit dem Ende des Ersten Weltkrieges jeder mit jedem geschlossen hatte, um sie bei nächster Gelegenheit wieder zu brechen. Auch Polen, so die Schlussworte des russischen Präsidenten, war keineswegs ausschließlich Opfer fremder Aggression.[7]

Putins Äußerungen bestimmen in Polen um die Jahreswende 2019/20 die politische Diskussion nicht nur in Warschau. Der regierungsnahe polnische Fernsehsender TVP berichtet praktisch rund um die Uhr über das Thema. Der Sender nennt die Feststellungen »unwürdig« und lobt Polens Premier für seine »klaren Worte«. Mateusz Morawiecki von der nationalkonservativen Regierungspartei »Recht und Gerechtigkeit« ist nicht für Zurückhaltung bekannt. »Präsident Putin hat schon mehrmals gelogen, und er tat das immer mit vollem Bewusstsein«, lautet seine offizielle Stellungnahme. Hilfestellung kommt an diesem Tag auch von Donald Trumps Botschafterin im Land. Georgette Mosbacher, Republikanerin und FOX-News-Mitarbeiterin, ist die mächtigste Verbündete der Regierung. »Lieber Präsident Putin, Hitler und Stalin haben sich verschworen, um den Zweiten Weltkrieg zu beginnen. Das ist Fakt. Polen war das Opfer dieses grausamen Konflikts«, twittert die US-Botschafterin.

Seit der Resolution des Europäischen Parlaments hat Wladimir Putin beschlossen gegenzusteuern. Seit Monaten quält er sich durch Stöße von historischen Dokumenten und Geschichtsbüchern, konferiert mit Historikern und macht sich Notizen. Putin arbeitet an einem Artikel, den er einige Tage vor dem 75. Jahrestag des Großen Vaterländischen Krieges in dem amerikanischen Außenpolitik-Magazin *National Interest* unter dem Titel »The Real Lessons of the 75th Anniversary of World War II« veröffentlicht. Er ist Verteidigung und Anklage zugleich.

»Der Zweite Weltkrieg brach nicht von heute auf morgen aus«, schreibt Putin. »Er begann auch nicht plötzlich und unerwartet.« Für ihn sind die Folgen des Ersten Weltkriegs und der Friedensvertrag von Versailles mit seinen harten Bedingungen ein wesentlicher Grund für die Auseinandersetzungen, die bis heute andauern. Jedes Land paktierte in den Jahren danach mit jedem, wenn es sich einen nationalen Nutzen davon versprach. Und wenn die Kalkulation nicht aufging, wurden die Verträge gebrochen, so sein Fazit.[8]

14 Anklagen aus der Vergangenheit

Wie Geschichte als politische Waffe dient

»Was die Geschichte von Krieg und Frieden im frühen 20. Jahrhundert vermittelt«, warnt der Historiker Jörn Leonhard in seinem Standardwerk *Der überforderte Frieden – Versailles und die Welt*, »geht nicht in Handlungsanweisungen an die Politik oder wohlfeilen Analogien für die Gegenwart auf.« Und er plädiert: »Wir benötigen den Vergleich zwischen den Zeiten und Räumen.« Er warnt davor, das Handeln in der Vergangenheit ausschließlich mit dem Blick und Wissen von heute als ständige Wiederholung zu sehen. »Die Verantwortung für individuelles Handeln lässt sich nicht in die Geschichte delegieren.« Das ist das eine. Das andere: Ohne Analyse der Vergangenheit lässt sich allerdings auch nicht feststellen, wie viel historisches Gepäck auf der Gegenwart lastet.

Die ideologische Auseinandersetzung, wer wann Schuld auf sich genommen und an der größten Katastrophe des 20. Jahrhunderts mitgewirkt hat, wird hundert Jahre nach dem Friedensvertrag von Versailles mit neuer Heftigkeit ausgetragen. Im Versailler Schloss tagte die erste Mega-Konferenz des 20. Jahrhunderts – mit dem Ziel, der Welt eine neue Ordnung, eine Friedensordnung zu geben. Es ist der klassische Versuch der Sieger, nach dem Ende der Kampfhandlungen die Landkarte neu zu gestalten. Eine erste Blaupause dafür hatte US-Präsident Woodrow Wilson vorgelegt. Unter seiner Führung hatten die Vereinigten Staaten ihre Neutralität aufgegeben und kämpften seit 1917 an der Seite Frankreichs und Großbritanniens gegen das deutsche Kaiserreich und die Habsburgermonarchie. Wilson gab ein Versprechen ab, das Washington bis heute immer wieder verkündet: Man wolle die Welt mit Hilfe amerikanischer Truppen zu einem »sicheren Ort für die Demokratie« machen. Am Ende des Konflikts müsse ein »Frieden ohne Triumph« stehen (*peace without victory*), eine Ordnung nicht allein im Sinne der Siegermächte, sondern aller Menschen. Der Sohn eines Pastors war zuvor Leiter der Elite-Universität Princeton gewesen und ist der erste Professor, der 1913 zum US-Präsidenten gewählt wurde. Wilson, ein Nachfahre schottischer Presbyterianer und frommer Idealist, wollte die Welt retten und den Krieg als Mittel der Politik ein für alle Mal beenden. Im Januar 1918, während Europa noch ein Schlachtfeld ist, stellte der US-Präsident sein »Programm des Weltfriedens« vor. Der missionarische Horizont reichte vom Selbstbestimmungsrecht der Nationen bis zur Schaffung eines Völkerbundes.

»Woodrow Wilson war ein politischer Prediger am Beginn des zwanzigsten Jahrhunderts, überzeugt von der besonderen Sendung der amerikanischen Nation. Diesen Gedanken universalisierte er«, beschreibt Jörn Leonhard die Mission des US-Präsidenten – als »Übertragung des amerikanischen Konzepts der Nation auf alle Gesellschaften, die sich als ›reif genug‹ erwiesen«.[1]

Vierzehn Punkte wies Wilsons Programm auf. Es geht um Abrüstung, freien Handel, um Mitsprache für die Kolonien.

Als letzten und wichtigsten Punkt forderte er »eine allgemeine Gesellschaft der Nationen« zur »wechselseitigen Garantieleistung für politische Unabhängigkeit und territoriale Unverletzlichkeit«. Nach seinen Worten handelte es sich um nicht weniger als »*The programme of the world's peace*« – und dies unter strikter amerikanischer Führung.[2]

Die Erwartungen sind hoch. Nach dem Zusammenbruch der Herrscherdynastien, der Habsburger, Wittelsbacher und Romanows werden viele Grenzen in Europa neu gezogen, Kriegsschäden verrechnet und das deutsche Kolonialreich aufgeteilt. Der zentrale Zweck besteht darin, »in der Zukunft Deutschlands Macht zum Bösen« einzuschränken. Daher sollen Deutschland und seine Verbündeten sämtliche annektierten Gebiete zurückgeben: Belgien, Elsaß-Lothringen, Serbien, Montenegro. Die Völker Österreich-Ungarns sollen »die freieste Gelegenheit zu autonomer Entwicklung« bekommen und Polen als Staat seine Wiedergeburt erleben. Wilsons Punkt XIII lautete: »Errichtung eines unabhängigen polnischen Staates unter Einschluss aller Gebiete mit unzweifelhaft polnischer Bevölkerung und mit freiem Zugang zur See.«

Die Aussicht, in Zukunft über ihr Schicksal selbst zu bestimmen, wie es der amerikanische Präsident skizziert hatte, elektrisierte nicht nur Polen und die Tschechoslowakei, die während des Krieges auf einen eigenen Staat setzen.

Obwohl der US-Präsident fast ein halbes Jahr lang persönlich an den Friedensverhandlungen in Europa teilnahm, gelang es ihm nicht, seine Friedensvorstellungen gegen die Franzosen und Briten durchzusetzen. Frankreichs Ministerpräsident Georges Clemenceau hatte schon zuvor gespottet: »Vierzehn Punkte? Selbst der liebe Gott brauchte nur zehn!« Doch auch die Politiker im fernen Washington waren gegen den Plan. Der US-Senat lehnte die Ratifizierung des in Paris vom US-Präsidenten mitausgehandelten Friedensvertrags zweimal ab. Washington wurde auch nie Mitglied im Völkerbund – dem Vorläufer der heutigen UN.

Es sind Frankreichs Premierminister Clemenceau und der britische Premierminister Chamberlain, die Versailles ihren Stempel aufdrücken. Sie verordnen dem deutschen Kaiserreich harte Sanktionen und massive Reparationszahlungen. Clemenceaus oberstes Ziel lautete: Das Deutsche Reich muss so klein wie möglich gehalten werden. Die Bilanz des Ersten Weltkriegs allein auf französischem Territorium war katastrophal: 1,9 Millionen Tote, 480 000 zerstörte Häuser, 4,2 Millionen Hektar verwüstet – eine Fläche so groß wie Dänemark. Das Deutsche Reich dagegen war von größeren Kriegszerstörungen verschont geblieben. Artilleriegefechte, Häuserkampf und Giftgaseinsatz fanden außerhalb der deutschen Grenzen statt. Als das Kaiserreich 1918 kapitulierte, stehen die meisten deutschen Truppen noch auf Feindesboden. Die Sieger von Versailles lassen an der Frage nach der Schuld für all das verursachte Leid keinen Zweifel und stellen in Artikel 231 fest:

»Die alliierten und assoziierten Regierungen erklären, und Deutschland erkennt an, dass Deutschland und seine Verbündeten als Urheber für alle Verluste und Schäden verantwortlich sind, die die alliierten und assoziierten Regierungen und ihre Staatsangehörigen infolge des ihnen durch den Angriff Deutschlands und seiner Verbündeten aufgezwungenen Krieges erlitten haben.«[3]

Das Deutsche Reich verliert 13 Prozent seines Territoriums und 10 Prozent seiner Bevölkerung. Im Westen unter anderem die Gebiete Elsaß-Lothringen und Eupen-Malmedy (Ostbelgien), im Norden den nördlichen Teil Schleswigs, im Osten große Teile Posens und Westpreußens sowie Ost-Oberschlesien. Danzig wird freie Stadt unter Aufsicht des Völkerbunds.

Polens Stärke wird zu Deutschlands Schwäche, die Hitler instrumentalisiert. In Polen wird die Wiedergeburt der Republik frenetisch gefeiert. Viele Deutschen empfinden den Verlust deutschsprachiger Gebiete in Schlesien, Pommern und Westpreußen, die dem polnischen Staat zufallen, als Zumutung. Die unterschiedlichen Anteile an Slowaken, Polen, Ungarn und Sudetendeutschen, die nun den neuen Vielvölkerstaat Tschechoslowakei ausmachen, erweisen sich bald als willkommener Sprengsatz für die Nationalsozialisten. Die Sudetendeutschen sind mit gut drei Millionen die größte nationale Minderheit.

Als Adolf Hitler 1933 Reichskanzler wird, liegt der Erste Weltkrieg nicht einmal eine Generation zurück. Enttäuscht von der Niederlage und gekränkt von den Bestimmungen des Versailler Vertrags setzen Deutsche aller politischen Couleur auf eine Korrektur. Das Tempo, mit dem das »Dritte Reich« die Bedingungen des Vertrages abschüttelte, ist atemberaubend. Das Verhalten der Sieger von Versailles gleichfalls.

Der »Führer« setzt sich nach seinem Machtantritt über die meisten anderen Bestimmungen des Vertrags hinweg. Bis zum Zweiten Weltkrieg werden ihn die Alliierten nicht daran hindern – ein folgenschwerer Fehler der westlichen Diplomatie. Im März 1935 beschließt Hitler die Einführung der Wehrpflicht, um die Wehrmacht auf 550 000 Mann aufzustocken – ein glatter Bruch des Versailler Vertrags, der eine weitgehende Abrüstung Deutschlands festgelegt hat.

Am 7. März 1936 marschieren 30 000 deutsche Soldaten samt Kriegsgerät in die entmilitarisierte Zone. Im Rheinland und längs einer Zone von 50 Kilometern östlich des Stroms darf es laut Friedensvertrag weder deutsches Militär noch deutsche Panzer geben. Doch die Franzosen unternehmen nichts. Nur wenn Großbritannien mit von der Partie sein würde, so entscheidet die Regierung in Paris, würde Frankreich den Vertragsbruch militärisch ahnden. London winkt ab.

Fast auf den Tag genau zwei Jahre später folgt der nächste Vertragsbruch. Am 12. März 1938 zieht die neue Wehrmacht in Österreich ein. Am Tag darauf feiert Hitler mit Glockengeläut und jubelnden Massen seinen bis dahin größten außenpolitischen Triumph – den »Anschluss« Österreichs an Großdeutschland. »Ein Reich, ein Volk, ein Führer« steht auf den Plakaten zur Kundgebung. »Als Führer und Kanzler der deutschen Nation und des Reiches« verkündet Hitler »den Eintritt meiner Heimat in das Deutsche Reich«. Es ist ein Vertragsbruch mit Ansage. Schon 1925, in seinem Buch *Mein Kampf*, schreibt Adolf Hitler gleich im ersten Kapitel: »Deutschösterreich muss wieder zurück zum großen deutschen Vaterlande«, denn: »gleiches Blut gehört in ein gemeinsames Reich«.

Ein halbes Jahr später der nächste Sündenfall. Der »Führer« spricht am 26. September 1938 im Berliner Sportpalast. »Es ist die letzte territoriale Forderung, die ich in Europa zu stellen habe, aber es ist die Forderung, von der ich nicht abgehe«, ruft Adolf Hitler den 20 000 Anhängern auf der aufgeheizten Kundgebung zu. Er verlangt von der Tschechoslowakei die Abtretung der sudetendeutschen Gebiete. Drei Millionen Deutsche sollen »heim ins Reich« kommen.

Für den »Führer« ist es nur ein Etappenziel. Ihm geht es um die Zerschlagung der Tschechoslowakei. Im »Münchner

Abkommen« vom 29. September 1938 stimmten Großbritannien, Frankreich und Italien der Annexion des Sudentenlandes durch das nationalsozialistische Deutschland zu.

Die Geschichte des Münchner Abkommens ist die Chronik eines angekündigten Verbrechens. Es war kein Vertrag, sondern eine Räumungsverfügung, die Prags Verbündete akzeptierten. Der britische Premier Neville Chamberlain hatte schon bei seinem ersten Gespräch mit Adolf Hitler auf dem Obersalzberg Zustimmung signalisiert. »Ich hatte ein langes Gespräch mit Herrn Hitler, und es war ein sehr direktes Gespräch, aber ein freundliches«, spricht er nach Rückkehr in London in die *Wochenschau*-Kamera. Er fühle sich »sehr zufrieden, dass jeder von uns nun versteht, was den anderen bewegt«.[4] Die Tschechoslowakei war für ihn weniger wichtig: »Wie sehr wir auch Sympathie empfinden mögen für eine kleine Nation, die sich einem großen und mächtigen Nachbarn gegenübersieht, wir können nicht unter allen Umständen das ganze Britische Empire in einen Krieg verwickeln, einfach nur ihretwegen. Wenn wir schon kämpfen müssen, müssen größere Dinge auf dem Spiel stehen.«

Frankreich versteckte sich vorsichtshalber hinter der britischen Haltung. Dann setzten Briten und Franzosen gemeinsam Prag die Daumenschrauben an und empfahlen die Abtretung der Sudetengebiete. Der Kreml hatte Prag angeboten, im Falle eines deutschen Angriffes zu Hilfe zu kommen. Vorausgesetzt, die Rote Armee erhalte ein Durchmarschrecht in Polen und Rumänien, um in die Tschechoslowakei zu kommen. Polen lehnt ab.

Am 29. September setzen Premierminister Chamberlain, sein französischer Kollege Édouard Daladier, Hitler und Italiens Diktator Mussolini ihre Unterschriften unter das

Münchner Abkommen. Die Tschechoslowaken werden nicht gefragt, die Sowjetunion ebenfalls nicht. Die Hoffnung, den Frieden gerettet zu haben, löst sich schon sechs Monate später in Luft auf, als Hitlers Truppen in Prag einmarschieren.

Der Westen der Republik wird als »Protektorat Böhmen und Mähren« dem Reich angegliedert, die Slowakei wird ein weiterer Satellitenstaat des deutschen Imperiums. Auch die neuen Staaten Polen und Ungarn bedienen sich – nach vorheriger Absprache mit dem »Führer« – bei der Zerschlagung des Nachbarstaats und der annektierten Landstriche, in denen eigene nationale Minderheiten leben.

Winston Churchill, der spätere britische Premierminister und Parteifreund Chamberlains, kritisiert die Entscheidung heftig: »Wir haben eine absolute Niederlage erlitten«, beschreibt der konservative Abgeordnete die Folgen des Abkommens in seiner Rede im Londoner Unterhaus am 5. Oktober 1938: »Das ist nur der Anfang. Das ist nur eine erste Kostprobe.«[5]

In den kommenden Monaten wird klar, dass Hitlers nächstes Ziel Polen ist. Er will Danzig und den polnischen Korridor zurück und die junge Republik zerschlagen. Chamberlain, enttäuscht von Hitlers Taktik, gibt zusammen mit Frankreich Polen eine Beistandsgarantie ab. Auch die Sowjetunion bietet einmal mehr militärische Hilfe an. Der Pakt, den Russland vor Augen hat, soll die Zusage enthalten, wonach russische Truppen im Falle eines deutschen Angriffs polnisches Gebiet durchqueren können.

Aber Polen ist nicht bereit, auch nur einem einzigen Rotarmisten das Betreten des Landes zu erlauben. Russland ist der jahrhundertealte Feind, und dass Moskau nun weltweit auf den Sieg des Kommunismus setzt, ist für das erzkatholische Land ein weiterer Grund. In Warschau herrscht zudem die Angst, jeder russische Vormarsch könnte zu einem Gebietsverlust führen. Einen großen Teil des neuen Landes im polnischen Osten hatten polnische Truppen im Krieg gegen Russland 1921 gewaltsam annektiert, um die neue Republik zu vergrößern.

Winston Churchill setzt sich im britischen Unterhaus vehement für eine gemeinsame Allianz ein. »Ich kann nicht erkennen, was daran falsch ist«, sagt er und fährt fort: »Man hört allenthalben: Können wir der Sowjetunion trauen? Ich vermute, in Moskau wird man sich fragen: ›Können wir Chamberlain trauen?‹« Für ihn gibt es keine Alternative. Er macht den Abgeordneten eine simple Rechnung auf. Der Westen lässt sich nicht ohne östliche Front gegen Hitler verteidigen, und »ohne Russland gibt es keine östliche Front«.[6]

Es war das Zögern des Westens, Russland als gleichwertigen Partner gegen Hitler einzubinden, das Stalin veranlasste, mit den Deutschen über einen Nichtangriffspakt zu verhandeln. Darauf weist auch Wladimir Putin hin.

»Was Stalin und seine Entourage angeht, gibt es viele berechtigte Vorwürfe«, räumt der russische Präsident in seinem *National Interest*-Artikel ein. Man könne die sowjetische Führung für vieles verantwortlich machen, sagt er, allerdings nicht dafür, dass sie die Bedrohung von außen nicht gesehen habe. Weil die europäischen Mächte aus nationalem Egoismus dem »Dritten Reich« nichts entgegensetzten, war der Hitler-Stalin-Pakt im Spätsommer 1939 »ein taktisches Mittel, Zeit zu gewinnen«.

Wladimir Putin erinnert daran, dass auch die Sowjetunion zwei Fronten im Blick haben musste: Deutschland im Westen und Japan im Osten. Was der Westen nicht zur

Kenntnis nahm, war für Stalin ein zusätzlicher Grund für den Vertrag. Am 23. August, an dem Tag, an dem Molotow und Ribbentrop in Moskau den Vertrag unterschrieben, standen sich Truppen der Rote Armee und Japan in der Mongolei am Chalchin-Gol-Fluss feindlich gegenüber. Es war der Versuch Japans, seinen Einfluss in Richtung Moskau auszudehnen. Eine Schlacht, die Tokio eine Woche später verlieren sollte.[7]

Der Hitler-Stalin-Pakt war das Resultat eines kollektiven Versagens der westeuropäischen Staaten, die lieber an alten Feindbildern festhielten, als sich gemeinsam gegen Hitler zu stellen. Die Schuld für die Tragödie, die das polnische Volk kurz darauf erleiden musste, liegt, so Putin, »bei der polnischen Führung, die eine militärische Allianz zwischen England, Frankreich und der Sowjetunion abgelehnt hatte« und damit »die eigenen Leute an Hitlers Vernichtungsmaschinerie auslieferte«.[8]

Bereits im Dezember 1922, zwei Jahre nach Gründung der NSDAP, hatte Hitler erklärt, die Zerstörung Russlands »mit Hilfe Englands« sei nötig, um Raum zu schaffen für deutsche Siedler und die deutsche Wirtschaft. Jetzt, fast zwanzig Jahre später, am 22. Juni 1941, war es so weit: Das »Unternehmen Barbarossa« begann. »1926, als der zweite Band seines programmatischen Bekenntnisbuches *Mein Kampf* erschien, gehörte der Gewinn von ›Lebensraum‹ auf Kosten Russlands zu den Kernelementen seiner (Hitlers) Vorstellungen und Ziele«, schreibt der britische Historiker Ian Kershaw. »Hitlers obsessiver Judenhass fand seine außenpolitische Entsprechung in seinem Hass auf die Sowjetunion und in der Verachtung der ›minderwertigen slawischen Rasse‹. ›Das Ende der Judenherrschaft in Russland‹, schrieb er, ›wird auch das Ende Russlands als Staat sein.‹«[9]

»Hört endlich auf, Russland zu demütigen«, überschreibt die *Berliner Zeitung* einen Artikel des deutschen Historikers Götz Aly. »Putins wichtigstes Argument«, so Aly, lautet, »der deutsch-sowjetische Nichtangriffspakt von 1939 sei die Folge fortgesetzter diplomatischer und militärischer Demütigungen des Westens gewesen, denen die Sowjetunion wehrlos ausgesetzt gewesen sei.« Und weiter: »Mit Recht bezeichnet er das Münchner Abkommen von 1938 als den zentralen Sündenfall. Zutreffend spricht er vom ›Münchner Komplott‹, das die Zerschlagung der Tschechoslowakei einleitete. Verhandelt hatten es die Premierminister Großbritanniens und Frankreichs mit den Diktatoren Mussolini und Hitler, während die Sowjetunion gegen das Abkommen Sturm lief, aber von den Verhandlungen ausgeschlossen wurde. Anders Polen. Dessen damalige Führer annektierten mit Hitlers Hilfe das verkehrstechnisch wichtige tschechische Grenzstädtchen Český Těšín (Teschen) mit dem umliegenden Olsagebiet.«[10]

Dabei hatten sich Russland und Polen durchaus einmal um einen Neuanfang bemüht.

15 Polen und Putin

Krieg der Erinnerung statt Erinnerung an den Krieg

Gdańsk, 1. September 2009, 4.45 Uhr. Minutenlanges Sirenengeheul bildet den Auftakt der Feier, die an diesem Morgen kurz vor Sonnenaufgang beginnt. Es ist exakt der Zeitpunkt, als vor siebzig Jahren die ersten Schüsse fielen. In Polen haben an diesem frühen Morgen die Gedenkfeierlichkeiten zum 70. Jahrestag des Beginns des Zweiten Weltkriegs begonnen. Der Beschuss der Halbinsel Westerplatte durch das deutsche Schiff *Schleswig-Holstein* am 1. September 1939 gilt als der Beginn des Zweiten Weltkriegs. Bereits fünf Minuten vorher hatten deutsche Kampfflugzeuge die polnische Stadt Wieluń bombardiert.

Der Weltkrieg beginnt in der Provinz. Verkleidete SS-Männer hatten in der Nacht die deutsche Rundfunkstation Gleiwitz nahe der deutsch-polnischen Grenze gestürmt und rufen auf Polnisch und Deutsch die abgesprochenen Parolen ins Mikrophon: »Achtung! Achtung! Hier ist der Polnische Aufständischen-Verband. Der Rundfunksender Gleiwitz ist in unserer Hand. Die Stunde der Freiheit ist gekommen!«

Einige Stunden später wird der »Führer« vor dem gleichgeschalteten Parlament in Berlin mit einer Propagandalüge den offiziellen Krieg gegen Polen erklären, die im Rundfunk übertragen wird: »Seit 5.45 Uhr wird jetzt zurückgeschossen«, ruft der »Führer« und vertut sich dabei um eine Stunde. »Seither wird Bombe mit Bombe vergolten. Wer mit Gift kämpft, wird Giftgas bekommen.«

Das Land wurde innerhalb von einigen Wochen besiegt. 6 Millionen polnische Bürger sterben. Sie werden Opfer einer systematischen Vernichtung durch Zwangsarbeit, Massenerschießungen, Vergasungen.

Siebzig Jahre später. Auf den ersten Blick ist es wie immer. Die Nationalhymne erklingt, polnische Veteranen, die die Apokalypse am eigenen Leib erlebt haben, stehen in der ersten Reihe, ausländische Gäste sind angereist, um der Toten zu gedenken. Die polnischen Politiker erinnern an die Opferbereitschaft ihrer Landsleute und die Schuld der Gegner. Einige Tage zuvor hat die auflagenstärkste Zeitung, *Gazeta Wyborcza*, Umfrageergebnisse zum Bild des Kriegs in der polnischen Bevölkerung veröffentlicht. Die Zahlen sind eindeutig: Die Polen sind überzeugt, dass ihre Nation nach Deutschland und Russland den stärksten Einfluss auf den Verlauf des Krieges hatte – mehr als etwa die Vereinigten Staaten und Großbritannien, trotz Atombombe und Normandie. Vor allem aber halten sich die Polen für die Nation, die damals am meisten gelitten hat, mehr noch als die Juden.[1]

Doch dieses Mal soll die Feier nicht nur innerhalb Polens ein Tag des Gedenkens werden. Der polnische Regierungschef Donald Tusk hat aus diesem Grund rund zwanzig Regierungschefs zu den Feierlichkeiten eingeladen. Von Barack Obama über Angela Merkel und Nicolas Sarkozy bis Wladimir Putin. Ministerpräsident Tusk setzt auf eine Normalisierung des Verhältnisses zu Russland. Er hat zwei

Jahre zuvor die Wahl gegen Jarosław Kaczyński gewonnen und die nationalkonservative Dominanz der Kacyński-Zwillinge in Polen durchbrochen, auch wenn Jarosławs Bruder Lech Präsident von Polen ist.

Nach jahrelanger Eiszeit in den polnisch-russischen Beziehungen hatten sich Tusk und Putin ein Jahr zuvor in Moskau getroffen. Die Atmosphäre ist freundlich, wenn auch zurückhaltend. Beide wissen um die komplizierte Beziehung. Tusk bedauerte, dass »die Atmosphäre der Kälte« in den vergangenen Jahren beide Seiten belastet habe. Doch Polen und Russen wüssten um den größten Schatz ihrer Länder: Das seien die dort lebenden Menschen und ihre unermüdliche Energie. Putins Bemerkung fällt etwas weniger pathetisch aus: »Natürlich haben wir Probleme, aber wir müssen sie nicht dramatisieren.«

Als Tusk ihn auf die Westerplatte einlud, habe er »keinen Moment gezögert«, erinnert sich Putin. »Es konnte eigentlich nur besser werden, auch wenn uns Welten trennten, was die Frage der Kriegsschuld angeht. Wir hatten das mehrmals vorher diskutiert, und wir haben sicher nicht den gleichen Blickwinkel. Aber immerhin.«

Wladimir Putin und Angela Merkel sind die prominentesten Gäste an diesem 1. September. Barack Obama ist nicht angereist, sondern hat nur die dritte Garnitur geschickt. Auch aus Großbritannien und Frankreich kommen nicht die Präsidenten, sondern ihre Stellvertreter.

Es ist ein erster demonstrativer Schritt von Ministerpräsident Donald Tusk und Wladimir Putin, siebzig Jahre nach Kriegsausbruch, die unterschiedliche Geschichtsdeutung zu respektieren. Tusk versichert in seiner Rede, Polen wolle das Gedenken nicht gegen andere verwenden, und warnte davor, Geschichte zu vergessen oder zu verfälschen. »Ohne aufrichtiges Gedenken werden weder Europa noch Polen oder die Welt jemals in Sicherheit leben können«, sagt er.[2]

Beide Politiker verabreden, die Differenzen Schritt für Schritt aufzuarbeiten. Der Gast aus Moskau sagt zu, dass die russische Seite zu diesem Zweck »nach dem Grundsatz der Gegenseitigkeit« ihre Archive öffnen werde. Als Akt des guten Willens unterzeichnet der polnische Ministerpräsident an diesem Tag die Gründungsurkunde für ein Museum des Zweiten Weltkrieges, das in Danzig entstehen soll. Die Einrichtung soll die Kriegserfahrungen aller beteiligten Nationen berücksichtigen.

Der polnisch-sowjetische Fall ist kompliziert. Die Russen sehen sich als Befreier Polens von der deutschen Besatzung. Die Polen dagegen betrachten sie als Hitlers Komplizen von 1939, schuldig des Massenmords an der polnischen Elite in Katyn, und nach 1945 als den neuen Besatzer, der dem geschundenen Lande eine kommunistische Herrschaft aufzwang und es vom Westen abriegelte.

Polens und Russlands problematische Beziehung reicht weit zurück in die Geschichte. Schon im Mittelalter lieferten sich die Könige Polens und Litauens mit den Moskauer Großfürsten blutige Schlachten. Sie kämpften um die Vorherrschaft in Osteuropa und den Besitz der Ukraine, die beide im 17. Jahrhundert untereinander aufteilten. Nach dem Ersten Weltkrieg wieder ein souveräner Staat, mischte Polen zwischen 1919 und 1921 aktiv in den Interventionskriegen gegen die junge Sowjetmacht mit. Neben Freischärlern und weißen Emigranten, die sich nach Lenins Machtergreifung im Oktober 1917 nach Warschau abgesetzt hatten, kämpften auch Einheiten der regulären polnischen Armee gegen die Bolschewiki. Und letztlich reklamiert das katholische Polen eine Art endgültigen Sieg gegen

Russland für sich, für den der Westen dankbar sein soll, so die polnische Lesart, weil die Gründung der oppositionellen Gewerkschaftsbewegung Solidarność 1980 das Ende des Kommunismus eingeläutet habe.

Es ist auch das Weltbild, das Lech und Jarosław Kaczyński vertreten. »In ihrer Selbstsicht sind die Polen ausschließlich ein Volk von Opfern und Helden«, beschreibt der *Spiegel* in einer Titelgeschichte die familiäre Politführung. »Es gibt nur Gut und Böse, Schwarz oder Weiß, Alles oder Nichts. Politische Intrige oder Familienidyll.«[3]

Seit 2001 werden Polens Interessen praktisch kontinuierlich durch die neue Partei »Recht und Gerechtigkeit« vertreten, der politischen Plattform der Zwillinge. Lech wird im Herbst 2005 Präsident, Jarosław ein Dreivierteljahr später Premier.

Einen Tag vor der Gedenkfeier in Danzig, am 31. August, veröffentlicht die *Gazeta Wyborcza* einen Brief des russischen Ministerpräsidenten an die Polen, in dem er seine Sicht der Geschichte darlegt. Wladimir Putin verurteilt den Hitler-Stalin-Pakt als »unmoralisch«. Er weist darauf hin, dass das russische Parlament schon vor Jahren eine eindeutige Stellungnahme zu dem Vertrag veröffentlicht hat. Im Dezember 1989, noch zu Zeiten der Sowjetunion, hatte der Kongress der Volksdeputierten nach heftiger Debatte eine Resolution verabschiedet und den Pakt verurteilt: »Die Unterzeichnung war ein Akt persönlicher Macht und spiegelte nicht den Willen des sowjetischen Volkes wider. Der Kongress betrachtet die Geheimprotokolle als juristisch gegenstandslos und ungültig vom Moment ihrer Unterzeichnung an.« Die Parlamentarier waren gerade erst vor einigen Monaten gewählt worden.[4]

Der Auftritt in Gdańsk ist ein politischer Balanceakt für

Putin. Polen ist in den Augen vieler Russen ein Erbfeind, wie einstmals Frankreich für die Deutschen, und in Moskau läuft noch immer eine kontroverse Debatte. Das politische Lager zu Hause ist gespalten zwischen Stalin-Verehrern und -Gegnern. Putin selbst »kann ... mit gutem Grund den Molotow-Ribbentrop-Pakt verurteilen«. Er plädiert aber dafür, den Vertrag auch als Reaktion auf die politischen Gegengeschäfte der damaligen Zeit zu sehen. Er macht darauf aufmerksam, dass es heute, Jahrzehnte später, einfach ist, über Verträge zu urteilen, was in der akuten Situation damals nicht so leicht möglich war. »Heute verstehen wir, dass jede Form der Übereinkunft mit dem Nazi-Regime aus moralischer Sicht unzulässig und hinsichtlich der praktischen Umsetzung völlig perspektivlos war.«

Schließlich spricht Putin auch noch das heikle Thema Katyn an. »Das russische Volk, dessen Schicksal durch das totalitäre Regime verunstaltet worden ist, versteht die Gefühle gut, die sich für Polen mit Katyn verbinden ... Gemeinsam müssen wir die Erinnerung an die Opfer dieses Verbrechens in unserem Gedächtnis bewahren.«[5]

Der Ort mit den fünf Buchstaben ist das Symbol für die vergifteten polnisch-russischen Beziehungen. Im Mai 1940 wurden Tausende polnische Offiziere, Geistliche, Beamte und andere »konterrevolutionäre Elemente« in Katyn und anderen russischen Ortschaften Westrusslands von der sowjetischen Geheimpolizei NKWD hingerichtet. Deutsche Truppen entdeckten die Massengräber ein Jahr später. Die sowjetische Propaganda schrieb die Morde Hitler zu. Michail Gorbatschow räumte 1990 die Schuld der Sowjetunion ein. Zwei Jahre später übergibt sein Nachfolger Boris Jelzin den polnischen Behörden erste wichtige Dokumente, darunter die Unterschrift Stalins, mit der dieser die

Ermordung befohlen hatte. Bei einem Besuch in Warschau legt Jelzin einen Kranz auf dem Powązki-Militärfriedhof nieder und entschuldigt sich bei den Angehörigen der Opfer mit den Worten: »Vergebt uns, wenn ihr könnt.«[6]

Der polnische Präsident bleibt an diesem Tag der traditionellen Linie treu, die er und sein Bruder Jarosłav dem Land verordnet haben, und verzichtet auf versöhnliche Worte. Schon bei seinem Amtsantritt hatte er auf die Frage, wo es Gefahren gebe, geantwortet: »Gefahren? Das sind unsere Nachbarn – Russland und Deutschland!« An diesem Morgen auf der Westerplatte sind es vornehmlich die Russen.

Kaczyński verglich den sowjetischen Mord an den polnischen Offizieren in Katyn mit dem Holocaust. Es gebe einen Vergleich dieser Verbrechen, obwohl ihr Ausmaß sehr verschieden gewesen sei: »Juden starben, weil sie Juden waren. Polnische Offiziere starben, weil sie polnische Offiziere waren«, sagt der Präsident. Ansonsten geißelt er einmal mehr das angeblich imperiale Gehabe von Russland.

Wladimir Putin hält sich an diesem Tag zurück. »Ich bin heute nicht hierhergekommen, um Abrechnung vorzunehmen, sondern der Toten zu gedenken, die im Zweiten Weltkrieg starben«, erklärt er auf der anschließenden Pressekonferenz. Er erinnert daran, dass allein auf polnischem Boden 600 000 Sowjetsoldaten im Kampf gegen Nazi-Deutschland gefallen seien. Ansonsten wiederholt er, was er schon zuvor gesagt hatte. »Wenn wir Geschichte objektiv betrachten wollen, müssen wir verstehen, dass es nicht nur eine Farbe gibt.«[7]

Warschau, ein halbes Jahr später. Ministerpräsident Tusk hat an diesem Mittwoch im Februar 2010 einen Anruf von seinem Amtskollegen aus Moskau erhalten. Wladimir Putin lädt ihn zu einer gemeinsamen Trauerfeier nach Katyn ein. Es ist das erste Mal, dass Regierungschefs beider Länder der Verbrechen von Katyn gedenken. Tusk sagt zu und verkündet auf einer schnell einberufenen Pressekonferenz, der Vorschlag gebe Anlass zur Hoffnung, dass die Debatte über die polnisch-russischen Beziehungen weitergehen. In der polnischen Presse wird der Schritt positiv kommentiert. »Kommt es zum Durchbruch?«, fragt die *Gazeta Wyborcza*. Sie erinnert daran, dass in den Wäldern von Katyn nicht nur polnische Kriegsgefangene verscharrt wurden, sondern auch über 6000 sowjetische Staatsbürger, die in den Jahren der »Großen Säuberung« ermordet wurden. Über diese Morde ist auch in Polen kaum etwas bekannt. Siebzig Jahre nach dem Massaker versuchen die Regierungschefs eine Annäherung. Auf dem Soldatenfriedhof im Wald von Katyn bei Smolensk reichen sich beide zwei Monate später die Hand und werben für eine historische Aussöhnung.[8]

Wladimir Putin erweist Tausenden ermordeten polnischen Offizieren in Katyn eine letzte Ehre. Er verneigt sich, dann kniet er vor den Gräbern der Toten nieder. In der kurzen Trauerrede lässt er keinen Zweifel daran, wer an den Gräueltaten schuld ist. »Hier liegen sowjetische Menschen, die im Feuer der Willkür von Stalin verbrannt worden sind. Polnische Offiziere, deren Erschießung durch Geheimbefehle angeordnet wurden. Und Soldaten der Roten Armee, die Nazis im Zweiten Weltkrieg umbrachten.«[9]

Nie zuvor hat sich Putin öffentlich so entschieden über

den sowjetischen Diktator geäußert. »Stalins Repression vernichtete die Menschen, egal welche ethnische Zugehörigkeit sie besaßen, welcher Überzeugung sie folgten oder welchen Glauben sie hatten.« Es sei aber falsch, dem russischen Volk die Schuld für die Toten von Katyn zu geben. Stalin habe »Angst gesät und Menschen gezwungen, ihm blind zu gehorchen«, betont der Regierungschef und macht dann noch einmal in aller Deutlichkeit klar: Es gibt »keine Rechtfertigung für die Verbrechen«.

Für Tusk ist die Wahrheit über Katyn der »Gründungsmythos des freien Polen«. Der polnische Ministerpräsident zitiert den russischen Nobelpreisträger Alexander Solschenizyn: »Ein Wort der Wahrheit überwindet die ganze Welt.«[10] Und er sagt: »Es sind die Toten von Katyn, die darauf vertrauten, dass die Führungen der beiden Länder einen Weg zur Versöhnung finden.«

Beide gehen schließlich auch zu dem Teil des Friedhofs, wo die sowjetischen Stalin-Opfer liegen. In das aufgelegte Beileidsbuch schreibt der polnische Politiker: »Katyn ist das Wort, das schmerzt. Es brauchte viele Jahre, um es dem Schweigen zu entreißen und von den Lügen zu befreien. Aber heute ist es zum Zeichen der Hoffnung geworden für eine bessere Zukunft.«

Dem Traum wird drei Tage später ein jähes Erwachen folgen. Am Morgen des 10. April 2010 zerschellt das Flugzeug des polnischen Präsidenten Lech Kaczyński beim Landeanflug auf den Militärflughafen Smolensk. Der Präsident war auf dem Weg zu seiner eigenen Feier in Katyn, um der polnischen Märtyrer zu gedenken – ohne Russen. Niemand der Passagiere überlebt. An Bord sind neben dem Präsidenten seine Frau Maria, ranghohe Offiziere wie der Oberbefehlshaber des Heeres und der Chef der polnischen

Luftwaffe, außerdem der Notenbankchef, mehrere Parlamentarier, Kirchenvertreter und Angehörige der Opfer von Katyn. Ein tragisches Unglück, das den Versuch einer Versöhnung augenblicklich vergessen macht. Ein Absturz in Russland, bei dem der polnische Präsident umkommt. Ein Mann, der seine Feindschaft zu Moskau zum politischen Markenzeichen gemacht hat. Die polnischen Zeitungen titeln: »Die zweite Tragödie von Katyn«, und: »Zum zweiten Mal verliert Polen seine Elite«.

Russland verordnet offiziell Staatstrauer für die Toten. Eine Anordnung, die es für Bürger eines anderen Staates noch nie gegeben hatte. Wladimir Putin eilt zum Unglücksort, umarmt spontan einen gebrochenen Donald Tusk an der Absturzstelle und versucht zu trösten: »Dies ist auch unsere Tragödie.« Eine Geste, die Polen und Russen gleichermaßen bewegt.[11]

Nach dem Flugzeugunglück strahlt das russische Staatsfernsehen zur Hauptsendezeit den Film *Katyn* des polnischen Regisseurs Andrzej Wajda aus. Unter den polnischen Offizieren, die per Genickschuss ermordet wurden, war auch Jakub Wajda, der Vater des Filmemachers. Für Millionen von Russen ist dies die erste Konfrontation mit dem Kriegsverbrechen.

Jarosław lässt seinen Zwillingsbruder und dessen Ehefrau Maria in der Gruft der Wawel-Kathedrale in Krakau beisetzen. Dort liegen keine gewöhnlichen Sterblichen, dort ruhen Könige, Dichterfürsten, Heilige. Der Tote ist in seinen Augen nicht einfach verunglückt – er ist im Dienst des Vaterlands »gefallen«. Der Flug nach Smolensk hat einen neuen Mythos geschaffen.[12]

Ein Trauma als politische Strategie

Als er erfahren hatte, dass Polens Präsident bei Smolensk in Westrussland mit seinem Regierungsflugzeug verunglückt war, sagt Jarosław Kaczyński einen Satz, der seither sein Handeln bestimmt: »Sie haben mir den Bruder umgebracht.« Er wird nicht mit dem Ministerpräsidenten Tusk zur Absturzstelle fliegen, sondern allein reisen.

Kaczyński behandelt Donald Tusk und Wladimir Putin wie Verdächtige. Als er spätabends am Unglückstag in Smolensk ankommt, weigert er sich, sie zu treffen. »Ich wollte nicht den Eindruck erwecken, dass ich sie für unschuldig halte«, erklärt er später. »Ich wollte kein Beileid von Leuten, die verantwortlich sind für das, was geschehen ist.« Bald spricht er von einer gezielten Gewalttat: »Die Ermordung von 96 Personen, unter ihnen die des Präsidenten, ist ein unerhörtes Verbrechen«, behauptet er zwei Jahre später und fügt hinzu: »Jeder, der durch Täuschung und Parteilichkeit damit zu tun hatte, soll die Folgen tragen.«

Die Behörden Russlands und Polens haben den Absturz des Regierungsflugzeugs minutiös untersucht. Auf polnischer Seite gab es gleich zwei Ermittlungen: eine der Untersuchungskommission für Flugunglücke (KBWLLP) sowie eine der Militärstaatsanwaltschaft. Die Ergebnisse stimmen überein: Kaczyńskis Flugzeug ist an einer Birke hängen geblieben und im Wald zerschellt, weil die Piloten vorschriftswidrig zu landen versuchten, obwohl über Smolensk dichter Nebel lag und der Flughafen Sewernij für die schlechten Sichtverhältnisse nicht ausgerüstet war. Die Militärstaatsanwaltschaft hat im Oktober 2015 bekräftigt, dass »falsches Verhalten« der Besatzung Ursache für die Katastrophe gewesen sei. Außerdem treffe eine Teilschuld die Vorgesetzten, weil Kapitän und Navigator nicht vorschriftsmäßig ausgebildet worden seien. Die russischen Fluglotsen müssen sich allenfalls vorwerfen lassen, dass sie den Flughafen nicht gesperrt hatten.

Das Trauma von Jarosław Kaczyński, der bei der Katastrophe seinen Zwillingsbruder Lech verlor, bestimmt bis heute seine Politik. Als Unterwerfung und Sühne beschreibt die *Frankfurter Allgemeine* den Kreuzzug des Jarosław Kaczyński.

Im Wahlkampf 2015 veröffentlicht die »Arbeitsgruppe« der Partei »Recht und Gerechtigkeit«, deren Vorsitzender Jarosław Kaczyński ist, in einem 56 Seiten langen Abschlussbericht ihre Gegenrealität: »Es kann keinen Zweifel daran geben, dass die heutige Expansion Russlands in den Westen nicht möglich gewesen wäre, wenn Präsident Kaczyński noch am Leben wäre«, heißt es da. »Das war für rational denkende Polen von Anfang an klar.« Und die Beweise seien eindeutig: »Niemand hat vom Tod des Präsidenten so sehr profitiert wie die Machthaber der Russischen Föderation.« Lech Kaczyńskis Flugzeug ist nicht einfach an einer Birke hängen geblieben. Vielmehr sei es an Bord zu einer »Serie von Explosionen« gekommen. Das Wrack trage »Spuren von Sprengstoff«. »Hauptstrategen und Vollstrecker« dieses Verbrechens seien: »die Herrscher der Russischen Föderation«.[13]

Über 1700 geladene Gäste, darunter der Präsident, die Premierministerin sowie fast alle Minister, kommen im September 2016 in die Warschauer Oper, um *Smolensk* zu sehen – einen Kinofilm über den Flugzeugabsturz. Der Streifen beginnt mit einer Szene, in der polnische Offiziere auf dem Flughafen von Smolensk auf die Ankunft der Präsidentenmaschine warten und zwei Explosionen hören –

die Bomben, mit denen die Russen das Flugzeug angeblich zum Absturz brachten. »Bomben und Explosionen sind frei erfunden, ebenso die Zeugen dafür«, schreibt die *Süddeutsche Zeitung* unter der Überschrift »Verordnete Verschwörung«. Auch der restliche Film folgt der Verschwörungstheorie der Regierungspartei.

Nicht nur Kaczyński ist mit dem Film zufrieden. Bildungsministerin Anna Zalewska lobt ihn als »erzieherisches, dokumentarisches Muster«.[14]

Polens amtierender Verteidigungsminister Antoni Macierewicz erstattet wegen des Absturzes in Smolensk Anzeige gegen den ehemaligen Ministerpräsidenten und späteren EU-Ratspräsidenten Donald Tusk. Die Staatsanwaltschaft wirft ihm Landesverrat vor. In Polen stehen darauf bis zu zehn Jahre Haft. Die Ankläger möchten unter anderem wissen, was er nach dem Absturz mit dem russischen Präsidenten Wladimir Putin besprochen hat. Auch die bei den Gesprächen anwesende Dolmetscherin Magdalena Fitas-Dukaczewska wurde vorgeladen, um als Zeugin auszusagen.[15]

Für den Religionsphilosophen Zbigniew Mikołejko von der Polnischen Akademie der Wissenschaften hat der Parteivorsitzende aus seinem persönlichen Trauma eine ganze »Smolensk-Religion« aufgebaut. Er beschreibt Jarosław Kaczyński als einen selbsternannten »Auserwählten«, der mit »Märtyrertum, Kreuzen und Gebeten« operiert, die die Gedenkfeierlichkeiten bestimmen. »Die polnische Politik ist noch emotionaler geworden, als sie ohnehin schon war«, analysiert er den Gedächtniskult. »In Polen waren emotionale Faktoren häufig wichtiger als soziale oder wirtschaftliche Fragen. Die Regierungspartei PiS und Jarosław Kaczyński verschaffen ihren Landsleuten Identität durch

Feindbilder. Die ›Smolensk-Religion‹ hat Emotionen wieder zum festen Bestandteil der polnischen Politik gemacht.«[16]

16 »Für uns oder gegen uns«

Der Lagerkampf der demokratischen Partei

»Sie werden verstehen, Sir, dass man entweder für dieses Gericht ist oder dagegen. Es gibt keinen Mittelweg«, sagt Thomas Danforth, Stellvertreter des Gouverneurs, in Arthur Millers Theaterstück *Hexenjagd*, und er fährt fort: »Wir leben nicht mehr in der geruhsamen Dämmerstunde, wo sich das Böse mit dem Guten mischte und die Welt verwirrte. Dank Gottes Gnade werden die Guten und die Bösen gänzlich voneinander getrennt.«

Die Artikel, die im Februar und März 2020 in der *Washington Post* und der *New York Times* erscheinen, stehen ganz im Zeichen dieses ehernen amerikanischen Grundsatzes – entweder für uns oder gegen uns –, und sie sind der Anfang vom Ende des demokratischen Präsidentschaftskandidaten Bernie Sanders. Der Inhalt ist brisant. Der amerikanische Geheimdienst habe dem Senator vertraulich mitgeteilt, so die exklusive Botschaft der beiden Blätter, dass Moskau den linken Politiker beim Rennen um den Job im Weißen Haus einmal mehr unterstütze. Die Warnung von Amts wegen ist für Bernie Sanders eine Wiedervorlage aus dem vergangenen Wahlkampf. Ähnlich wie schon beim letzten Mal, als Bernie Sanders 2016 parteiintern gegen Hillary Clinton antrat, um Spitzenkandidat der Demokraten zu werden, auch wenn es bekanntlich am Ende nicht reichte.

Es ist ein ebenso geheimer wie raffinierter Plan, den der russische Geheimdienst in Putins persönlichem Auftrag nach Ansicht des CIA schon lange verfolgt. Die besondere Heimtücke der verdeckten Aktion: Zum einen werde durch diese sinistere Aktion das demokratische Lager gespalten, zum anderen stiegen damit Donald Trumps Chancen, im Herbst 2020 wiedergewählt zu werden. Der Zeitpunkt der Veröffentlichung ist geschickt gewählt. Im Bundesstaat Nevada stehen die Vorwahlen der Demokraten an, die darüber entscheiden, wer Donald Trumps Herausforderer sein soll.

Bernie Sanders bedankt sich ironisch, ihn ausgerechnet jetzt als angeblichen Kandidaten von Wladimir Putin zu outen. »Sie dürfen dreimal raten, warum die Warnung ausgerechnet einen Tag vor den Wahlen in Nevada veröffentlicht wird«, sagt er auf einer Pressekonferenz. Dann bestätigt er die Warnung durch die amerikanischen Geheimdienste, die schon vier Wochen zurücklag, bevor er auf den Inhalt eingeht. Es sei in dem Briefing nicht klar gewesen, welche Rolle Moskau wirklich spiele. »Man hat uns gesagt, dass Russland und möglicherweise auch andere Länder sich bereit machten, in der Wahlkampagne mitzumischen.« Konkrete Belege gab es nicht.[1]

Bernie Sanders' Kandidatur ist der Albtraum der demokratischen Partei. Der Senator, achtundsiebzig Jahre alt, führt zu diesem Zeitpunkt nach den ersten Vorwahlen die Liste der Bewerber als Kandidat weit vor seinem parteiinternen Rivalen Joe Biden an. Was Sanders vorhat und ihn in den Augen des Partei-Establishments verdächtig macht, klingt – für US-Verhältnisse – nach einer Revolution: eine Krankenversicherung für alle, kostenlose Hochschulausbildung, Klimaschutz. Dafür will er die Superreichen belangen. Er selbst bekommt nur Geld von Kleinspendern – mit Erfolg. Im Februar sammelte er 46,5 Millionen Dollar ein. Seit Monaten tourt Bernie Sanders, trotz Herzinfarkt, pausenlos kreuz und quer durch die USA und schwört seine meist jungen Anhänger auf seinen möglichen Wahlsieg ein.

Seine politische Karriere begann als Bürgermeister in Burlington im Bundesstaat Vermont, in Neuengland. Anfang der neunziger Jahre zieht er als Senator für seinen Staat in den Kongress ein. Bernie Sanders war als Unabhängiger gestartet und hat seit Beginn seines politischen Lebens Distanz zur Partei gehalten. Für Hillary Clinton und die Mandarine der Demokraten in Washington ist er ein Außenseiter und Störenfried – mit zu hohen Ansprüchen sowie einer viel zu großen Nähe zum Kommunismus im Allgemeinen und zu Kuba im Besonderen.

Kurz nach der Attacke der *Washington Post* legt die *New York Times* nach und malt ein Porträt von Sanders mit dicken Pinselstrichen.[2] Es geht darum, wie Bernie Sanders sich einstmals um engere Verbindungen zur Sowjetunion bemühte und damit der Sowjetunion eine willkommene Möglichkeit für kommunistische Propaganda bot. Die Geschichte geht über Seiten, präsentiert Telegramme und Briefwechsel von 1988, um nachzuweisen, wie naiv Bernie Sanders war und offenkundig noch ist. Die Story ist im Grunde wenig aufregend: Bernie Sanders, damals Bürgermeister von Burlington, versuchte zu Beginn der Gorbatschow-Ära, eine Städtepartnerschaft mit Jaroslawl zu etablieren. Die altrussische Stadt mit gut einer halben Million Einwohnern in Zentralrussland, vier Autostunden nordöstlich von Moskau, ist eine Touristenattraktion und spielte über Jahrhunderte eine wichtige Rolle in der Geschichte Russlands. Aus Sanders' Versuch, die Barrieren des Kalten Krieges mit direkten Kontakten von Amerikanern und Russen zu überwinden, strickt der Moskau-Korrespondent der *New York Times* zweiunddreißig Jahre später die simple Geschichte eines gutwilligen, aber letztlich nützlichen Idioten für kommunistische Umtriebe. Der Journalist präsentiert als Beleg ein Papier des einstigen sowjetischen Außenministeriums aus den achtziger Jahren, das im Archiv der russischen Stadt lagert. Es ist nicht geheim – ein Stück Zeitgeschichte, das jeder lesen kann. »Eine Partnerschaft mit ausländischen Städten ist eine der besten Möglichkeiten, Propaganda zu platzieren«, ist dort zu lesen.

Die *New York Times* hat den bestmöglichen Zeitpunkt ausgesucht, um für einen politischen Kollateralschaden zu sorgen. Der Artikel erscheint am Morgen des sogenannten »Super Tuesday«. Es ist der 3. März 2020, an dem in den meisten US-Staaten Vorwahlen für die Präsidentenkandidatur stattfinden. Die demokratische Partei lässt über ihre Bewerber an diesem Tag in vierzehn Bundesstaaten abstimmen – von North Carolina bis Kalifornien, von Minnesota bis Texas.

Gleichzeitig mobilisieren die Demokraten ihre komplette Nomenklatura für einen Mann, der nur Tage zuvor politisch totgesagt worden war. Die »Operation Joe Biden« läuft mit der Präzision eines Uhrwerks im gesamten Land ab. Gouverneure, Senatoren, Abgeordnete und Bürgermeister der Partei wissen kurz vor dem Wahlgang plötzlich mit Sicherheit, dass Joe Biden ihr Mann ist. Einer nach dem anderen erklärt auf Pressekonferenzen und Wahlveranstaltungen öffentlich: *»Biden for President«*.

Die beiden moderaten Mitbewerber im Rennen – der ehemalige Bürgermeister aus Indiana, Pete Buttigieg und die Senatorin Amy Klobuchar – steigen Stunden vor dem Super Tuesday aus dem Rennen aus und empfehlen Sanders' Konkurrenten Joe Biden. »Wir brauchen eine Politik, in der es um Anstand geht. Das ist es, was Joe Biden sein ganzes Leben lang praktiziert hat«, wirbt Pete Buttigieg bei einem gemeinsamen Wahlkampfauftritt mit Biden in Dallas, Texas.[3]

Der Super Tuesday katapultiert Joe Biden an die Spitze. »Onkel Joe«, der nette Kumpel von nebenan, wie ihn Gegner und Anhänger mal spöttisch, mal bewundernd nennen, räumt Staaten quer durch die USA ab – von Neuengland über den Süden bis nach Texas. Zwei Tage später wirft Bernie Sanders das Handtuch. Joe Biden hat sich als der Herausforderer von Donald Trump bei den Demokraten durchgesetzt. Es ist nach 1988 und 2008 sein dritter Versuch, das höchste Amt der USA zu erlangen.

»Der ewige Mann der Mitte«, wie ihn die *Zeit* beschreibt, tritt zu einem Zeitpunkt an, in dem sich die USA in einer historischen Krise befinden. Ihre Rolle als Weltmacht bröckelt, zu Hause spaltet ein tiefer Riss die politische Elite des Landes, und die Corona-Pandemie beschert dem Land, das sich als führende Nation der Welt versteht, weltweit die meisten Toten. Die größten Rassenunruhen seit Jahrzehnten zeigen, dass zwischen den wirtschaftlichen Fakten und der verkündeten Fiktion einer gesellschaftlichen Gleichheit die Kluft größer wird. Jetzt soll Biden richten, was Barack Obama als Präsident in zwei Amtsperioden nicht gelungen ist. Obama, der 2009 als erster Schwarzer den Sprung ins Weiße Haus geschafft hat, nachdem im Dezember 1865 offiziell die Sklaverei beendet wurde. »Das ist der erste Mainstream-Afroamerikaner – artikuliert, klug, sauber«, lobte einst der jetzige neue Hoffnungsträger Joe Biden in der ihm eigenen Sensibilität den Aufstieg jenes Mannes, dem er als Vizepräsident diente.

Den Schwerpunkt seiner Arbeit als künftige Nummer eins legt Biden auch schon fest. »Als Präsident werde ich als Erstes die Kontrolle über das Virus erlangen, das so viele Menschenleben gekostet hat«, verspricht er, »jetzt und hier«. Er werde »das Beste aus uns Amerikanern herausholen« und »nicht das Schlechteste«. Und dann folgt das unvermeidliche Versprechen – jene religiöse Formel, wie man sie auch aus Arthur Millers *Hexenjagd* kennt: Der Präsidentschaftskandidat Joe Biden wird, sollte er zum Präsidenten gewählt werden, »ein Verbündeter des Lichtes sein und nicht der Dunkelheit«.[4]

Und in dieser Funktion will er auch Russland im Auge behalten. Er wird »es nicht zulassen, dass bei dem heiligsten Akt der Demokratie, den Wahlen, ausländische Einmischung möglich ist«. So wie möglicherweise bei seinem ausgeschiedenen Rivalen Sanders oder Donald Trump. Der amerikanische Geheimdienst hat unterdessen eingeräumt, dass er mit der Warnung vor den Russen im Fall von Bernie Sanders und Donald Trump wohl übertrieben habe, teilte er dem Sender CNN mit.

Die *New York Times* verleiht ihrem Favoriten nach der Nominierung im August 2020 einen neuen Titel: »Vater der Nation«. Altersmäßig träfe eher der Begriff »Großvater« zu. Biden ist Jahrgang 1942 und wird bei einem möglichen Amtsantritt achtundsiebzig Jahre alt sein.[5]

Das Thema Russland – so viel ist sicher – beherrscht wie schon bei der vergangenen Wahl die Debatte. Das Wechselspiel zwischen politischer PR und Verdachtsberichterstattung hat Tradition. Die »Akte Sanders« ist nur ein kurioser Fall von vielen, die in den vergangenen Jahren Wirbel in der Politszene verursacht haben.

Der amerikanische Präsident als Marionette Moskaus

Das Dossier, das die Boulevard-Website *BuzzFeed* Anfang Januar 2017 ins Netz stellt, zirkuliert seit einigen Wochen unter Journalisten und Amtsträgern in Washington. Jetzt allerdings, kurz vor der Vereidigung Donald Trumps als Präsident des Landes, schlagen die Beschuldigungen wie eine Bombe ein. Tatsächlich könnten sie geradewegs aus dem Drehbuch des Hollywood-Thrillers *Der Manchurian-Kandidat* stammen. Das fünfunddreißig Seiten lange Papier hat es in sich. Der kommende US-Präsident wurde demnach von fremden Mächten aufgebaut und gesteuert. Er soll außerdem bei einem Besuch in Russland unter anderem Prostituierte in Moskau für ungewöhnliche Dienste bezahlt haben. Mit von der Partie war der russische Geheimdienst, der den Vorfall gefilmt habe. Ein »Kompromat« also für die Erpressung des künftigen US-Präsidenten, was bekanntermaßen eine exklusive Methode Moskaus ist, um an geheime Informationen zu kommen. Die Boulevard-Website *BuzzFeed* mit Sitz in New York ist erst ein paar Jahre auf dem Markt und bislang eher durch Katzenvideos aufgefallen und durch Artikel, die hohe Klickzahlen produzieren, weniger durch politische Enthüllungen.

Das Dossier geht innerhalb von Minuten im Netz viral. Von CNN über die *New York Times* oder *Washington Post* bringen alle wichtigen Medien die Beschuldigungen. Trumps Wahlkampfteam habe mit Russland kollaboriert, so eine der weiteren Behauptungen. Der einstige Immobilienhändler soll zudem versucht haben, zwielichtige Grundstück-Deals in Russland einzufädeln. Die »unverifizierten« Erkenntnisse stammten zwar nicht von den Amerikanern selbst, so die Botschaft, sondern aus einer britischen Quelle, seien aber »so explosiv«, dass man nicht nur Trump unterrichtet habe, sondern auch Barack Obama und Mitglieder des Kongresses. Eindeutige Belege konnten die Reporter, die sich damit befassten, nicht beibringen. Das FBI prüfe noch.[6]

Einige Tage zuvor waren Vertreter der amerikanischen Geheimdienste in Trumps Wolkenkratzer »Trump Tower« in New York angetreten und erklärten ihrem Chef in einem längeren Briefing, dass er eigentlich nur Präsident geworden sei, weil Wladimir Putin persönlich eine Cyberattacke gegen seine Konkurrentin Hillary Clinton geleitet habe, um ihn, Trump, ins Amt zu heben. Anschließend stellten sie den offiziellen Teil ihres Reports gleichfalls ins Netz. »Putin und die russische Regierung wollten dem jetzigen gewählten Präsidenten Trump bei jeder passenden Gelegenheit während der Wahl helfen, indem sie US-Außenministerin Clinton im Gegensatz zu ihm negativ darstellten«, fasst der Bericht der Geheimdienste die vermeintlichen Erkenntnisse zusammen.[7]

Ohne Belege versteht sich, da es sich um einen geheimen Bericht handelt. Ob die angebliche Operation Putins tatsächlich zum Erfolg führte, darüber hielt sich die Geheimdienst-Gemeinde vornehm zurück. »Wir haben keine Untersuchung veranlasst, um zu überprüfen, welchen Einfluss die russischen Aktivitäten auf die Wahlen 2016 wirklich hatten«, heißt es in dem Bericht. Es würde die Zuständigkeit der Dienste überschreiten, »politische Prozesse oder die öffentliche Meinung zu analysieren«. Es ist ein bislang einmaliger Vorgang, nicht nur wegen der vagen Beweisführung und der verheerenden politischen Botschaft, die signalisiert, man habe mit dem neuen Präsidenten nun eine Marionette Moskaus im Weißen Haus.

Selbst die *New York Times*, die den neuen Mann seit Beginn des Wahlkampfs erbittert bekämpft, beurteilt den Bericht kritisch. Die Zeitung erinnert an die historische Fehlleistung der US-Geheimdienste, die zum Irakkrieg führte. Damals hatte die CIA behauptet, Saddam Hussein verfüge über Massenvernichtungswaffen. Das war das Argument, mit dem die USA in den Krieg zogen, und das sich als falsch erwies. »Der Bericht mag ein politischer Schlag für Herrn Trump sein«, schreibt das Blatt, warnt aber davor, alles für bare Münze zu nehmen. »Es ist ein riskantes Manöver der Geheimdienste, die seit dem Anschlag am 11. September 2001 noch mächtiger geworden sind, sich aber mit den Vorwürfen auseinandersetzen müssen, durch übertriebene Behauptungen den Irakkrieg ausgelöst zu haben.«[8]

Behauptungen und Beweise

Der Bericht des amerikanischen Geheimdienst-Direktoriums vom Januar 2017 sollte den russischen Einfluss auf die Wahl darlegen. Im öffentlich gemachten Material ist allerdings kein »rauchender Colt« zu finden. Im Gegenteil: Die Argumente für eine direkte Befehlskette zur russischen Regierung sind schwach, Motive und Strategie teilweise aus dem Programm des russischen TV-Senders RT oder von Aussagen des ultrarechten russischen Polit-Außenseiters Wladimir Schirinowski abgeleitet.

Donald Trump verstand den Bericht so, wie er offenbar gemeint war – als Kriegserklärung der Dienste gegen ihren obersten Chef. »Eine Hexenjagd«, lautet sein knapper Kommentar.

Der gewöhnungsbedürftige Präsident war den US-Diensten schon vor seiner Wahl suspekt, und er wird es während der weiteren Amtszeit bleiben. Der Kreuzzug gegen den ungeliebten Kandidaten begann schon früh im Wahlkampf. »Ich habe die CIA geführt und bin für Hillary Clinton«, warb der einstige CIA-Chef Michael J. Morell für die Kandidatin der Demokraten in der *New York Times*. Im Gegensatz zu Hillary Clinton sei Trump »ein nationales Sicherheitsrisiko«, so der ehemalige CIA-Mann. Er nimmt vorweg, was die Dienste Monate später als Tatsache verkaufen. »Mr. Putin hat Mr. Trump als ahnungslosen Agenten der Russischen Föderation benutzt.« Der russische Präsident habe Trumps Schwäche für Komplimente ausgenutzt, und der sei darauf angesprungen: »So, wie Putin sich das ausgerechnet hat.«[9]

Der Ex-CIA-Chef spielt auf ein Wortgeplänkel zwischen den beiden Politikern an, das 2015 kurz vor Weihnachten in den Medien kolportiert wurde. Auf der traditionellen Jahreskonferenz vor 1400 Journalisten erklärte der Kreml-Chef vier Stunden lang seine Sicht der Weltlage, bis er auch auf die USA und den anstehenden Wahlkampf zu sprechen kam. Er könne als russischer Präsident nur begrüßen, dass der Bewerber Donald Trump erklärt habe, er wolle eine neue Ebene in den russisch-amerikanischen Beziehungen. Dann fügte Putin mit leicht ironischem Unterton hinzu: Der Amerikaner sei offenkundig »talentiert und ein sehr schillernder Mann«, mit guten Aussichten auf Erfolg.

Die Antwort aus New York kam postwendend. »Ich

habe immer gespürt, dass Russland und die Vereinigten Staaten in der Lage sein sollten, gut zusammenzuarbeiten«, erklärte Trump geschmeichelt. Ein Präsident Trump könne den Kalten Krieg zwischen Russland und den USA womöglich in eine Freundschaft verwandeln. »Wenn Putin gut über mich spricht«, verkündete Trump, »dann spreche auch ich gut über ihn.« So weit die Theorie. In der Praxis haben sich unter Trumps Präsidentschaft die Sanktionen gegen Russland verschärft.

Wladimir Putin und die Erwähnung Russlands lösen bei den Geheimdiensten noch immer zuverlässig ein Grundrauschen wie zu den besten Zeiten des Kalten Krieges aus. So zuverlässig wie einst in den fünfziger Jahren das berühmte Wahlkampfplakat in der Bundesrepublik mit der Zeile: »Alle Wege führen nach Moskau. Deswegen CDU.«

Was ist also nun mit den Hackern, die auf persönlichen Befehl von Wladimir Wladimirowitsch Putin die amerikanischen Wahlen beeinflusst haben? Die anhaltende Paranoia um die allmächtigen Cyberkrieger aus Moskau ist ein PR-Sieg der amerikanischen Geheimdienste, die es nach skandalösen Enthüllungen des Whistleblowers Edward Snowden über die weltweite Spionage des US-Geheimdienstes NSA geschafft haben, die Aufmerksamkeit wieder auf das »Reich des Bösen« zu lenken, wie Ronald Reagan einst die ehemalige Sowjetunion nannte.

Abhören unter Freunden ist möglich

Dass russische Hacker sehr gut sind, daran besteht kein Zweifel. Moskau versucht, was alle größeren Nationen versuchen, wenngleich mit unterschiedlichem Erfolg. Auch die

Deutschen hacken sich in Brüssel oder Frankreich ein, wie ein Untersuchungsausschuss des Deutschen Bundestages herausfand, der sich drei Jahre lang mit den Praktiken der amerikanischen Geheimdienste und des Bundesnachrichtendienstes beschäftigte. Und wenn die deutschen Geheimdienste gut sind, lauschen sie auch im Kreml. Es geht um Konkurrenz, um Information und um Desinformation. Welche Pläne hat der Gegner, ist er militärisch überlegen, und falls ja, kann man den technischen Vorsprung wettmachen? Spionage gibt es, seit es miteinander konkurrierende Nationen gibt. Früher wurden Flugblätter abgeworfen oder Koffer voller Geld von A nach B geschleust. Heute gibt es NGOs, das Internet, Facebook und jede Menge Daten.

Dank dem enormen Reservoir an IT-Spezialisten in Russland kann der Militärgeheimdienst »Glawnoje Raswedywatelnoje Uprawlenije«, kurz: GRU, an der Weltspitze der Cyberspionage gut mitspielen – dort, wo sich das US-Militär mit der »Defense Intelligence Agency« DIA tummelt und mit den chinesischen Kollegen der legendären Cyberwar-Einheit »61 398«.

Die intensive Diskussion um russische Hacker hat die sensationellen Enthüllungen des Ex-NSA-Mitarbeiters Edward Snowden längst verdrängt. Die von Snowden entwendeten Dokumente enthüllen ein weltweites Netz von Spionagesystemen. Sie zeigen, dass die amerikanische National Security Agency (NSA), die britischen Government Communications Headquarters (GCHQ) und ihre Partnerdienste jede Form elektronischer Kommunikation überwachen. Im Zentrum des Skandals stehen die NSA und der britische Geheimdienst GCHQ. Zu den engsten Partnern der USA und Großbritanniens gehören Kanada, Australien und Neuseeland. Zusammen bilden sie die Five Eyes.[10]

Der Platzhirsch des elektronischen Abhörgewerbes heißt allerdings NSA. Die National Security Agency mit Sitz in Fort Meade ist der größte unter den amerikanischen Geheimdiensten und seit Jahrzehnten ausschließlich auf Hacken und Abhören spezialisiert – mit 40000 Angestellten und einem Jahresbudget von über 10 Milliarden Dollar. Der Geheimdienst hat von jeher die besten Beziehungen zu den Internetgiganten im Silicon Valley, dem Werkzeugkasten des Internet. Der Geheimdienst überwacht weltweit die elektronische Kommunikation und greift Milliarden von Daten ab. Offiziell geht es um den Kampf gegen den Terrorismus. Aber auch darum herauszufinden, was andere Regierungen vorhaben, auch die deutsche Regierung. Und nicht zuletzt die deutsche Industrie.

»Es gibt keine freundlichen Geheimdienste, nur befreundete Regierungen«

»Die Welt sicherer machen«, heißt das Motto der Firma. Michael Chertoff ist Republikaner und war unter Bush junior Minister für innere Sicherheit. Er hat nach seinem Abgang aus der Politik eine internationale Beraterfirma aufgemacht und arbeitet für die Wirtschaft ebenso wie für staatliche Behörden. Das Unternehmen ist spezialisiert auf Sicherheit und Risikomanagement. Seit seiner Pensionierung arbeitet auch Michael Hayden für die Gruppe, die in Washingtoner Politzirkeln bestens vernetzt ist.

Hayden ist ein Experte der besonderen Art. Er war mehrere Jahre Chef der NSA, anschließend Chef der CIA und ist mit den neuen Möglichkeiten bestens vertraut. 2016 habe ich ihn in Washington besucht und ein langes Interview für die ARD-Fernseh-Dokumentation »Abgehört und abgenickt« geführt.

»Ja, die NSA versucht, anderer Leute Geheimnisse zu klauen. Und ich stimme Ihnen zu, dass wir ziemlich gut darin sind«, lautet die direkte Antwort auf die Frage nach Kompetenz und Aufgabe des US-Geheimdienstes. Michael Hayden weiß, wovon er spricht. Die Kommunikation, die jeden Geheimdienst interessiert, läuft längst nicht mehr in irgendwelchen isolierten Netzwerken, die von einer Regierung kontrolliert werden. »Geheimdienste haben wegen dieser neue Realität aufgerüstet. Wir Amerikaner wahrscheinlich mit mehr Möglichkeiten. Wir waren schneller als die anderen. Es war eine andere Größenordnung, aber jeder hat aufgerüstet.« Michael Hayden, ein freundlicher älterer Herr, war sehr erfolgreich damit, auch dem Bundesnachrichtendienst technisch unter die Arme zu greifen.

Um Telefonate, Textnachrichten oder Filme via Internet zu senden, werden die Botschaften in kleine elektronische Päckchen zerhackt, vermischt und dann verschickt. Wer die Päckchen hacken und dechiffrieren will, braucht das geeignete Werkzeug und Zugang zu den Leitungen. Die NSA hat beides und war vor allem an dem Datenfluss in Frankfurt am Main interessiert.

Die Finanzmetropole setzte früh auf elektronische Kommunikation. Die Stadt ist einer der Hauptknotenpunkte des Internets weltweit. Die Rechenzentren der Internetindustrie sind für die NSA eine Art Jackpot. Milliarden von Daten fließen in Sekundenbruchteilen durch die Bündel der Glasfaserkabeln, die Schlagadern des weltweiten Netzes, die sich in Frankfurt am Main kreuzen. Die Datenmenge übersteigt jedes Vorstellungsvermögen. Der Traum für jeden Geheimdienst der Welt, der hier zugreift. Und Hayden hat als NSA-Chef einen Deal mit den Deutschen gemacht: Die Deutschen verschaffen der NSA Zugang zu den Internetdaten in Frankfurt, dafür bekommt der BND die Spionagewerkzeuge der Amerikaner. Mit der Wunderwaffe können die Deutschen nun Daten wie mit einem Schleppnetz aus dem Internetmeer fischen und anschließend durchsuchen.

Den Namen und die Funktion der Maschine »XKeyscore« erklärte der Wistleblower Edward Snowden in der ARD-Dokumentation: »Sie können von jedem die E-Mails auf der Welt lesen. Jede E-Mail-Adresse finden, jede Webseite registrieren, die abgerufen wird. Sie können jeden Computer beobachten, jedes Laptop ausfindig machen und überall hin folgen, weltweit.« Die Suchmaschine erlaubt dem Dienst all die Daten zu durchforsten, die er jeden Tag sammelt.

Die Suchbegriffe, mit denen im Internet gefahndet wird, kommen gleichfalls vom Großen Bruder in Washington. Denn wer die Suchbegriffe bestimmt, der kontrolliert, was abgehört wird. Der Bundesnachrichtendienst musste 2017 vor dem Untersuchungsausschuss des Deutschen Bundestags eingestehen, dass er nicht in der Lage war, den Abfluss von Milliarden Daten aus den Computern des Dienstes nach Amerika zu kontrollieren. Die Deutschen waren mit der Technik überfordert. Wie enorm der Vorsprung der NSA ist, demonstriert das Überwachungsprogramm »Mystic«. Mit diesem Werkzeug ist der Geheimdienst in der Lage, die Telefonate einer ganzen Nation zu schlucken und zu speichern. Eine Art Zeitmaschine, die Stimmen von jedem wiedergeben kann, ohne dass diese Person vorher für die Überwachung identifiziert werden muss.

»Es gibt keine freundlichen Geheimdienste. Es gibt nur Geheimdienste von befreundeten Regierungen«, zieht Hayden Bilanz. Der Grad der Freundschaft richtet sich danach, wie nützlich der Partner ist. Im Übrigen gilt wie beim Kartenspiel: Ober sticht Unter. Auch Präsident Barack Obama hatte keine Probleme damit, Angela Merkel abzuhören.

Für Michael Hayden, der auch ab und an beim Fernsehsender CNN als Sicherheitsexperte die Welt erklärt, ist das ein professionelles Verhaltensmuster. »Schauen Sie, wir reden nun alle über Angela Merkel. Aber wissen Sie, Angela Merkels Vorgänger hatte Probleme mit den USA, was den Krieg im Irak anging.« Der Ex-NSA-Chef spielt auf Alt-Bundeskanzler Gerhard Schröder und dessen Weigerung an, 2003 mit den USA in den Irak-Krieg zu ziehen. Schröder sei auch für die Nord-Stream-2-Pipeline eingetreten, fährt Hayden fort. »Was soll ich davon halten? Darauf will der amerikanische Präsident eine Antwort.«

Michael Hayden, ein durchaus charmanter und freundlicher Gesprächspartner, liebt klare Worte und macht aus dem amerikanischen Sendungsbewusstsein keinen Hehl: »Lassen Sie mich als Amerikaner sprechen. Selbst wenn es um Amerikas engste und ältesten Freunde geht: Unsere Werte, unsere Interessen und unsere Politik decken sich nie. Es wird immer Unterschiede geben.«

Auch Michael Hayden hat sich früh in die Kampagne ehemaliger Geheimdienstler gegen den Präsidentschaftskandidaten Trump eingereiht. Für Hayden, der, wie gesagt, nacheinander die beiden größten Geheimdienste NSA und CIA leitete, ist Donald Trump gleichfalls ein »nützlicher Idiot«. Er wählte dafür ein spezielles Wort aus den Zeiten der Sowjetunion: *»Polezni durak«*, das er in der *Washington Post* zum Besten gab. Ansonsten achtet Michael Hayden streng auf Umgangsformen, nachdem Donald Trump trotz seiner Intervention Präsident wurde.

»Ich benutze niemals seinen Familiennamen ohne seinen Titel«, sagt er, wenn er ihn kritisiert. Und er kritisiert oft. So viel an Stil sei er dem Amt und dem Amtsinhaber schuldig.[11]

Die *Washington Post* veröffentlichte eine Studie von Dov H. Levin, einem Politologen der Carnegie Mellon University in Pittsburgh. Der Wissenschaftler sammelte Fälle, bei denen es seit dem Zweiten Weltkrieg bis 2000 nachweisbar war, dass die USA oder Russland versuchten, bei Wahlen in dem jeweils anderen Staat aktiv zu werden. Dov Levin fand insgesamt 117 Fälle – 81 Fälle vonseiten der US-Behörden und 36 vonseiten der Russen respektive der damaligen Sowjetunion.[12]

Die digitalen Versionen der Ausspähung sind die Fortsetzung eines Agentenkrieges, »den die USA und Russland seit Jahrzehnten betreiben«, so Levin gegenüber der *New York Times*. »Russland ist nicht das einzige Land, das versucht, Wahlen zu beeinflussen, wir tun es auch«, schreibt die Zeitung und zitiert Steven L. Hall, einen Kenner des Gewerbes. »Wenn Sie mich als Geheimdienstmann fragen, ob die Russen die Regeln gebrochen oder sonst etwas Verrücktes getan haben, dann lautet die Antwort: Nein, überhaupt nicht.« Hall leitete für die CIA jahrelang verdeckte Operationen gegen Russland. »Die USA haben schon immer Wahlbeeinflussung betrieben, und ich hoffe, wir machen es weiter.«[13]

Damit das auch in Zukunft besser funktioniert, haben die USA und ihre weltweiten Geheimdienstpartner Kanada, Großbritannien, Australien und Neuseeland schon einmal Ende 2020 an die Tech-Branche ihrer Länder appelliert, ihnen freiwillig eine Hintertür zu verschlüsselten Inhalten im Internet offen zu lassen. Die »Five Eyes« – wie sich das

Netzwerk der Geheimdienste nennt, die seit Jahrzehnten weltweit besonders eng gegen den gemeinsamen Feind kooperieren – wollen selbstverständlich auch dafür sorgen, »die Bürger und ihre Privatsphäre zu schützen« und »sowohl Cybersicherheit als auch die Einhaltung der Menschenrechte zu garantieren«, wie die *Frankfurter Allgemeine* betont.[14]

17 Öffentliche Meinung und alte Feindbilder

Die Rolle der Medien

Das Wechselspiel zwischen politischer Dämonisierung und Verdachtsberichterstattung ist fester Bestandteil der US-Paranoia. Als 2016 im Bundesstaat Vermont kurz nach Donald Trumps Wahl zum Präsidenten auf einem Rechner in einem Stromversorgungsunternehmen schadhafte Computersoftware entdeckt wurde, titelte die *Washington Post*: »Russische Hacker dringen in Vermonter Unternehmen ein – Gefahr für die US-Stromnetz-Sicherheit«.[1] Das Blatt zitierte passagenweise die Berichte von Geheimdiensten und anderen offiziellen Stellen, um zu belegen, dass wegen Donald Trump ab sofort das gesamte amerikanische Stromnetz gefährdet sei und damit Amerikas Sicherheit. Der künftige Präsident sei offenkundig ein Freund Putins, da er sich nicht abwertend über den Mann in Moskau geäußert habe. Der Gouverneur des Bundesstaates Vermont gab umgehend mit den demokratischen und republikanischen Senatoren parteiübergreifend eine Presseerklärung ab:

»Jeder Amerikaner sollte sowohl alarmiert als auch empört darüber sein, dass einer der größten Schurken der Welt, Wladimir Putin, versucht hat, unser Stromnetz zu hacken, von dem alles abhängt – unsere Lebensqualität, unsere Wirtschaft, unsere Gesundheit, unsere Sicherheit.«

Die Geschichte vom angeblichen Cyberangriff der Russen machte international Schlagzeilen. Einige Tage später zog die Zeitung die Behauptung zurück. Die Sensation hatte sich als Fake News entpuppt, und der infizierte Computer stellte sich als ein einzelnes Laptop heraus, das nicht einmal ans Netz des Unternehmens angeschlossen war. Eine Untersuchung von Experten habe ergeben, dass der Vorfall in keinerlei Zusammenhang mit irgendwelchen Versuchen der russischen Regierung stehe, das US-amerikanische Stromnetz zu hacken.

Als eine Sendung des amerikanischen Parlaments-Fernsehsenders C-SPAN kurze Zeit später plötzlich vom Bildschirm verschwand, berichteten US-Medien umgehend: »C-SPAN bestätigt – Kurzzeitig von einer russischen Website gehackt«. Der Fernsehsender hatte dies nie behauptet. Es war ein Router-Fehler.

Die Abneigung gegen Donald Trump unter Journalisten ist hoch, nicht nur in den Vereinigten Staaten. Die Vorstellung, der US-Präsident sei Putins Werk und nicht ein amerikanisches Phänomen, bietet vielen eine beruhigend einfache Antwort darauf, wie es zu dieser Katastrophe im Land der unbegrenzten Möglichkeiten kommen konnte. Seit Trumps Amtsantritt haben deutsche Medien Hunderte von Regieanweisungen geschrieben, wie deswegen mit dem ungeliebten Präsidenten im fernen Amerika zu verfahren ist. So einfach, wie es der Branche fällt, zu begründen, warum die eigene Position zwingend richtig ist, so leicht fällt es ihr, andere Positionen rigoros abzulehnen. »Wie wir Trump loswerden«, lautet die Überschrift von einem der ersten Leitartikel des *Spiegels* zum frisch gewählten Präsidenten im Mai 2017. Der Ratschlag des Chefredakteurs ist eine Mischung aus Größenwahn und Enttäuschung über den Kandidaten der Republikaner. Der Journalist erteilt Ratschläge, wie und warum die amerikanischen Wähler mit Hilfe »der Weltgemeinschaft« Trump dringend loswerden müssen. »Trump ist ein hundertfach überführter Lügner, Rassist, Betrüger«, schreibt Klaus Brinkbäumer. »Trump muss aus dem Weißen Haus entfernt werden. Schnell. Er ist eine Gefahr für die Welt.« Was nötig ist, so der Tenor der dringlichen Botschaft aus der Chefetage des *Spiegels* in Hamburg, ist nicht weniger als ein Regime Change. Ein Wechsel, den das Blatt seit Jahren sonst vorrangig für Moskau empfiehlt.[2]

Der *Spiegel* hat über ein Dutzend Titel mit dem Bild von Donald Trump aufgelegt. Mal als Henker der amerikanischen Freiheitsstatue, mal als feuriger Komet, der auf die Erde zurast, versehen mit der apokalyptischen Aufschrift: »Das Ende der Welt«. Der Politiker als personifizierte Endzeit. Die Heftigkeit der Reaktionen aus den deutschen Redaktionen ist erstaunlich. So, als hätte das politische Amerika in der Vergangenheit ausschließlich aus Lichtgestalten bestanden.

Halbwahrheiten

Weil das Böse offenkundig nur von außen kommen kann, greift das Nachrichtenmagazin bei einer der ersten Titelgeschichten auf ein Motiv des alten amerikanischen Science-Fiction-Films *Invasion of the Body Snatchers* von Don Siegel zurück. Dort schlüpfen außerirdische Invasoren in die Haut der Menschen. Nach außen hin sehen sie harmlos aus, verkörpern aber das schlechthin Böse. »Der Doppelregent – Wieviel Putin steckt in Trump?«, titelte das Blatt nach Trumps Amtsantritt. Auf dem Cover sieht man eine Collage aus Trump und Putin. Die dazugehörige Titelstory (»Die russische Frage«) schlägt das Thema an, das für die nächsten vier Jahre die Berichterstattung bestimmen sollte: »Der Skandal um Russlands Einmischung in den Wahlkampf gefährdet die Präsidentschaft von Donald Trump.« Die These, Trump sei allein durch eine Verschwörung an die Macht gekommen und nicht durch die mehr als 60 Millionen Amerikaner, die ihn gewählt haben, wird zur Obsession.

Doch natürlich bleiben Zweifel. Im Februar 2019 präsentiert das Hamburger Nachrichtenmagazin eine große Geschichte, die endgültig belegen soll, dass Trump bloß eine Marionette Putins ist. Die Geschichte beginnt wie ein Spionagethriller von John le Carré. Im Zentrum von Donald Trumps Russlandaffäre steht das geheimnisvolle Dossier, das bereits drei Jahre zuvor im US-Wahlkampf von 2016 erstellt und von der Demokratischen Partei lanciert worden war. »Vieles davon hat sich bewahrheitet«, schreibt der *Spiegel* triumphierend und lobt sich gleichsam selbst für die Hartnäckigkeit, mit der man auf der Spur des Verbrechers geblieben ist. Der Titel des Artikels: »Das Steele-Testament. Was ein Ex-Spion Unglaubliches über Trump zusammengetragen hat«.

Als Kronzeugen führt das Nachrichtenmagazin zwei ehemalige britische Geheimagenten an, die in London eine Firma betreiben und als Privatdetektive für jeden ermitteln, der sie bezahlt. Bestellt und bezahlt hatte das »Enthüllungs-Dossier« in diesem Fall die Demokratische Partei in Washington, D.C., deren Spitzenkandidatin Hillary Clinton 2016 gegen Donald Trump um den Einzug ins Weiße Haus kämpft.[3]

Die Beweislage für eine russische Manipulation bei den US-Wahlen ist trotz zahlreicher Artikel nach wie vor dünn, und das weiß auch das Nachrichtenmagazin, deswegen konzentrieren sich die Kollegen aufs Storytelling.

Man weist darauf hin, dass es sich bei dem Treffen mit den Privatdetektiven um eine exklusive Angelegenheit handelt, denn normalerweise sprechen die Privatdetektive nicht mit den Medien, aber für den *Spiegel* machen sie eine Ausnahme. Ihr Büro befindet sich in einem der besseren Viertel Londons. Eine renommierte Adresse, gleich um die Ecke des Buckingham-Palastes, mit einfacher, aber gediegener Ausstattung: »Grauer Teppichboden, kahle Wände, in der Mitte ein Konferenztisch aus dunklem Holz. Auf einer Kommode stehen Holzfiguren mit den aufgemalten Porträts russischer Schriftsteller, Tolstoi, Gogol, Dostojewski.« Es geht um Russland, merkt der aufmerksame Leser, die Akteure kennen sich aus. Die Firma heißt Orbis Business Intelligence, »eine Art Minigeheimdienst für die Privatwirtschaft, geleitet von zwei Briten. Sie heißen Christopher Steele und Christopher Burrows«.

Die Protagonisten werden beschrieben: »Graue Haare, unauffälliges Äußeres, poliertes Mittelschichtsenglisch«. Vom Wesen her seien sie »feinsinnig, belesen, musisch«, womit ihre Glaubwürdigkeit zweifellos gewinnt. Christopher Steele, nach dem das Papier benannt ist, war sogar einst als Agent undercover in Moskau. Das, was der Geheimdienstmann vor mehr als zwei Jahren zusammengetragen hat, »mag damals noch unglaublich und unfassbar« geklungen haben, so der *Spiegel* in seiner Story, aber »klingt heute wesentlich plausibler«.

»To perform a golden shower«

Die Geschichte beispielsweise, dass Donald Trump Prostituierte in das Hotel Ritz-Carlton in Moskau bestellt hat, damit sie auf seinen Befehl hin auf das Bett pinkelten, in dem zuvor Barack Obama bei einem Besuch in Russland übernachtete. Er habe die Damen angewiesen, »to perform a golden shower-show«, heißt es im Original-Bericht. Der Grund dafür steht ebenfalls dort: Trump hasse Obama.

Eine Steilvorlage für den Feind. Der russische Geheimdienst habe alles mit versteckten Kameras gefilmt und seither den US-Präsidenten in der Hand. Dem Bericht zufolge haben die Russen den einstigen Immobilienhändler über Jahre unterstützt und sich mit seinem Team im Wahlkampfjahr abgesprochen, um Hillary Clinton zu verhindern. Über fünfunddreißig Seiten breitet das Steele-Dossier eine Erkenntnis nach der anderen aus, die angeblich von Top-Informanten aus dem russischen Geheimdienst oder dem Kreml stammen.

Auch über Wladimir Putin fand der Ex-Spion Ihrer Majestät Erstaunliches heraus. Der russische Präsident sei gleichfalls wegen schmutziger Geldgeschäfte schon seit Beginn seiner politischen Laufbahn erpressbar. Damals, in den neunziger Jahren, hätten die russischen Oligarchen Michail Fridman und Pjotr Awen, Mitbesitzer der größten russischen Privatbank Alfa, den aufstrebenden Politiker mit illegalen Geldern geschmiert. Die Herren des Bankhauses würden deswegen noch heute Putins Außenpolitik mitbestimmen, vor allem, was Amerika angehe.[4]

Die *Spiegel*-Geschichte zeigt, wie Verdachtsberichterstattung journalistische Selbstkontrolle außer Kraft setzt und eigenen politischen Wunschvorstellungen folgt statt journalistischer Professionalität. Es ist eine journalistische Führung durch eine Welt der Halbwahrheiten und Fake News. Die Reporter lassen uns teilnehmen an ihren Recherchen, auf ihren Dienstreisen nach London und New York, wo sie die Boulevard-Website *BuzzFeed* besuchen. Sie beschreiben – immer um Authentizität bemüht – minutiös die Räume der amerikanischen Journalisten, die das Dossier als Erste veröffentlicht haben: »Auf dem Tisch verstreut liegen Zettel, Bücher, Notizen, im Regal steht eine halbleere Whiskyflasche.« Eine Szenerie, wie man sie sich auch in Fernsehserien à la *House of Cards* vorstellen könnte. Präsentiert wird uns eine Story aus der Schlüssellochperspektive. Wir erhalten Einblick in eine Welt der vermuteten finsteren Akteure, die uns sonst verschlossen bleiben würde: »Die Männer bewegen sich in einer Welt von Leuten, die im Verborgenen arbeiten und mit sensiblen Informationen handeln.«

Das ist auch die dramaturgische Begründung, warum die *Spiegel*-Geschichte keine Belege präsentiert und analysiert und Zweifel allenfalls in Form von rhetorischen Fragen auftauchen, auf die man bekanntlich keine Antwort erwartet. Die ausgefeilte Kunst der detaillierten Verdachtsberichterstattung, bei der Nebensächlichkeiten zum eigentlichen Thema werden, hat nicht nur der einstige *Spiegel*-Reporter Relotius zur Perfektion entwickelt. Das Stilmittel wird in der Branche gerne eingesetzt, um Stimmung zu erzeugen. So, wie Fernsehsender gerne Filmschnipsel von blutigen Anschlägen aus Syrien oder Afghanistan aus dem Internet verwenden, aber im Anschluss darauf hinweisen, dass der Sender für den Wahrheitsgehalt der gezeigten grauenvollen Bilder keine Verantwortung übernehmen kann, da der Redakteur nicht weiß, ob die Bilder wirklich einen Anschlag in

Syrien zeigen und ob es wieder Assad oder islamische Terroristen waren. Der Eindruck des Grauens und ein Name als möglicher Täter, der sich beim Zuschauer einbrennt, wird durch die Floskel allerdings nicht relativiert.

Der *Spiegel* beruft sich bei seiner Präsentation des Steele-Dossiers nicht zuletzt auf die Haltung der Verfasser, deren Motive zweifellos ehrenwert seien. Immerhin gehe es um einen Präsidentschaftskandidaten der USA, der – möglicherweise – von Russland manipuliert wurde. Die Autoren hätten sich um die nationale Sicherheit der Amerikaner gesorgt. »Steele alarmierte bereits im Juli 2016 das FBI«, schreibt das Blatt, und so kam es »zum Urknall der Affäre«. Es sei nicht zuletzt dem englischen Agenten zu verdanken, dass sich anschließend ein Sonderermittler von Amts wegen mit Trump beschäftigte. »Die Quellen«, zitiert der *Spiegel* die Verfasser des Dossiers, »waren gut«: hohe Beamte aus dem Kreml, Top-Agenten des russischen Geheimdienstes, Menschen mit direkten Beziehungen zu Wladimir Putin.[5]

Der Hauptzeuge für die unglaublichen Behauptungen heißt Igor Danchenko, ein Mann mit guten Beziehungen zu den Demokraten. Der Informant, in Kiew geboren, lebt seit Jahren in Washington, D. C., und hat zuvor für die Brookings Institution, der einflussreichsten politischen Denkfabrik in D. C., gearbeitet. Präsident der Brookings Institution war damals Strobe Talbott, ehemals stellvertretender Außenminister unter Bill Clinton. Er sorgte dafür, dass das Steele-Dossier in den Politzirkeln Washingtons schnell bekannt wurde. Talbott ist ein enger Freund von Bill und Hillary Clinton. Er reichte das Papier auch an Victoria Nuland weiter, deren Russophobie als Staatssekretärin im State Department unter Hillary Clinton legendär war, die wiederum das FBI einschaltete für das von der eigenen Partei bestellte Pamphlet. »›Das ist nicht unser Zuständigkeitsbereich‹, sagte Nuland, die unter Präsident Obama die Abteilung für europäische und eurasische Angelegenheiten im Außenministerium geleitet hatte. ›Das muss dem FBI übergeben werden, wenn der Verdacht besteht, dass ein Kandidat oder die Wahl insgesamt von der Russischen Föderation manipuliert sein könnte. Da muss das FBI ermitteln.‹«[6]

Igor Danchenko hatte weder Zugang zum Kreml noch zu irgendwelchen Agenten, wie er drei Jahre zuvor selbst zu Protokoll gegeben hatte. Das FBI hatte ihn bereits 2017 verhört, aber weder den Inhalt seiner Aussagen noch den Namen des vermeintlichen Top-Informanten preisgegeben. In der Befragung gestand die angebliche Top-Quelle, der Vorwurf, Trump habe sich mit dem Kreml verschworen, um Hillary Clinton zu schwächen, basiere hauptsächlich auf Gerüchten, von denen er bei Trinkgelagen gehört habe, von alten Freunden in Russland, die er aus seiner Jugendzeit kannte. Ex-Geheimagent Steele, der selbst seit Jahren nicht mehr in Russland war, hatte ihn mit der Recherche beauftragt und »die Berichte seiner Quelle falsch zitiert und aufgeblasen«, heißt es in dem gut vierhundertseitigen Untersuchungsbericht des Justizministeriums, den der Inspector General Michael E. Horowitz, ein Mann der einstigen Obama-Regierung, im Dezember 2019 präsentierte. Über Monate hatte Horowitz die Arbeit der sogenannten »Crossfire Hurricane«-Ermittlungen prüfen lassen – unter diesem Codenamen war seinerseits das FBI den Behauptungen des Steele-Dossiers nachgegangen. Im Bericht des Justizministeriums heißt es: »Die Quelle (Igor Danchenko) machte Steele klar, dass er außer der Behauptung des Informanten keine weiteren Belege habe und das Ganze nur

Gerede sei … aus Unterhaltungen mit Freunden beim Bier stamme … und dass einige dieser Informationen, wie die Anspielungen auf Trumps sexuelle Aktivitäten, als Scherz gedacht seien.«[7]

»Jemand muss dafür ins Gefängnis«

Aufgrund der Aussage jener vermeintlichen Top-Quelle hatten die FBI-Beamten Überwachungsbeschlüsse bei dem dafür zuständigen »Foreign Intelligence Surveillance Court« beantragt, einem Gericht, das sich mit Spionage befasst und passenderweise im Geheimen tagt. Die Richter winkten die Anträge ohne Probleme durch. Die Vorstellung, dass einer wie der Immobilienhändler Donald Trump Präsident der USA werden könnte, war in der Arbeitsgruppe des FBI nicht populär. Auf die in einer E-Mail gestellte Frage einer Kollegin, einer ranghohen Juristin, ob Trump trotz der Vorwürfe womöglich doch noch ins Weiße Haus einziehen könne, antwortete der Leiter der FBI-Arbeitsgruppe, ebenfalls schriftlich: »Nein, wir werden das stoppen.«

Es war derselbe Beamte, der nach einem spektakulären Bericht der *New York Times* einige Monate später im Februar 2017 lapidar in einer Aktennotiz festhielt: »Wir haben keinerlei Kenntnis darüber, dass Trumps Wahlkampfteam mit dem russischen Geheimdienst Gespräche führt.« Die *New York Times* hatte behauptet, Trumps Wahlkampfteam habe Kontakte mit dem russischen Geheimdienst aufgenommen, und sich dabei auf Abhörprotokolle einschlägiger Geheimdienstquellen berufen.[8]

Aufgrund des Steele-Dossiers hatte das FBI im Jahr 2016 bis Anfang 2017 Carter Page überwacht, der Donald Trump in außenpolitischen Fragen beriet. Der einstige Marineoffizier und spätere Wirtschaftsberater sei ein »feindlicher Agent« und arbeite mit der russischen Regierung zusammen, um verbotenerweise Einfluss auf die amerikanische Präsidentenwahl zu nehmen, so die FBI-Ermittler. Und nicht nur Page allein. Auch andere Wahlkampfhelfer hätten sich »möglicherweise« der Verschwörung angeschlossen. Die Operation habe »der russische Präsident persönlich« angeordnet und werde ausschließlich von seinem Pressechef Dmitri Peskow operational geführt. Dreh- und Angelpunkt auf der amerikanischen Seite sei Trumps Berater Carter Page. Die Quelle, versichert das FBI in dem Antrag auf Überwachung, sei absolut zuverlässig. Die Quelle war – wir erinnern uns – Igor Danchenko, der freimütig bekannte, weder Beziehungen zum Kreml noch zum russischen Geheimdienst zu haben.

Das FBI selbst konnte während der neunzig Tage persönlicher und elektronischer Überwachung von Carter Page weder in seinen E-Mails noch in den abgehörten Telefonaten oder bei der Beschattung im In- und Ausland verdächtige russische Subversion feststellen.[9]

Mitte Juli 2020 schrieb das *Wall Street Journal* über den »Dossier-Betrug« des FBI: »Die Veröffentlichung von Dokumenten durch das Justizministerium aus der Trump-Russland-Untersuchung der Obama-Regierung 2016/17 beginnt, Konturen anzunehmen, und je mehr wir erfahren, desto schlechter sieht das FBI aus.« Das FBI habe den Geheimdienstausschuss des Senats über das Steele-Dossier in die Irre geführt. »Jemand muss dafür ins Gefängnis«, zitiert das Blatt einen Monat später den republikanischen Senator von South Carolina, Lindsey Graham.[10]

»Viele Beschuldigungen, die sich auf das Steele-Dossier

über die Präsidentenwahl bezogen, auf die sich der Überwachungsantrag von Carter Page begründete – auch die über Trump und sein Wahlkampf-Team –, konnten nicht bewiesen werden«, schrieb selbst die *Washington Post*. Allerdings erst im Nachhinein, nachdem das Blatt zusammen mit der *New York Times* für die permanente Verdachtsberichterstattung über Trump und Putin 2018 mit dem Pulitzer-Preis ausgezeichnet worden war.[11]

Das Steele-Dossier befeuerte die Phantasie der Medien während der gesamten Amtszeit Donald Trumps nicht nur in den USA. Auch der *Spiegel*, die *FAZ* oder die *Süddeutsche Zeitung* beschrieben die angebliche Affäre um Trump und Putin so, als wären die Blätter die deutschsprachige Beilage der *New York Times* oder der *Washington Post*. Die vergiftete Atmosphäre machte eine halbwegs normale Beziehung während der Trump-Ära zwischen den USA und Russland von Anfang an unmöglich. Das Klima der Verdächtigungen dominierte Politik und Presse gleichermaßen. »Die Verzerrung der Realität im Bericht ist der wahrheitsgetreue Bericht über die Realität«, schrieb der Medienkritiker Karl Kraus schon vor über hundert Jahren.

18 Opfer oder Patriot?

Trumps und Putins erstes Treffen

Helsinki, Juli 2018. Das erste bilaterale Treffen des amerikanischen und russischen Präsidenten findet auf neutralem Boden statt. Die finnische Hauptstadt war in ihrer Geschichte schon mehrmals Schauplatz von Begegnungen der beiden Weltmächte. 1975 trafen sich hier Gerald Ford und Leonid Breschnew, 1990 George Bush und Michail Gorbatschow und sieben Jahre später Bill Clinton und Boris Jelzin. Schon im Vorfeld ist klar, was Amerikas Medien von dem amerikanischen Präsidenten erwarten. Der Fernsehsender CNN bringt es auf den Punkt: »Trump, sei Patriot, kein Opfer!«[1] Nachdem die US-Geheimdienste Putins Machenschaften offengelegt haben, sei es jetzt Zeit zum Handeln.

»Das anstehende Treffen mit Präsident Wladimir Putin in Helsinki ist eine Gelegenheit für Amerika, mit entschiedenen, klaren Worten auf Russlands Angriff auf unsere Demokratie zu reagieren. Bis jetzt hat Trump sich damit begnügt, Putins Beteuerungen zu akzeptieren, es habe keinerlei Einflussnahme auf die Wahlen gegeben.« Für diesen Kommentar hat der Sender passenderweise eine frühere FBI-Agentin engagiert, die in der Gegenspionage arbeitete, bevor sie an der Yale-Universität Dozentin wurde.

Nach einem gut zweistündigen Gespräch unter vier Augen, nur von ihren Dolmetschern begleitet, treten Donald Trump und Wladimir Putin im Kuppelsaal des Präsidentenpalais ihres finnischen Kollegen im Stadtzentrum Helsinkis vor die laufenden Fernsehkameras. Die Stimmung ist angespannt, geradezu aggressiv.

»Warum sollten die Amerikaner Wladimir Putin glauben, dass Russland sich nicht in die Wahl von Donald Trump 2016 eingemischt hat«, fragt Reuters-Korrespondent Jeff Mason den russischen Präsidenten unumwunden. »Die amerikanischen Geheimdienste haben ja Beweise vorgelegt.«

Wladimir Putin widerspricht. Die Frage, wem man glauben soll oder nicht, sei in der Tat schwierig. »Sie können eigentlich niemandem glauben«, so Putin, und er kontert mit einer Gegenfrage: »Aber wie kommen Sie auf die Idee, dass Präsident Trump mir vertraut und ich ihm?« Trump vertrete nun mal amerikanische Interessen und er russische. Daraus ergebe sich manchmal eine Schnittmenge gemeinsamer Interessen beider Staaten und manchmal auch nicht. Die Frage sei, wie man sich in diesen Fällen einigen könne. Und direkt an den Journalisten gerichtet, schließt er: »Könnten Sie einen einzigen Beweis liefern für geheime Absprachen? Das ist kompletter Unsinn.«[2]

Dass Donald Trump sich in der Pressekonferenz nicht auf die Seite der US-Geheimdienste schlägt, ist in den Augen seiner politischen Gegner Landesverrat. »Ich habe großes Vertrauen in meine Geheimdienstleute«, ergänzt Trump mit einem Seitenhieb auf die eigene Mannschaft. »Aber ich werde Ihnen sagen, dass Präsident Putin in seinem Dementi heute extrem stark und kraftvoll war.« Die Stimmung wird auch nicht besser, als der US-Präsident erklärt, die USA seien von allen guten Geistern verlassen, weil Washington nicht schon vor seiner Zeit im Amt den Dialog mit Russland gesucht habe.[3]

Auf die nächste Frage eines US-Reporters, ob Wladimir Putin auf einen Sieg Trumps bei der US-Wahl gesetzt habe, antwortet dieser ohne zu zögern: Ja, er habe auf Trump gesetzt, und sagt auch warum. Trump habe angekündigt, »die Beziehungen zwischen den Vereinigten Staaten und Russland wieder zu normalisieren«. Anders als Hillary Clinton, die seit Jahren als Außenministerin unter Barack Obama auf Konfrontationskurs zu Russland gegangen war.

Für die Demokraten, wie etwa die Oppositionsführerin im Repräsentantenhaus, Nancy Pelosi, steht nach dem Gipfel in Helsinki fest: »Präsident Trumps Schwäche vor Putin war beschämend und beweist, dass die Russen etwas über den Präsidenten in der Hand haben müssen, persönlich, finanziell oder politisch. Das ist ein trauriger Tag für Amerika und für alle westlichen Demokratien, die Putin weiterhin ins Visier nimmt.«[4]

Auch die meisten Journalisten teilen die Vorstellung. »Er hat sich für Putin entschieden, und darin liegt der Skandal«, schreibt der *Spiegel*. Das Blatt unterstellt gleichfalls, dass der russische Präsident doch irgendwas gegen den amerikanischen Kollegen in der Hand haben muss. »Die Frage ist: Wozu konnte ihn Putin hinter verschlossenen Türen noch überzeugen?«[5]

John Brennan, der frühere CIA-Chef unter Barack Obama, konstatierte unmittelbar nach dem Treffen in der finnischen Hauptstadt: Trump habe »Landesverrat« begangen, und Putin habe Trump »in die Tasche gesteckt«.[6]

Auch die eigenen Leute im US-Sicherheitsapparat, wie Dan Coats, Direktor der Nachrichtendienste (DNI), der höchsten Aufsichtsbehörde der Geheimdienste, kommentierte Trumps Begegnung in Helsinki noch am selben Tag. »Unsere Einschätzung ist klar«, so Coats, »in Bezug auf die Einmischung Russlands in die Wahlen von 2016 und die anhaltenden Versuche, unsere Demokratie zu unterminieren, und wir werden weiterhin eindeutige und objektive Informationen liefern, um die nationale Sicherheit aufrechtzuerhalten.«[7]

Für den einstigen Watergate-Enthüller Bob Woodward ist das eine mehr als problematische Behauptung. Nicht nur, weil Dan Coats das politische Treffen seines obersten Chefs öffentlich konterkariert. Als Direktor der DNI hatte Coats schließlich »Zugang zu den geheimsten Informationen der Überwachung und den geheimen menschlichen Quellen der Geheimdienste in Russland«, schreibt der Journalist in seinem Buch *Wut*: »Er (Coats) vermutete das Schlimmste, aber er fand nichts, das belegen konnte, Putin habe Trump in der Hand. Es gab keinen Beweis. Punkt.«[8]

Auf dem Heimflug von Helsinki nach Moskau sind sich der russische Präsident und Außenminister Sergej Lawrow an diesem Abend darüber im Klaren, dass es während der Ära Trump zu keinem Wandel der frostigen Beziehungen zwischen den beiden Ländern kommen wird, es allenfalls nur um eine weitere Schadensbegrenzung während der restlichen Amtszeit gehen kann. Die Einschätzung beruht auf Gegenseitigkeit. Bob Woodward zitiert in seinem Buch, das kurz vor der Präsidentschaftswahl im November 2020 erschien, aus einem seiner Interviews mit Donald Trump. Man hätte das Verhältnis zu Russland durchaus verbessern können, so habe Trump gesagt, wenn nicht die falschen Behauptungen über die Einmischung in den amerikanischen Wahlkampf gewesen wären. »Putin weiß das auch«, so Trump zu dem Journalisten. Er habe ihm dies während eines ihrer Treffen gesagt.

Der innenpolitische Kampf zwischen Demokraten und Republikanern hat dazu geführt, dass vier Jahre lang die Kontakte mit Russland ausschließlich unter dem Aspekt eines möglichen Landesverrats betrachtet wurden. »Wir haben zwar trotz alledem das eine oder andere mit den USA hinbekommen«, resümiert Wladimir Putin kurz vor dem Ablauf der Amtszeit Trumps bei einem Treffen im Oktober 2020. Insgesamt habe sich das Verhältnis aber weiter verschlechtert. Washington habe in der Ära Trump »sechsundvierzigmal bestehende Sanktionen verlängert oder neue verhängt«, zählt der russische Präsident auf.[9]

Der Mueller-Report oder die Pflege der politischen Landschaft

Daran änderte auch der Mueller-Report nichts mehr, der im Frühjahr 2019 erschien. Jener Bericht des unabhängigen Sonderermittlers, den die Regierung Trump aufgrund des öffentlichen Drucks im März 2017 einsetzte und den die Demokraten und Trump-Gegner mit messianischer Sehnsucht erwarteten. Der Bericht wird der hochgeputschten Erregung über den angeblichen Coup von Putin einen empfindlichen Dämpfer versetzen.

Die Aufgabe des Ermittlers, der mit weitreichenden Vollmachten ausgestattet war, steht in seiner Ernennungsurkunde: Robert Mueller, von Hause aus Jurist und ein ehemaliger Direktor des FBI, soll herausfinden, ob sich Donald Trump und seine Mitarbeiter mit Russland abgesprochen und zusammengearbeitet haben, damit der Republikaner die Wahl gewinnt. Des Weiteren soll der Sonderermittler prüfen, ob der neue Präsident sich der Justizbehinderung schuldig gemacht hat, weil er möglicherweise nach Amtsantritt alle Hebel in Gang gesetzt hat, um die Untersuchungen zu sabotieren.[10]

Robert Mueller untersuchte von März 2017 bis März 2019 zusammen mit neunzehn Juristen und rund vierzig FBI-Beamten, Geheimdienstanalysten, Wirtschaftsprüfern und anderen Experten die Vorwürfe der Geheimdienste und des Steele-Dossiers. Sein Team führte knapp fünfhundert Durchsuchungsbeschlüsse aus, befragte ebenso viele Zeugen und bat dreizehnmal ausländische Regierungen um Informationen. Der über vierhundert Seiten starke Report, den Mueller schließlich abliefert, ist ein Sittengemälde von geradezu epischen Dimensionen. Man erfährt von Lügen, Bluffs, dubiosen Verbindungen und kriminellen Machenschaften. Doch wie steht es mit der zentralen Frage, um die sich doch alles dreht? Haben sich Trump oder seine Berater im Vorfeld der Präsidentschaftswahl mit Moskau abgesprochen, um gegen Hillary Clinton zu gewinnen? Das Fazit des Mueller-Reports ist eindeutig. Der US-Präsident und seine Wahlhelfer haben sich nicht mit den Russen abgesprochen:

»Obwohl die Untersuchung den Nachweis erbrachte, dass die russische Regierung eine Trump-Präsidentschaft als förderlich für ihre Zwecke ansah und an diesem Resultat arbeitete und dass Trumps Team erwartete, von gestohlenen Informationen zu profitieren, konnten wir nicht schlussendlich feststellen, dass Teile von Trumps Wahlkampfteam sich mit der russischen Regierung verschworen oder abgesprochen haben, um den Verlauf der Wahl zu beeinflussen.«[11]

Die Auskunft des Sonderermittlers, ob Trump versucht habe, die Untersuchung zu behindern, entspricht gleichfalls nicht den Erwartungen seiner politischen Gegner. Trump hat das getan, was die meisten Politiker tun, wenn sie angeklagt werden. Der US-Präsident hat alle möglichen juristischen Tricks angewendet, sich nur schriftlich befragen lassen und litt, wie die meisten Politiker in solchen Situationen, unter rapidem Gedächtnisverlust: »Wir vermerken, dass der Präsident bei mehr als dreißig Gelegenheiten sich ›nicht erinnern‹ oder ›entsinnen‹ kann oder ›keine Erinnerung‹ hat. Andere Antworten waren ›unvollständig oder unpräzise‹«, so das Resümee des Sonderermittlers.[12]

Trumps Umgebung habe mögliche justiziable Verfehlungen verhindert, stellt Mueller trocken fest: »Die Bemühungen des Präsidenten, die Ermittlungen zu beeinflussen, verliefen zumeist ohne Erfolg, was jedoch größtenteils darauf zurückzuführen ist, dass die Personen, die den Präsidenten umgaben, die Anweisungen ablehnten oder seinen Bitten nicht zustimmten.«

Im Juli 2020 machte Mark Warby, Richter am Obersten Gerichtshof in London, eine weitere im Steele-Dossier zur Sensation aufgeblasene Behauptung zunichte. Er sprach Michail Fridman und Pjotr Awen, den Besitzern der Alfa-Bank in Moskau, eine finanzielle Entschädigung wegen Verleumdung zu. Die Behauptung des britischen Ex-Agenten in seinem phantasievollen Dossier, die beiden Geschäftsleute hätten den russischen Präsidenten Anfang der neunziger Jahre geschmiert und könnten deswegen in der russischen Außenpolitik mitmischen, sei nicht weniger als Rufmord, da »keine Beweise von Zeugen oder Dokumenten vorgelegt werden konnten, die in der Lage sind, die Wahrheit dieser Aussagen zu belegen«.[13]

Auch Sonderermittler Mueller hatte Pjotr Awen wegen des Steele-Dossiers vernommen, und auch er hatte keine Bestätigung für die dort geäußerten Verdächtigungen finden können. Der Bankmanager, der sich zusammen mit anderen russischen Industriemagnaten regelmäßig mit dem Präsidenten im Kreml trifft, um über die wirtschaftliche Lage des Landes zu sprechen, hatte zu Protokoll gegeben, dass bei einem dieser Treffen kurz nach dem Wahlsieg von Donald Trump über die Folgen für Russland gesprochen wurde. Dabei hatte Putin den Managern erklärt, dass die Regierung so gut wie keine Kontakte zum Trump-Lager habe und sich derzeit auch schwer tue, mit der künftigen Trump-Administration ins Gespräch zu kommen. Awen, der international gut vernetzt ist, bot Putin an, sich um mögliche Kontakte zu kümmern. Der Präsident reagierte skeptisch. Die politische Atmosphäre sei, so seine Meinung, für eine Annäherung viel zu toxisch. Awens Versuche, über Geschäftspartner Kontakte zu knüpfen, scheitern dann auch.

Es war nicht das einzige Problem, auf das Putin an diesem Abend bei dem Treffen der Industrievertreter hinwies: »Putin sprach von der Möglichkeit weiterer Sanktionen seitens der USA gegen russische Interessen«, so der Mueller-Report. Putins Befürchtung war nicht unberechtigt. Donald Trump verhängte nach seinem Amtsantritt 2017 mehr Sanktionen gegen Russland als jeder seiner Vorgänger.[14]

Kritik und Selbstkritik

»All die Hoffnung auf Belastungsmaterial für ein Verfahren gegen Trump war überzogen. Nie waren im Zuge der

Ermittlungen Beweise aufgetaucht, die den Präsidenten unmittelbar in Verbindung brachten mit den russischen Wahlkampf-Manipulationen. Nie konnte der geschasste FBI-Chef James Comey eindeutig belegen, dass Trump ihn in seiner Arbeit behindert hatte«, schreibt Stefan Kornelius, der außenpolitische Chef der *Süddeutschen Zeitung*, in seinem Kommentar mit deutlichem Bedauern. »Diese Präsidentschaft, die auf Lügen ruht, mit dubiosem Geld konstruiert wurde und von moralisch verwerflichen Typen getragen wird, diese Präsidentschaft schmückt sich nun mit der Unbestechlichkeit eines Robert Mueller.«[15]

In einem seltenen Anflug von Selbstkritik bekennt Christoph Scheuermann, Co-Autor des *Spiegel*-Artikels, der das Steele-Dossier so reißerisch in Szene gesetzt hatte, nach der Veröffentlichung des Mueller-Reports, dass »grobe Fehler« begangen worden seien »von uns Journalisten ... Ich dachte an die unzähligen Artikel, die in den vergangenen Jahren über Trumps Verhältnis zu Moskau erschienen sind, in der *New York Times*, der *Washington Post*, bei *BuzzFeed News* und vielen anderen Nachrichtenseiten und Zeitungen, einige auch im *Spiegel*«, räumte der Autor ein.

Er benennt auch den Grund, wie es dazu kommen konnte. »Das Problem war, dass der Russlandskandal bei Trumps Feinden und Kritikern, auch in Europa, auch in Deutschland, eine Erlösungsphantasie nährte, die nichts mit der Realität zu tun hat. Der Mann würde nicht lange Präsident bleiben – diese Vorhersage zog sich durch Diskussionen, noch bevor Trump den Amtseid abgelegt hatte. Es dürfe nicht sein, was nicht sein kann, es müsse ein Mittel gegen den Brandstifter geben. Die Russlandaffäre war nicht mehr nur ein Skandal von vielen, sie wurde zur vermeintlichen Wunderwaffe.«[16]

Seit Januar 2020 hat sich der *Spiegel* offiziell neue »Standards« verordnet: »Ein *Spiegel*-Text muss eine Idee und eine These haben, aber er darf keinen Spin haben, dem die Argumentation untergeordnet wird. Wir müssen Einwände zulassen, dürfen Störendes nicht weglassen, müssen gegenläufige Argumentationen anführen.« Weil *Spiegel*-Redakteure »höchsten journalistischen Standards verpflichtet« sind und weil »Differenzierung« Texte »interessanter und glaubwürdiger« macht.

Es wird ein langer Weg werden für die Redakteure, die eingeschliffenen Feindbilder zu überprüfen und abzubauen. Vor allem, was Russland angeht.[17] *Der Spiegel* sei das »Sturmgeschütz der Demokratie«, schrieb einst der Herausgeber und Gründer des Blatts Rudolf Augstein voller Selbstironie, aber eines mit »sehr engen Sehschlitzen«.

19 Merkels Endspiel

Die offiziellen Termine in Angela Merkels Kalender an diesem schwülen Augusttag 2020 sind übersichtlich. Um die Mittagszeit wird sie im Kanzleramt die Klimaaktivistinnen der »Fridays for Future«-Bewegung Greta Thunberg und ihre deutsche Mitstreiterin Luisa Neubauer empfangen. Neunzig Minuten lang werden die Frauen über den Klimawandel und die Folgen diskutieren. Danach wird die Kanzlerin voller Verständnis für das Engagement der jungen Aktivistinnen mitteilen lassen, beide Seiten seien sich einig, »dass die Erderwärmung eine globale Herausforderung« sei.

Wenige Stunden später fliegt Merkel an die Côte d'Azur. Emmanuel Macron hat die Kanzlerin eingeladen, um internationale Themen zu besprechen. Fort de Brégançon, die offizielle Sommerresidenz des französischen Präsidenten, ist die perfekte Szenerie für politische Postkarten, die Emmanuel Macron von dort aus seit seinem Amtsantritt Sommer für Sommer in die Welt schickt. Die wenigen Staatschefs, die vom Präsidentengarten aus zwischen Zypressen, Pinien und Bougainvilleen den Blick auf das Mittelmeer genießen konnten, kann man an einer Hand abzählen. Ein Jahr zuvor hatte Macron den russischen Präsidenten Wladimir Putin eingeladen, um ihm seine Bereitschaft zu demonstrieren, Russland wieder stärker für Europa zu gewinnen. Helmut Kohl war 1985 der letzte deutsche Regierungschef, der hier einen französischen Präsidenten zum Tête-à-Tête traf.

Jetzt ist die deutsche Bundeskanzlerin an der Reihe, und die malerische Aussicht steht in heftigem Kontrast zu den schwierigen Themen, die anstehen. Deutschland und Frankreich wollen im Gas-Streit zwischen Griechenland und der Türkei schlichten. Beide Nato-Partner erheben Ansprüche auf die riesigen Öl- und Gasvorkommen, die im östlichen Mittelmeer lagern. Das geopolitische Monopoly ist kompliziert. Das levantinische Becken mit den Bodenschätzen grenzt im Norden an die türkische Küste und im Westen an Kreta. Im Süden liegen Libyen und Ägypten, und im Osten teilen sich Syrien, der Libanon, Israel und der Gazastreifen das Meeresufer. In der Mitte des Beckens liegt Zypern.

Die Spannungen sind enorm. Es geht um Billiarden von Kubikmetern Gas, eine Zahl mit fünfzehn Nullen. Griechenland kooperiert mit Israel, Ägypten und Frankreich, und seither bohren französische oder italienische Firmen wie Total oder Eni vor der zyprischen Küste nach dem wertvollen Rohstoff.

Auch die Türkei hat Bohrschiffe in die Gegend geschickt. Doch die EU hat Erdoğan aufgefordert, Bohrungen in den umstrittenen Gewässern zu stoppen. Als Antwort schloss die Türkei mit Libyen 2019 ein Abkommen, das die Seegrenzen und damit die Wirtschaftszonen der Türkei im östlichen Mittelmeer erheblich veränderte. Weil Libyen und die Türkei geographisch keine Nachbarn sind, erfanden die beiden Regierungschefs einen imaginären Seekorridor, der die beiden Länder verbinden soll.

Die neue geographische Schöpfung vergrößerte über Nacht die maritimen Gebietsansprüche Ankaras. Der Festlandsockel der griechischen Inseln dagegen schrumpfte, und damit auch der Rechtsanspruch Griechenlands, an das begehrte Gas zu kommen. Nach Ansicht der Türkei finden die Bohrungen nun auf dem türkischen Kontinentalschelf statt. Ankara und Tripolis einigten sich im gleichen Zuge auf eine militärische Zusammenarbeit. Für die provisorische Regierung Libyens unter Ministerpräsident Fajis al-Sarradsch, dessen Spielraum sich auf das Gebiet um die Hauptstadt Tripolis beschränkt, ist es eine politische Überlebensgarantie.

Die türkische Machtdemonstration ist in vollem Gange. Kriegsschiffe kreuzen im östlichen Mittelmeer, türkische Frachter bringen Waffen in das vom Bürgerkrieg zerrissene Land, obwohl der UN-Sicherheitsrat ein Waffenembargo verhängt hat. Der Gegner der libyschen Einheitsregierung steht währenddessen mit seinen Truppen im Osten des Landes und heißt General Chalifa Haftar. Er erhält Militärhilfe von Ägypten, Russland, den Vereinigten Arabischen Emiraten und politische Unterstützung von Frankreich, Italien und Griechenland. Deutschland wiederum setzt offiziell auf Ministerpräsident Sarradsch, den die UN als Vertreter des Landes anerkannt hat, und versucht zu vermitteln. Im August 2020 waren bereits zwei Kriegsschiffe Griechenlands und der Türkei in der Region kollidiert.

Im Streit um die Erdgasfelder im östlichen Mittelmeer gilt Macron in der EU als härtester Kritiker des türkischen Präsidenten Recep Tayyip Erdoğan. Frankreich hat wegen des Konflikts seine Militärpräsenz erhöht, Deutschland setzt auf Diplomatie.[1]

Die Spannungen im Mittelmeer sind nicht das einzige

Problem, das Angela Merkel an diesem 20. August 2020 an der Côte d'Azur besprechen wird. Bei der Präsidentschaftswahl in Belarus vor etwas mehr als einer Woche ist Amtsinhaber Alexander Lukaschenko nach offiziellen Angaben mit angeblich 80 Prozent der Stimmen wiedergewählt worden. Der Staatschef ist seit 1994 im Amt. Die Opposition spricht von massivem Wahlbetrug. Auch in der EU bestehen Zweifel an dem Ergebnis. In der Hauptstadt Minsk gehen Demonstranten seither gegen den amtierenden Staatschef Woche für Woche auf die Straße.

Angela Merkel ist seit einigen Wochen amtierende EU-Ratspräsidentin, und sie steht unter Druck. Polens Regierung will zusammen mit den baltischen Staaten gegen die Regierung in Minsk vorgehen und unterstützt die Opposition. Das Land fordert lautstark Sanktionen der EU. Litauen hat der Präsidentschaftskandidatin der Opposition, Swetlana Tichanowskaja, Asyl gewährt und sie demonstrativ als gewähltes Staatsoberhaupt anerkannt. Lettland, Litauen und Polen grenzen als Frontstaaten der Nato an Belarus und damit direkt an den Gegner, da Russland und Belarus militärische Verbündete sind. Zum anderen haben die einstigen Sowjetrepubliken aus alten Zeiten noch Rechnungen mit Russland offen.[2]

Zwei Tage zuvor hat Angela Merkel mit Wladimir Putin telefoniert und über die Lage gesprochen. Russlands Einfluss in Belarus ist groß, auch wenn das Verhältnis zwischen Lukaschenko und Putin seit langem angespannt ist. Der weißrussische Präsident hat in den vergangenen Jahren regelmäßig mit der EU politisch geflirtet, um seinen Preis in die Höhe zu treiben.

Das Telefonat dauert länger als geplant. Beide haben noch sehr genau vor Augen, was 2014 in der Ukraine passiert ist, auch wenn die öffentlichen Verlautbarungen nach dem Gespräch routiniert wiederholen, was Politiker in solchen Situationen regelmäßig verkünden. Merkel habe bei dem Telefonat Putin aufgefordert, Staatschef Alexander Lukaschenko zu einem »nationalen Dialog mit Opposition und Gesellschaft« zu drängen, erklärt Regierungssprecher Steffen Seibert. Die Regierung von Belarus müsse auf Gewalt gegen friedliche Demonstranten verzichten und politische Gefangene unverzüglich freilassen.

Die Version, die der Kreml veröffentlicht, klingt auch nicht neu. Die Lage könne weiter eskalieren, wenn es Versuche gebe, sich »von außen in innere Angelegenheiten der Republik einzumischen«.

Trotz der dürren Standardformulierungen sind sich beide Politiker – bei allen Unterschieden – an diesem Tag in einem Punkt einig: Eine Situation wie in der Ukraine 2014 soll sich nicht wiederholen. Auch Emmanuel Macron wird am selben Tag mit Putin telefonieren.[3]

Der russische Patient

Doch an diesem 20. August an der Côte d'Azur beschäftigt Angela Merkel darüber hinaus ein Thema, das seit den frühen Morgenstunden durch die Medien geistert. »Putins Erzfeind liegt im Koma – Schreckensnachricht für alle russischen Putin-Kritiker – Freude im Kreml?« titelte die *Bild* auf ihrer Website schon kurz nach sieben Uhr. Die Meldung: Der russischen Oppositionelle Alexej Nawalny sei mit Vergiftungserscheinungen in ein Krankenhaus der sibirischen Stadt Omsk eingeliefert worden. Nach Wahlkampfauftritten für die Kommunalwahlen in der Region sei ihm, Nawalny, auf dem Rückflug nach Moskau aus der Stadt Tomsk so schlecht geworden, dass das Flugzeug in Omsk außerplanmäßig zwischenlanden musste. Sein Zustand sei besorgniserregend, er liege auf der Intensivstation im Koma. »Er befindet sich in einem ernsten, aber stabilen Zustand«, bestätigte ein behandelnder Arzt vor Journalisten. Zur Diagnose nannte er keine Details.

Die Botschaft, die Nawalnys Team in den nächsten Stunden weltweit über das Netz verbreitet, kennt nur einen Schuldigen: Wladimir Putin. Nawalnys Sprecherin Kira Jarmysch ist überzeugt, dass der Oppositionspolitiker »absichtlich vergiftet wurde«, wie sie gegenüber dem russischen Hörfunksender Echo Moskwy äußert. Der Grund: Nawalny wirft der russischen Elite seit Jahren Korruption, Machtmissbrauch und Doppelzüngigkeit vor.

Angela Merkel sieht zunächst von einer Stellungnahme ab, auch wenn sich Berlin hinter den Kulissen bereits eifrig um den russischen Patienten bemüht. Vertreter von Kanzleramt und Auswärtigem Amt kümmern sich um die nötigen Formalitäten, um einen Rettungsflug aus Sibirien nach Berlin zu organisieren.

»Die Bundeskanzlerin und ich haben mit Präsident Putin über die Situation in Belarus gesprochen«, erklärt ein aufgeräumter französischer Präsident. »Wir haben einen offenen und ehrlichen Dialog geführt, weil wir der festen Überzeugung sind, dass über Stabilität und über die Möglichkeit der Beziehungen zwischen Russland und der EU auch bei diesem Thema entschieden wird. Wir möchten nicht, dass sich wiederholt, was in den vergangenen Jahren in der Ukraine passiert ist.« Der russische Präsident habe im Übrigen ihre Vorschläge zu Belarus begrüßt, im Gegensatz zu Lukaschenko, ergänzt Macron.

Dann ergreift die Kanzlerin das Wort. Was den Fall Nawalny betrifft, so sei man »sehr bestürzt« gewesen über die Nachricht. Man werde »ihm natürlich auch in deutschen Krankenhäusern alle gesundheitliche Hilfe zuteilwerden lassen«, und sie fügte hinzu: »Das muss aber natürlich von dort her gewünscht werden.«

Angela Merkel hat zu diesem Zeitpunkt längst beschlossen, dass sie den Fall Nawalny politisch für sich nutzen wird. Daran lässt sie mit dieser für sie so typischen Ansage auf der Pressekonferenz keinen Zweifel aufkommen. »Es ist jetzt ganz, ganz wichtig, dass dringend aufgeklärt wird, wie es zu dieser Situation kommen konnte. Darauf werden wir bestehen. Denn das, was man bis jetzt hört, sind sehr ungünstige Umstände. Das muss sehr, sehr transparent gemacht werden.«[4]

Noch in dieser Nacht wird sich ein Flugzeug von Deutschland aus auf den Weg machen, um den Kreml-Kritiker von Omsk nach Berlin zu holen. Offiziell hat eine Berliner Stiftung den Flug organisiert. Bezahlt wird er von einem russischen Oligarchen, einem Gegner des russischen Präsidenten, der in London wohnt. Das Flugzeug aus Deutschland mit einem Rettungsteam an Bord habe um 3 Uhr 11 in Nürnberg abgehoben, berichtet die *Bild*. »Der Flieger ist in der Luft, wir haben seit 0 Uhr 35 alle notwendigen russischen Papiere und hoffen, dass Alexej morgen früh transportfähig ist, sodass wir ihn direkt nach Berlin fliegen können«, sagte der Gründer der Initiative »Cinema for Peace«, Jaka Bizilj, der die Rettungsaktion mitorganisierte.

Es ist diese Nacht vom 20. auf den 21. August 2020, in der die deutsch-russischen Beziehungen wieder auf das Niveau des Kalten Krieges abstürzen.[5]

Wenig später wird Nawalnys Ehefrau Julia öffentlich

über einen tausendfach verbreiteten Tweet an Wladimir Putin die Freigabe des Transports fordern. »Zum gegenwärtigen Zeitpunkt befindet sich mein Ehemann Alexej Anatoljewitsch Nawalny im Städtischen Krankenhaus. Sein Zustand ist ernst«, schreibt Julia Nawalnaja, unterkühlt ohne Anrede. »Ich wende mich offiziell an Sie mit der Forderung, den Transport von Alexej Anatoljewitsch Nawalny in die Bundesrepublik Deutschland zu genehmigen.«[6]

Auch die deutsche Kanzlerin spielt über Bande. Merkel telefoniert parallel mit dem finnischen Präsidenten Sauli Niinistö und spricht mit ihm über den Fall Nawalny und die Verlegung des Oppositionsführers nach Deutschland. Merkel und er hätten besprochen, sagt Niinistö dem finnischen Fernsehsender Yle, dass er das Thema in einem Telefonat mit dem russischen Präsidenten Wladimir Putin vorbringen werde. Und das tat der finnische Staatschef dann wenig später auch: »Ich habe gefragt, ob er (Nawalny) nicht nach Deutschland verlegt werden könnte.« Putin habe ihm von sich aus erzählt, dass es keine Bedenken gegen den Transfer gebe. Eine halbe Stunde nach dem Telefonat erfolgt die Genehmigung für den Flug. Man wünsche dem Mann, »wie jedem Bürger«, in dieser Situation alles Gute.

Dass die Rettungsmaschine am Samstag den 22. August mit dem im Koma liegenden Nawalny an Bord auf dem militärischen Teil des Flughafens Tegel landen würde, wird bis zur letzten Minute geheim gehalten. Der Kreml-Kritiker wird wie ein Staatsgast behandelt. Mit der Verlegung des russischen Patienten nach Deutschland in das Berliner Krankenhaus Charité hat Angela Merkel eine neue Front gegen Putin eröffnet. Der Konflikt eskaliert.

Alexej Nawalny steht in Berlin unter dem Schutz des Bundeskriminalamts (BKA), teilt ein Regierungssprecher am selben Tag der Nachrichtenagentur DPA mit. Das BKA ist laut Gesetz für den Personenschutz von Mitgliedern der Bundesregierung, aber auch von ausländischen Gästen bei Staatsbesuchen zuständig. Die Bundesregierung sendet damit ein weiteres deutliches Signal. Die Vergiftung eines russischen Oppositionellen ist nun nicht mehr nur ein Kriminalfall mit politischem Hintergrund in Moskau. Die Angelegenheit wird nun zur strategischen Waffe deutscher Russland-Politik.[7]

Die Kanzlerin lässt sich, so schreibt der *Spiegel*, »jeden Tag persönlich und detailliert über seinen Gesundheitszustand unterrichten«. Das Blatt kommt zu dem Schluss, »dass Deutschland sich den Fall ganz bewusst zu eigen gemacht hat«.

Lichtgestalt mit Schattenseiten

Der russische Patient löst eine Lawine von Vorverurteilungen aus wie zu den besten Zeiten der Ukraine-Krise. Die meisten deutschen Medien wiederholen die üblichen Verdächtigungen und verkaufen sie als verbürgte Wahrheiten, sie emotionalisieren, spitzen zu und fordern indirekt oder direkt die Bundesregierung dazu auf, gegen Russland vorzugehen. An der Spitze der Bewegung stehen *Bild* und der *Spiegel*. Nach wie vor ist keineswegs klar, wer Nawalny vergiftet hat, aber es kann schließlich nur ein Drahtzieher infrage kommen: der Kreml.

»Alexej Nawalny, der als größte, ja als einzige Hoffnung auf einen demokratischen Wandel in Russland gilt«, habe auch die Opposition in Belarus unterstützt, schreibt das Hamburger Nachrichtenmagazin im Leitartikel zur Titelgeschichte »Das Nawalny-Komplott«. Die Story kann zwar keine konkreten Belege präsentieren, führt aber trotzdem den russischen Präsidenten als Täter vor und beschreibt das vermeintliche Motiv: »Putin hat offenbar Angst. Im 21. Jahr seiner Herrschaft kann er sich seiner Macht nicht mehr sicher sein. Das Attentat in Tomsk dürfte viel mit dem zu tun haben, was im rund 4000 Kilometer entfernten Minsk geschieht.«

Was es ansonsten mit dem russischen Präsidenten auf sich hat, darüber lässt die Redaktion keinen Zweifel aufkommen. »Der Glaube, Putin könnte ein Partner sein, ist schon lange obsolet, er ist eine destruktive Kraft der Weltpolitik; der mutmaßliche Giftanschlag belegt das erneut.« Auch darüber, was nun zu geschehen hat, sind sich *Spiegel*, *Bild* und die meisten anderen deutschen Medien einig und adressieren die notwendigen Strafmaßnahmen an die Bundeskanzlerin. »Keine Macron-Alleingänge mehr, keine Projekte à la Nord Stream, dafür eine einheitliche Position zu den Sanktionen und den Konfliktherden Libyen, Syrien und Türkei.«[8]

Alexej Nawalny erreicht im Koma, was er bislang als aktiver Oppositionspolitiker nicht erreicht hat. »Der Kreml muss mit einem neuen Nawalny rechnen, geschützt von einer starken westlichen Öffentlichkeit«, verkündet die Moskauer Dependance der Carnegie-Stiftung, die als eine der größten amerikanischen Denkfabriken weltweit gilt.[9]

Der Hoffnungsträger der deutschen Presse ist schon lange im politischen Geschäft. 1976 in dem Dorf Butyn im Oblast Moskau geboren, studierte Nawalny Jura und spezialisierte sich anschließend auf Wertpapiere und Börsenhandel. Während andere Regimekritiker betonen, in Russland keine Plattform in den Medien zu bekommen, hat

Nawalny längst erfolgreich eigene Kommunikationskanäle organisiert. Seine Waffe heißt Internet. Er ist präsent auf Telegram, Instagram und Twitter. Auf YouTube können seine Anhänger auf dem Nawalny-Kanal jeden Tag die neuesten Neuigkeiten abrufen.[10] Der politische Aktivist hat sich ein eigenes Paralleluniversum geschaffen.

Seine politische Karriere begann Ende der neunziger Jahre in der traditionsreichen liberalen Jabloko-Partei, die ihn allerdings nach einiger Zeit ausschloss. Der Parteigründer und Wirtschaftswissenschaftler Grigori Jawlinski begründete den Rauswurf Nawalnys mit dessen nationalistischen Ansichten und seiner Zusammenarbeit mit dem »Russischen Marsch«, einer Bewegung ausgewiesener rechtsradikaler und fremdenfeindlicher Gruppen. Der andere Grund, der nicht nur dem Chef der Jabloko-Partei unangenehm auffiel, ist Nawalnys ausgeprägte Selbstbezogenheit, die an Selbstverliebtheit grenzt. Immerhin hat er inzwischen so viel dazugelernt, dass er seine nationalistische Gesinnung heute nicht mehr so oft thematisiert. Nach wie vor wird man als kritischer Beobachter den Verdacht nicht los, dass es ihm bei all seinem Tun vor allem um eins geht – um Alexej Nawalny.

Auch in den USA fiel der erklärte Putin-Gegner früh auf. 2010 bekam Nawalny ein Stipendium für das »Yale World Fellows«-Programm der gleichnamigen Elite-Universität, die jedes Jahr sechzehn vielversprechende aufstrebende Führungskräfte weltweit auswählt. Yale vermittelt den Hoffnungsträgern ideologische Standfestigkeit *made in USA* und organisatorische Techniken, wie sich politische Interessengruppen in sozialen Netzwerken am besten organisieren lassen.[11]

Seinen größten politischen Erfolg kann Nawalny drei

Jahre später verzeichnen, als er den zweiten Platz bei der Bürgermeisterwahl in Moskau erringt, mit rund 27 Prozent der Stimmen. Amtsinhaber Sergej Sobjanin siegt mit 51 Prozent. Russlandweit ist der Bekanntheitsgrad des Oppositionskandidaten über die Jahre zwar gestiegen, seine Beliebtheit pendelt allerdings im einstelligen Bereich.[12]

2018 plant der umtriebige Oppositionelle, bei der Präsidentschaftswahl gegen Wladimir Putin anzutreten, wird aber nicht zugelassen. Die Begründung für die Ablehnung steht in dem offiziellen Bescheid der Zentralen Wahlkommission der Russischen Föderation (ZIK). Es ist der Verweis auf Nawalnys Verurteilung wegen Wirtschaftsverbrechen. Laut russischem Gesetz kann jemand, der wegen einer schweren Straftat verurteilt ist, nicht für öffentliche Ämter kandidieren.

Gegen Nawalny laufen zahlreiche Ermittlungsverfahren. In zwei Fällen wurde er rechtskräftig zu Haftstrafen auf Bewährung verurteilt. Im ersten Fall urteilte der Europäische Gerichtshof für Menschenrechte 2016, dass der Prozess wegen angeblicher Unterschlagung beim staatlichen Holzbetrieb Kirowles im Gebiet Kirow willkürlich geführt worden sei. Das Verfahren wurde daraufhin vom Obersten Gericht Russlands neu aufgerollt. Im Februar 2017 wurde Nawalny erneut zu fünf Jahren Haft auf Bewährung verurteilt.[13]

Der streitbare Jurist machte sich in Russland weniger mit einem konkreten politischen Programm als mit dem populären Thema Korruption einen Namen. Er gründete die »Antikorruptionsstiftung« (FBK), deren Website zum zentralen Enthüllungsorgan für wirkliche und angebliche russische Schmiergeldaffären oder sonstige Verfehlungen von russischen Politikern und Milliardären wird.

Im März 2017 gelingt Nawalny ein politischer PR-Coup. Der Dokumentarfilm *Für euch ist er kein Dimon*, der im März 2017 auf YouTube veröffentlicht wurde, beleuchtet die dubiosen Geschäftsbeziehungen von Regierungschef Dmitri Medwedew.[14] Medwedew, so Nawalny, der in dem Film persönlich die Anklage führt, besitze ein milliardenschweres Imperium – Luxusimmobilien, Weingüter und Yachten – in Russland und in Italien im Wert von über 70 Milliarden Rubel, die er über ein Netz von Pseudo-Wohltätigkeitsstiftungen kontrollieren soll.

Der Film lebt von Vermutungen und geschickten Andeutungen. Doch: »Obwohl die von Nawalny zusammengetragenen Hinweise den Schluss nahelegen, dass der Regierungschef von den Annehmlichkeiten der Luxusgüter mindestens profitiert, fehlt in der Untersuchung ein zwingender Beweis, dass Medwedew der Besitzer des Imperiums ist«, so die *Neue Zürcher Zeitung*. »Möglicherweise ist er es nicht und verlässt sich stattdessen auf ein Netzwerk von Freunden, deren Anwesen er nutzen kann, als wären es seine eigenen.«[15]

Der Film wird schon bald nach Erscheinen mehr als 30 Millionen Mal aufgerufen. Das ohnehin nicht gerade positive Image des Ministerpräsidenten nimmt deutlich Schaden. Tausende Menschen demonstrieren noch im selben Monat in russischen Städten gegen Korruption im Allgemeinen und den russischen Ministerpräsidenten im Speziellen. Nawalny setzt gerne dann auf die Unterstützung der Straße, wenn die örtliche Stadtverwaltung die Protestaktion gerade nicht genehmigt hat.

Es ist ein über Jahre erprobtes Ritual. Nawalny erscheint mit seiner Mannschaft vor Ort, skandiert Parolen und wird festgenommen. Die Bilder verbreiten sich in Sekundenschnelle im Internet. Das Gericht verhängt darauf eine Geldstrafe oder gelegentlich einige Tage Haft wegen Aufruf zu einer illegalen Demonstration. Nawalny hat sein Ziel erreicht. Wie kein anderer russischer Politiker mobilisiert er auf diese Weise vor allem junge Menschen. Bei den Protesten gegen Medwedew folgten auffällig viele Schüler dem Aufruf. Es ist Nawalnys Stärke und Schwäche zugleich. Andere Bevölkerungsschichten sind für den Oppositionspolitiker bisher unerreichbar geblieben.

Viele stört es, dass Nawalny sich von dem russischen Oligarchensohn Boris Simin finanzieren lässt. Simin lebt im Ausland und ist in erster Linie Erbe. Er hat auch die 75 000 Dollar für den Charterflug Omsk–Berlin bezahlt, wie Nawalny im Interview mit dem russischen YouTuber Juri Dud einräumt. Vater Dmitry Simin, Jahrgang 1933, lebt in den USA und hat sein Geld einst mit der Gründung des größten russischen Mobilfunkunternehmens gemacht.[16]

Auch der in London lebende Kreml-Kritiker Michail Chodorkowski unterstützt ihn. Der einstige Öl-Magnat war in Russland in zwei Prozessen wegen Betrugs, Steuerhinterziehung und Geldwäsche zu insgesamt dreizehn Jahren Haft verurteilt worden. Der Europäische Gerichtshof für Menschenrechte hat das Verfahren gegen den russischen Geschäftsmann nicht als politisch motiviert eingestuft, rügte allerdings die lange Untersuchungshaft.[17]

In der russischen Opposition gehen die Meinungen über den Oppositionellen weit auseinander. Die einen sehen Nawalny als Hoffnungsträger für eine gerechtere Zukunft, andere einen von Machtgier getriebenen Egozentriker, der niemanden neben sich duldet. Letzteres bekommen auch Journalisten zuweilen zu spüren. Selbst solche, die ihm eher freundlich gesinnt sind, etwa wie jene von der Putin-kritischen russischen Internetzeitung *Meduza.* »Journalisten kritisieren den Umgang Nawalnys mit Reportern in Interviews sowie Unstimmigkeiten bei den Recherchen seiner ›Antikorruptionsstiftung‹ FBK«, heißt es in einem *Meduza*-Artikel vom Oktober 2020. Und weiter: »Im Verlauf des Jahres hat sich Nawalny in zunehmend rüder Weise über Verleger und Journalisten geäußert, so auch über *Meduza*-Mitarbeiter. Seine Kommentare sind dabei vor allem persönlich gefärbt und wenig professionell. Ohne Frage ist Nawalnys Verhältnis zur russischen Medienwirtschaft heute angespannter denn je.«

Attentat und Auferstehung

Nach Putins Wiederwahl 2018 war es um den Oppositionspolitiker ruhig geworden – bis zu seiner Vergiftung im August 2020. »Er spielte keine Rolle bei den Bürgerprotesten, die in verschiedenen Teilen des Landes ausbrachen, wenn auch Anhänger der unterschiedlichsten Verschwörungstheorien gerne behaupten, dass er hinter allem stecke«, schreibt die oppositionelle *Moscow Times* kurz nach dem Attentat. Sie sieht in der Attacke auf Nawalny allerdings eine Chance für den politischen Durchbruch des Putin-Gegners. »Nawalnys Position wird durch das dramatische Ereignis nur gestärkt, denn es unterstreicht für die Öffentlichkeit im Land, aber vor allem auch in Übersee, dass die russische Politik eine binäre Konstruktion ist, die aus Nawalny auf der einen und Putin auf der anderen Seite besteht.«[18]

Die deutsche Bundeskanzlerin wird bei dieser Strategie eine wichtige Rolle spielen. Während der russische Oppositionspolitiker von den Ärzten in der Berliner Charité knapp einen Kilometer vom Kanzleramt entfernt behandelt wird, verschärft Angela Merkel wenige Tage nach dem Krankentransport die Tonlage gegenüber dem Kreml. Der russische Kremlkritiker sei nach Untersuchungen eines Speziallabors der Bundeswehr mit dem chemischen Nervengift Nowitschok vergiftet, so die Kanzlerin in einem Presse-Statement am 2. September. Nawalny sei Opfer eines Verbrechens geworden. »Er sollte zum Schweigen gebracht werden.«

»Es sind bestürzende Informationen«, sagt Merkel in dem kurzen Statement und erklärt den russischen Präsidenten zum Hauptverdächtigen, auch wenn sie seinen Namen nicht ausspricht. »Die Welt wird auf Antworten warten«, und die könnten nur aus Moskau kommen. »Es stellen sich jetzt sehr schwerwiegende Fragen, die nur die russische Regierung beantworten kann und beantworten muss.« Das Verbrechen an Nawalny »richtet sich gegen die Grundwerte und Grundrechte, für die wir eintreten«. Gemeinsam mit den Partnern in der Nato und in der EU werde man nun beraten und »im Lichte der russischen Einlassungen über eine angemessene, gemeinsame Reaktion entscheiden«.[19]

Die Bundesregierung hat auch die »Organisation für das Verbot chemischer Waffen« (OPCW) um technische Unterstützung bei der Analyse von Proben gebeten. Die öffentliche Stellungnahme der Chemiker aus Den Haag vermeidet den Begriff Nowitschok: »Die Ergebnisse der Analyse der biomedizinischen Proben durch die von der OPCW beauftragten Labors zeigen, dass Herr Nawalny einer toxischen Chemikalie ausgesetzt war, die als Cholinesterase-Hemmer wirkt. Die Biomarker des Cholinesterase-Hemmers, die in Herrn Nawalnys Blut und Urin gefunden wurden, besitzen ähnliche strukturelle Eigenschaften.«

Obwohl die OPCW nicht von Nowitschok spricht, sondern von einer toxischen Chemikalie, hat die Bundesregierung keinen Zweifel, »dass Alexej Nawalny Opfer eines Angriffs mit einem chemischen Nervenkampfstoff der Nowitschok-Gruppe geworden ist«. Regierungssprecher Steffen Seibert räumt allerdings in einer Stellungnahme zum OPCW-Bericht ein, der genannte »nicht öffentlich bekannte Nervenkampfstoff« sei »von der internationalen Organisation bislang nicht amtlich gelistet worden«.[20]

Kein Monopol auf Nowitschok

Dass das tödliche Gift aus Russland stammt, ist gut möglich. Dass russische Täter hinter dem Anschlag stecken, auch. Nur wer in wessen Auftrag unterwegs war, weiß zu diesem Zeitpunkt niemand, und Nowitschok gibt es schon lange nicht mehr nur in Russland. Die Chemikalienmischung ist seit Jahrzehnten im Westen bestens bekannt. Wil Mirsajanow lebt in den USA, und wenn sich einer mit dem Nervengift auskennt, dann er. Der Chemiker war einst Chef der Spionageabwehr an dem Moskauer Institut, das mit dem Nowitschok-Programm betraut worden war. In seiner Biographie *State Secrets – An Insider's Chronicle of the Russian Chemical Weapons Program* veröffentlichte er nicht nur Details aus dem Forschungsprogramm, sondern auch einige chemische Formeln der hochgiftigen Substanzen. Er war nicht der Einzige, der dem Westen detailliert Auskunft über jenen Stoff gab, der als eine der gefährlichsten je entwickelten C-Waffen gilt.[21]

In Deutschland war es der BND, der in einer spektakulären Aktion in den neunziger Jahren einen russischen Wissenschaftler samt Proben des Gifts aus dem Land schleuste.

Bundeskanzler Helmut Kohl hatte damals entschieden, das Wissen um die hochgefährliche Waffe mit den engsten Alliierten zu teilen. Später wurde eine Arbeitsgruppe aus fünf westlichen Geheimdiensten und dem BND eingesetzt, die alle Erkenntnisse zu Nowitschok zusammentrug. »In einigen Nato-Ländern soll es auch zu der Produktion von winzigen Mengen des Giftes gekommen sein«, schrieb die *Zeit* 2018 in einer investigativen Reportage mit dem Titel »Teile und schweige«.

Spätestens seit diesem Zeitpunkt verfügten nicht nur Deutschland, sondern auch die USA, Großbritannien, Frankreich, die Niederlande und Kanada über die Zusammensetzung und Proben des neuen Kampfstoffs. Einige setzten die Rezeptur des Giftes um. »Manche, wie die Amerikaner, haben kleine Mengen nachgemischt, um ihre Schutzvorkehrungen auf den neuesten Stand zu bringen. Andere verfügen dank der Deutschen zumindest über die chemische Formel«, so die *Zeit*.

Auch in Tschechien ist ein Nervengift aus der hochgefährlichen Nowitschok-Klasse nach Angaben der Staatsführung zu Forschungszwecken synthetisiert worden. »Die Menge des hergestellten Gifts war angeblich klein, und es wurde nach den Versuchen vernichtet«, sagte Präsident Miloš Zeman. Und selbst auf dem Schwarzmarkt gab es Nowitschok schon zu kaufen.[22]

Alexej Nawalny hat in Russland kaum eine Möglichkeit ausgelassen, sich mit seiner Antikorruptionsstiftung Feinde zu machen. Nicht nur in der Politik. Nach zahlreichen Prozessen, einer Verurteilung wegen Steuerhinterziehung und hohen Strafzahlungsforderungen hatte er im Juli 2020 die NGO aufgelöst. Nachzuweisen, wer Nawalny vergiftet hat und woher der Stoff stammt, ist eine schwierige Aufgabe.

Marc-Michael Blum hat von 2012 bis 2019 im Labor der Organisation für das Verbot chemischer Waffen gearbeitet. Der Chemiker war Chef des Teams, das im Jahr 2018 den Giftanschlag auf den früheren russischen Doppelagenten Sergej Skripal und dessen Tochter im britischen Salisbury untersuchte. Für ihn ist die chemische Analyse von Nawalnys Blut allein kein Beweis.

»Ich stütze mich mal rein auf die chemische Analytik. Das läuft ein bisschen wie bei der ballistischen Forensik. Sie haben eine Patrone, brauchen aber noch die Waffe, aus der sie abgefeuert wurde«, beschreibt Blum den komplizierten Test. »Sie müssen es mit irgendwas vergleichen können. Bei Bioproben mit dieser sehr niedrigen Konzentration, die man gefunden hat, kann man jedoch keinerlei Signaturen feststellen, die einen Abgleich mit einer Referenzprobe ermöglichen würde. Daher sind Rückschlüsse aus der chemischen Analytik auf die Herkunft im Moment eigentlich nicht wirklich möglich.«

Auf die Frage des *Spiegels*, ob denn nun der russische Staat hinter dem Anschlag stecke, erklärt der Wissenschaftler, das könne er nicht sagen. »Wenn es so wäre«, so Blum, »würde ich mich aber fragen, warum die Russen schon wieder mit solchen international geächteten Giftstoffen in Verbindung gebracht werden wollen. Waren sie wirklich so dumm? Zumal es – so zynisch das klingt – effektivere Möglichkeiten gäbe, jemanden zu töten.«[23]

Kann sein, kann aber auch nicht sein

Andere haben weniger Zweifel, dafür aber umso mehr politische Interessen. »Jetzt sind wir erneut brutal mit der menschenverachtenden Realität des Regimes Putin konfrontiert worden«, erklärt etwa der Bundestagsabgeordnete der Union Norbert Röttgen in den ARD-*Tagesthemen*. Röttgen ist im Wahlkampf und möchte gerne Vorsitzender der CDU werden. Seine Umfragewerte in der Partei sind schlecht, er liegt weit hinter der innerparteilichen Konkurrenz zurück. Und dass er politisch seit Jahren ein treuer Anhänger amerikanischer Politik ist, hat ihm dank der rüden Politik des US-Präsidenten Trump keine Punkte gebracht. Er setzt daher jetzt auf die Empörung im Fall Nawalny, und seit er nach der Attacke auf den Kreml-Gegner als Erster verlangt hat, das Pipeline-Projekt Nord Stream 2 zu stoppen, hat sich die Interviewquote des CDU-Politikers rapide erhöht.

Der Abgeordnete Röttgen ist nicht irgendwer. Er ist Vorsitzender des Auswärtigen Ausschusses im Bundestag und sieht seit dem Anschlag so ziemlich alles gefährdet, was die westliche Welt ausmacht: die Demokratie, den Anstand, die Vernunft. »Wir müssen eine Sprache sprechen, die Putin versteht«, fordert Röttgen. »Die des Geldes, des Gases und der Macht. Sonst nimmt er uns nicht ernst.« Alles müsse nun auf den Prüfstand.[24]

Auch die Verhandlungen über eine neue strategische Partnerschaft, die der französische Präsident mit Putin führt, sind für ihn ein fatales Zeichen von Uneinigkeit der EU und Schwäche Moskau gegenüber. Aber vor allem die Gaspipeline müsse gestoppt werden. Der CDU-Mann kämpft schon seit Jahren an vorderster Front gegen das Projekt, ganz im Sinne der Amerikaner.

Röttgen ist in diesen Tagen omnipräsent. Er ist zu Gast in der Talkshow bei Anne Will, tritt in den *Tagesthemen* und im *heute journal* auf, er gibt Interviews in der *FAZ* und zeigt sich im Frühstücksfernsehen bei RTL.

Und der CDU-Mann steht mit seiner Forderung nicht allein. Auch Grünen-Chefin Annalena Baerbock und ihr Parteikollege Omid Nouripour, der außenpolitische Sprecher der Partei, unterstützen sie, wollen den Bau von Nord Stream 2 demonstrativ stoppen. Röttgen ebenso wie Nouripour sitzen zudem im Vorstand der deutschen Lobbyorganisation Atlantik-Brücke. Dort sitzt auch der Chef der Münchner Sicherheitskonferenz, Wolfgang Ischinger. Die Parteivorsitzende der Grünen fühlt sich in der amerikanischen Stiftung des German Marshall Fund zu Hause. Beide Organisationen verfolgen ähnliche Ziele. Es geht darum, die Zusammenarbeit zwischen Deutschland und Amerika »auf allen Ebenen zu vertiefen«, heißt es in der Satzung der Atlantik-Brücke. »Die transatlantische Zusammenarbeit ist und bleibt gerade in schwierigen Zeiten ein entscheidender Faktor für die globale Ordnung und Stabilität.«[25] Dass mit einem etwaigen Ende von Nord Stream 2 gleichzeitig der Weg für amerikanisches Fracking-Gas frei wird, stört die Grünen-Politikerin offenbar nicht.

Angela Merkel hält sich alle Optionen offen. Sie testet die Stimmung und bleibt vage. Die Umfragen, die im Kanzleramt eintrudeln, ob die Bundesregierung das Nord-Stream-Projekt wegen Nawalny kippen solle, sind eindeutig. Über 60 Prozent der Deutschen sagen nein, nur gut 20 Prozent sind dafür. Die meisten wollen auch kein Fracking-Gas aus Amerika.[26]

Die Kanzlerin schließt Sanktionen gegen das deutsch-russische Erdgasprojekt nicht aus und überlässt die öffentlichen Drohungen dem deutschen Außenminister. »Ich hoffe nicht, dass die Russen uns zwingen, unsere Haltung zu Nord Stream 2 zu ändern«, verkündet Heiko Maas und schiebt drohend hinterher, er sehe »viele Indizien« dafür, dass der russische Staat hinter dem Anschlag stecke. Im Übrigen habe er auch schon die Nato informiert.[27]

Thomas Fischer, der einstige Vorsitzende Richter am Bundesgerichtshof, dem höchsten deutschen Strafgericht, schreibt in seiner *Spiegel*-Kolumne provozierend: »Darf man mal vorsichtig fragen: Was geht ein Mordversuch an einem Russen in Russland durch Russen die deutsche Regierung, das Unternehmenskonsortium ›Nord Stream 2‹ und sogar die gesamte deutsche Bevölkerung an?« Und er fährt fort: »Kann es wohl die Wahrheit und nichts als sie sein, dass die Bundesregierung, moralisch knallhart, wie wir sie kennen, einen Abbruch von ›Nord Stream 2‹ zu erzwingen erwägt, weil vermutlich entweder ein obrigkeitlich kontrollierter russischer Geheimdienst oder ein außer Kontrolle geratener russischer Geheimdienst oder auch irgendjemand, der aussehen möchte wie ein russischer Geheimdienst, einen russischen Oppositionspolitiker in Russland vergiftet hat? Antwort: Kann sein, kann aber auch nicht sein. Wir wissen es nicht.«

Der ehemalige Richter fragt sehr zu Recht, nach welchen moralischen und juristischen Kategorien die Bundesregierung hier verfährt: »Wann kündigen ›wir‹ dann die Verträge mit den übrigen hundert Staaten, in denen im letzten halben Jahr dasselbe oder Schlimmeres vorgekommen ist? Welche Kooperationen mit China wurden sofort gestoppt? Wieso werden Verträge mit Indien, USA, Brasilien, Türkei nicht gekündigt?«[28]

Für Alexej Nawalny, der in Berlin überraschend schnell wieder auf die Beine kommt und nach vier Wochen aus dem Krankenhaus entlassen wird, besteht kein Zweifel, dass es nur der russische Präsident gewesen sein könne, der den Anschlag befohlen hat. Noch im Krankenhaus hat er die Welt an seiner Genesung per Twitter und Fotos mit Frau und Kindern auf dem Laufenden gehalten. Er wird in den nächsten Tagen eine Serie von langen Interviews geben. »Ich behaupte, dass hinter der Tat Putin steht, und andere Versionen des Tathergangs habe ich nicht«, erklärt er dem *Spiegel*. Der russische Geheimdienst könne nicht auf eigene Faust gehandelt haben.

Ob im *Spiegel*, in der *Bild*, im britischen *Economist* oder in der CBS-Sendung *60 Minutes* – es ist immer dieselbe politische Botschaft, die Nawalny auf seinem medialen Kreuzzug erzählt: Er wisse sehr genau, warum die Attacke auf ihn just zu diesen Zeitpunkt erfolgt sei. Putins Russland stehe kurz vor dem Zusammenbruch, da die Proteste im Nachbarland Belarus gegen Lukaschenko dank Nawalnys Oppositionsarbeit als Nächstes auch das eigene Land erreichen würden. »Der Kreml merkt, dass er zu extremen Maßnahmen greifen muss, um ein ›weißrussisches Szenario‹ zu verhindern.« Das System kämpfte »um sein Überleben«.[29]

Die Analyse hat mit der Realität wenig zu tun. Nawalny und sein Team hatten kurz vor der Vergiftung über Wochen für eine innovative Strategie des Wählens bei den anstehenden Regionalwahlen im September geworben. Sie riefen dazu auf, einen beliebigen Kandidaten zu wählen – jeden, nur nicht den Vertreter der Kreml-Partei. *Smart Voting* – kluges Wählen heißt die neue politische Taktik. Ziel ist es, auf diese Weise das Machtmonopol der Partei Einiges Russland zu brechen.

»Erfolg für Nawalny im sibirischen Tomsk«, titelt die *Tagesschau* nach der Wahl. Der Grund für die euphorische Schlagzeile: Zwei Nawalny-Anhänger hatten es in den 37-köpfigen Stadtrat geschafft. Bei den insgesamt achtzehn

Gouverneurswahlen im September 2020 gewinnen ansonsten alle Kandidaten der Regierungspartei, ohne dass ein Ergebnis von weniger als 50 Prozent der Stimmen eine Stichwahl nötig gemacht hätte. Einiges Russland gewinnt darüber hinaus die Mehrheit in allen elf neugewählten Regionalparlamenten.[30]

Kein Anschluss unter dieser Nummer

Seit dem Anschlag auf Nawalny haben die deutsch-russischen Beziehungen einen neuen Tiefpunkt erreicht. In den folgenden Wochen herrschte Funkstille zwischen dem Kanzleramt und dem Kreml. Merkels demonstrativer Besuch am Krankenbett des Oppositionspolitikers in Berlin deutet Wladimir Putin in Moskau als weiteren unfreundlichen Akt der Kanzlerin, auch wenn der deutsche Regierungssprecher anschließend betont, es habe sich nur um einen privaten Besuch gehandelt – als wäre Nawalny ein alter Bekannter der Kanzlerin. Putin hat auch registriert, dass die CDU-Politikerin die belarussische Oppositionsführerin Swetlana Tichanowskaja mit Honneurs im Kanzleramt empfängt, während er einem wenig einsichtigen Präsidenten Lukaschenko erklären muss, dass dessen neue Amtszeit kürzer sein wird, als es sich dieser vorstellt.

Angela Merkel wird Wladimir Putin in den nächsten Wochen nicht anrufen, und Putin wird gleichfalls keinen Kontakt suchen. In einem Telefongespräch mit dem italienischen Ministerpräsidenten Giuseppe Conte verwahrt er sich gegen »unbegründete Anklagen« und setzt auf »unvoreingenommene Untersuchungen aller Umstände« in Sachen Nawalny. Gleichzeitig macht er noch einmal klar, dass sich der Westen aus dem Konflikt in Belarus heraushalten soll.[31]

Merkels PR-Manöver hat Wladimir Putin nicht nur überrascht, es hat ihn persönlich getroffen, auch wenn er in den internen Diskussionen der folgenden Wochen im Kreml sinngemäß sagt, es sei von der Kanzlerin nichts anderes zu erwarten gewesen. Schließlich hatte er die Erlaubnis gegeben, Nawalny von Omsk nach Berlin zu fliegen – natürlich in der Hoffnung, die deutsche Kanzlerin würde ihm zumindest politischen Kredit dafür einräumen, dass die Deutschen für sich reklamieren könnten, sie hätten dem Oppositionspolitiker das Leben gerettet.

Die Diskussionen innerhalb des Kremls werden schärfer. Vorwürfe werden laut, man habe viel zu lange auf Deutschland gesetzt – ausgehend von der Vorstellung, die russische Zustimmung zur deutschen Wiedervereinigung sei der Auftakt zu einer historischen Versöhnung mit den Deutschen, die einst Millionen von Menschen in der Sowjetunion umbrachten. Diese Vorstellung, so die politischen Berater, habe sich als eine Fehleinschätzung erwiesen und biete offensichtlich keine Basis für eine langfristige Kooperation der beiden Staaten. Der Fall Nawalny sei nur ein weiterer Beleg dafür. Auch in der Ukraine-Krise sei Merkel alles andere als hilfreich gewesen. Im Übrigen sei die deutsche Kanzlerin Geschichte und ein Auslaufmodell.

Wladimir Putin tut in dieser Situation das, was er schon oft in politischen Krisen getan hat. Er reagiert nicht auf die Angriffe und nimmt zu Nawalny keine Stellung – um ihn nicht aufzuwerten. Er delegiert den Fall. Es wird Aufgabe von Sergej Lawrow, dem russischen Außenminister, sich mit den Deutschen auseinanderzusetzen.

Der russische Präsident hat keineswegs vergessen, wie sich die deutsche Hauptstadt während der Ukraine-Krise schon einmal zu einer Pilgerstätte der Gegner Russlands entwickelte. Auch damals hatte die Bundeskanzlerin medizinische Hilfe als politischen Hebel benutzt, um mit einer prominenten Oppositionsführerin die ukrainische Regierung unter Druck zu setzen.

Die frühere Regierungschefin Julia Timoschenko, eine Ikone der Orangen Revolution von 2004, war kurz nach der Wahl ihres Konkurrenten Wiktor Janukowytsch zum neuen Präsidenten der Ukraine 2011 wegen Amtsmissbrauchs und Veruntreuung von Staatsgeldern zu sieben Jahren Haft verurteilt worden. Die Kampagne für Timoschenko ist ein Lehrstück, wie im Namen der Freiheit und der Menschenrechte Lobbyarbeit funktioniert – nicht nur in Berlin.

Arsen Awakow, der jetzige Innenminister, der starke Mann der Ukraine, war damals ein Parteifreund Timoschenkos. Der flexible Politiker startete mit deutscher Hilfe den erfolgreichen Versuch, die Personalie Timoschenko auf die geopolitische Agenda zu setzen. Der Coup ist genau geplant, das Framing perfekt. Es geht offiziell um eine humanitäre Aktion für die »Freilassung einer politischen Gefangenen«. Die Berliner PR-Firma GPRC organisiert den professionellen Zugang zur Politik und den deutschen Medien für eine angeblich gute Sache. Den menschlichen und emotionalen Part des Feldzugs in Deutschland übernimmt die attraktive Tochter der Politikerin. Zum Auftakt erscheint im Dezember 2011 in der *Bild* ein großes Interview mit Jewgenija Timoschenko mit der Überschrift: »Meine Mutter stirbt, wenn ihr keiner hilft!« Die dramatische Botschaft des

Blatts: »Offenbar will der ukrainische Präsident das prominenteste Gesicht der Opposition umbringen.« Die *FAZ* zieht nach. Sie zitiert die Tochter mit den Worten: »Retten Sie das Leben meiner Mutter«, und die *Welt* titelt: »Wenn sie stirbt, stirbt die Demokratie«. Auch der *Spiegel* setzt auf Emotionen und optisch auf das adrette Erscheinungsbild der jungen Frau: »Timoschenkos Tochter fleht Merkel um Hilfestellung an.« Kaum eine Zeitung, die nicht auf den Zug aufspringt, von Fernsehen und Rundfunk ganz zu schweigen. Die Deutsche Welle berichtet mitfühlend, dass »Timoschenkos Tochter um Hilfe« ruft.[32]

Die Aktion zeigt Wirkung. In der internen Erfolgsbilanz der Berliner PR-Firma heißt es: Dank der »Interviews der Tochter, der Beiträge in den Medien und der Konsultationen der Politiker wurde dieses Thema zum untrennbaren Teil der Agenda bei allen Gesprächen zwischen Kiew und EU, zwischen Kiew und Berlin.« Und das nächste Ziel steht schon fest. »Das hohe Ansehen dieser Politiker kompensiert den Mangel an positivem Image von Julija Timoschenko im Westen«, so die Berliner PR-Firma. Nun müsse man den Europäern noch nahebringen, dass Timoschenko »immer treu zur Reformpolitik in der Ukraine«, den »liberalen und demokratischen Werten« und zu Europa »stand und steht«.[33]

Die ukrainische Politikerin setzt im Gefängnis auf einen Hungerstreik und besteht medienwirksam darauf, als politische Privatpatientin ihren Bandscheibenvorfall nur von ausländischen Ärzten behandeln zu lassen.

Präsident Wiktor Janukowytsch, der 2010 nach Ansicht der ausländischen Wahlbeobachter die Wahl gegen Timoschenko klar gewonnen hatte, lehnt es ab, die einstige Konkurrentin auf Einladung von Angela Merkel nach Berlin in die Charité ausfliegen zu lassen. Deswegen fliegen Mediziner aus Deutschlang unter Führung des Chefarztes des Klinikums auf Wunsch der Kanzlerin mehrmals mit Pressevertretern in die Ukraine, um Timoschenko zu behandeln. Der Druck auf die Regierung wächst. Die westliche Forderung nach Freilassung wird schließlich zur Schicksalsfrage für den ukrainischen Präsidenten.

Eine Delegation des Europarats fliegt ebenfalls in die Ukraine und kritisiert Timoschenkos Haftbedingungen. Die EU übernimmt die Behauptung der Politikerin, der Prozess sei politisch motiviert gewesen. Angela Merkel ruft Janukowytsch an. »Ich will Ihnen helfen«, sagt die Kanzlerin, »aber Sie müssen Julia Timoschenko freilassen.« Berlin machte die Freilassung zur Bedingung für das Assoziierungsabkommen zwischen der EU und der Ukraine. Ohne Freiheit für Timoschenko kein Vertrag.

Günter Verheugen, der langjährige EU-Kommissar für Industrie und Unternehmen, ist damals einer der wenigen, die den politischen Erpressungsversuch kritisieren. Er hat seine eigenen Erfahrungen mit der einstigen Ministerpräsidentin gemacht. »Korruption und Misswirtschaft waren in der Ukraine nach der Machtübernahme durch Frau Timoschenko noch schlimmer als zuvor.«[34]

Doch für die Berliner PR-Agentur ist die Rechnung aufgegangen. Der Druck auf die ukrainische Regierung steige und zeige die Bereitschaft der Europäer, »fast bis an die Grenze des Möglichen in den Beziehungen mit Kiew zu gehen«, so die Firma.[35]

Wenig später scheiterte das geplante Assoziierungsabkommen mit der Europäischen Union. Der ukrainische Präsident Wiktor Janukowytsch wird das Abkommen nicht unterzeichnen.[36]

Der Rest ist Geschichte. Nach dem Sturz von Janukowytsch im Februar 2014 kandidiert Timoschenko drei Monate später für das Präsidentenamt. Sie landet, weit abgeschlagen, auf Platz drei. Es war der *Spiegel*, der ein Jahr später die Hintergründe des Umsturzes in der Ukraine recherchierte und das ganze Ausmaß der PR-Aktion beschrieb. Das heißt – nicht das ganze. Die eigenen Artikel jener Tage erwähnt das Blatt bei der Aufarbeitung nicht.

20 Warten auf den nächsten Schritt

Moskau, September 2020. Das Hochhaus am Ende der Arbat-Straße, Ecke Gartenring, gehört zu den »Sieben Schwestern«, die das Stadtbild der russischen Hauptstadt prägen. Die Wolkenkratzer im Zuckerbäckerstil des »sozialistischen Klassizismus« wurden noch von Josef Stalin in Auftrag gegeben. Hier befindet sich das Außenministerium. Ich bin im siebten Stock mit dem Chef des Hauses, Sergej Lawrow, verabredet.

Der Fall Nawalny hat sich zu einem Informationskrieg ausgewachsen. Lawrow telefoniert in diesen Wochen regelmäßig mit dem deutschen Kollegen. Die Tonlage hat sich verschärft. Moskau verlangt von Berlin, auf dem Laufenden gehalten zu werden, doch Deutschland lehnt ab, argumentiert, Russland habe alle notwendigen Angaben für eigene Ermittlungen.

Der Außenminister ist aufgebracht. »Berlin sagt uns, dass es keine bilaterale, sondern internationale Angelegenheit ist, weshalb wir uns an die OPCW wenden sollen, sie haben angeblich alles dorthin übergeben. Wir haben uns an die OPCW gewandt. Doch sie können uns ihre Einschätzungen auch nicht mitteilen, weil sie von Deutschland um

Vertraulichkeit gebeten wurden. Dort sagt man uns, dass wir uns an Deutschland wenden sollen. Berlin schickt uns nach Den Haag, und Den Haag schickt uns nach Berlin.«[1]

Der Chefdiplomat lässt an diesem Nachmittag seinem Unmut freien Lauf. »Das Streben, Russland zu dämonisieren, verschwindet nicht«, beschreibt der russische Außenminister die Erfahrungen der vergangenen Tage. »Was den Fall Nawalny angeht, so hält Frankreichs Präsident Emmanuel Macron es für angebracht, bei der Rede vor der UN-Generalversammlung zu sagen, dass Russland das unverzüglich klären muss. Wir versuchen das längst. Wir sollen öffentlich Buße tun und zugeben, dass wir ein Verbrechen begangen oder nicht verhindert haben.«

Der Fall Nawalny ist für Lawrow ein weiterer Beleg dafür, dass die EU offenbar geprägt ist von der Zwangsvorstellung, das größte Land der Erde sei »ein Ungeheuer«. Bestenfalls ein »unerträgliches Kind« am Rand der europäischen Gesellschaft, unkultiviert und unkontrollierbar.

Der russische Außenminister hat gerade einen Besuch in Berlin abgesagt, weil der deutsche Kollege das Besuchsprogramm kurzfristig verändert hatte. Der Termin stand seit langem fest. Ursprünglich wollten Maas und Lawrow mit einer feierlichen Abschlussveranstaltung des »Deutsch-Russischen Jahres der Hochschulkooperation« die gute Zusammenarbeit beider Länder würdigen. Er habe leider andere wichtige Termine und könne deswegen bei der Zeremonie in der deutschen Hauptstadt nicht dabei sein, ließ Heiko Maas dem russischen Kollegen mitteilen. Auch für ein anschließendes Gespräch unter vier Augen mit Lawrow habe er bedauerlicherweise nur begrenzt Zeit – eine wenig diplomatische Art, um dem Russen mitzuteilen, dass er derzeit in Deutschland nicht willkommen ist.[2]

Dabei hatten sich beide Außenminister noch einen guten Monat zuvor im Gästehaus des russischen Außenministeriums getroffen, um das schriftliche Exemplar eines historischen Abkommens zwischen der einstigen Sowjetunion und der Bundesrepublik zu betrachten, das fünfzig Jahre zuvor, am 12. August 1970, im Katharinen-Saal des Kreml unterzeichnet worden war. Für die Bundesrepublik unterschrieben der deutsche Bundeskanzler Willy Brandt und Außenminister Walter Scheel, für die Sowjetunion Ministerpräsident Alexej Kossygin und Außenminister Andrej Gromyko.

Brandt und sein Berater Egon Bahr hatten schon Anfang der sechziger Jahre, noch in der Opposition, damit begonnen, ein Konzept für eine neue, pragmatischere Ostpolitik zu entwickeln. Als Brandt 1969 in der sozialliberalen Koalition Bundeskanzler wurde, setzten beiden ihren Plan »Wandel durch Annäherung« um – gegen die erbitterte Opposition von CDU/CSU. Der Vertrag wurde zum Türöffner für Verträge mit anderen osteuropäischen Staaten wie Polen und der damaligen ČSSR. Es ging um eine zentrale Forderung im Ost-West-Verhältnis seit der Potsdamer Konferenz 1945: die endgültige Absage an Gebietsansprüche, die deutsche Vertriebenenverbände seit dem Ende des Zweiten Weltkriegs noch immer erhoben. Es ging um die Anerkennung Oder-Neiße-Linie als polnische Westgrenze.

Es war dies der erste Versuch der Bundesrepublik, eigenständig Politik zu machen – und er war nicht nur außenpolitisch von Erfolg gekrönt, sondern auch innenpolitisch: Die SPD erreichte bei der Bundestagswahl im selben Jahr das beste Ergebnis ihrer Geschichte und lag mit über 45 Prozent noch vor der CDU. Mit der neuen Außenpolitik gelang es, die Logik des Kalten Krieges zu durchbrechen, die in der internationalen Politik mit ihren ewigen Schlagabtauschen allenfalls ein Nullsummenspiel sah. Auch damals war das Weiße Haus in Washington gegen Verhandlungen mit Moskau. US-Präsident Richard Nixon und sein Sicherheitsberater Kissinger beobachteten den deutschen Alleingang misstrauisch. Bahr und Brandt seien »überzeugte deutsche Nationalisten, die – anders als ihre bundesdeutschen Vorgänger – Probleme eher unter dem Gesichtspunkt deutscher Interessen angehen«, ließ der amerikanische Botschafter in Bonn die US-Regierung in einer Analyse wissen. Und er warnt, Brandt könne »bereit sein, Verträge mit den Sowjets auf Kosten der westlichen Allianz abzuschließen«.[3]

Egon Bahr hielt den Kontakt mit der Schutzmacht jenseits des Atlantiks und Henry Kissinger auf dem Laufenden. »Als die Fragen nicht enden wollten«, schrieb der deutsche Emissär später in seinen Memoiren, »sagte ich ihm, ich sei nicht gekommen, um zu konsultieren, sondern um zu informieren. Wir würden unsere Pläne umsetzen. Das war eine neue Sprache.«[4]

Politik und Personalien

Der Moskauer Vertrag ist für Heiko Maas Teil einer weit entfernten Vergangenheit, politische Folklore. Einer wie er ist nicht wegen Brandt in die Politik gegangen, sondern um ein neues Auschwitz zu verhindern, wie er den Genossen erklärte, als er zum Außenminister berufen wurde. Für Maas sind die USA noch immer so etwas wie ein Traumland. Wie damals, als er nach dem Abitur mit dem Auto quer durch die Vereinigten Staaten fuhr. Fragt man ihn heute nach

Amerikas Zukunft, nach Donald Trump, spricht er gerne über die Kraft der Zivilgesellschaft.[5]

Gleich zu Beginn seiner Amtszeit schlägt er eine andere Richtung ein als die Genossen von einst. Er plädiert für mehr Härte gegenüber Russland. »Wir müssen uns in der Russlandpolitik an den Realitäten orientieren. Russland hat sich selbst immer mehr in Abgrenzung und teilweise Gegnerschaft zum Westen definiert. Russland agiert leider zunehmend feindselig.« Eine Tonlage, die Maas seitdem beibehalten hat, zum Ärger nicht weniger Genossen.[6]

Selbst Frank-Walter Steinmeier hatte kurz nach dem Interview seines Vorvorgängers Maas die übliche Zurückhaltung fallen lassen. Normalerweise nimmt der Bundespräsident nicht zu aktuellen Fragen Stellung, doch jetzt meldete er sich zu Wort. »Ganz unabhängig von Putin – wir dürfen nicht Russland insgesamt, das Land und seine Menschen, zum Feind erklären«, sagte er im Interview. Aufgabe verantwortlicher Politik sei es, »dieser gefährlichen Entfremdung entgegenzuwirken«. Die Bundesregierung trage eine große Verantwortung für die Geschlossenheit und Handlungsfähigkeit der EU, gerade in der Russlandpolitik.[7]

Es ist nicht nur der Altersunterschied, der den jetzigen deutschen Außenminister (Jahrgang 1966) und den russischen (Jahrgang 1950) trennt. Lawrow ist einer der erfahrensten Politiker auf dem diplomatischen Parkett weltweit. Der Chefdiplomat gehört, wie der russische Präsident, zur Generation, die noch in der Sowjetunion groß geworden ist. Bevor Wladimir Putin ihn 2004 zum Außenminister berief, war Lawrow acht Jahre lang Botschafter bei der UN in New York gewesen. Studiert hat er am elitären Moskauer Staatlichen Institut für Internationale Beziehungen (MGIMO). Hier lernte er das Handwerk der Diplomatie von der Pike auf. Nach ein paar Jahren in der Zentrale wurde er mit einunddreißig Jahren zum ersten Mal zur UN geschickt. 1988, als der Niedergang der Sowjetunion bereits nicht mehr aufzuhalten war und der Ölpreis bei zehn Dollar pro Barrel festklebte, war er stellvertretender Leiter der Abteilung für wirtschaftliche Außenbeziehungen. Das Drama von Niedergang und Fall des Sowjetreichs verfolgt er vom Moskauer diplomatischen Balkon aus. Lawrow ist inzwischen länger im Amt als alle seine Vorgänger nach dem Zerfall der UdSSR.

Was Lawrow befähigt, so lange das Außenministerium zu führen, ist die eher seltene Fähigkeit unter Politikern, sein Ego zu zügeln. Er ist stets bestens informiert und kann auf sein jeweiliges Gegenüber einfühlsam eingehen, ohne unbedingt die eigenen Gedanken preiszugeben. Er kann schlagfertig und sarkastisch sein, und, wenn es die Dramaturgie erfordert, durchaus den Mann fürs Grobe geben. Doch in aller Regel setzt er auf Zwischentöne. In letzter Zeit kann man ihn zuweilen auch niedergeschlagen erleben, angesichts der Ostpolitik des Westens, die so oft von Unwissen geprägt ist. Lawrow hingegen kennt die politischen Verhältnisse im Westen besser als so mancher der westlichen Kollegen selbst.[8]

Beruf und Berufung

Ein ungleicheres Paar als Lawrow und Maas ist in der Welt der Diplomatie kaum denkbar. Lawrows Sparringspartner war stets in der Rolle des Ersatzmannes die SPD-Karriereleiter hochgefallen, als politischer Zeitarbeiter für Posten, die es kurzfristig zu besetzen galt. Heiko Maas wurde im

März 2018 Außenminister, weil das neue SPD-Führungsduo Andrea Nahles und Olaf Scholz den damaligen Außenminister Sigmar Gabriel loswerden wollte.

Bevor er auf der nationalen Bühne in Berlin mitspielen durfte, scheiterte er in seiner Heimat, dem traditionell linken Saarland, dreimal hintereinander daran, Ministerpräsident zu werden. Dreimal landete der Spitzenkandidat seiner Partei hinter der CDU. Dann holte ihn Gabriel, damals noch SPD-Vorsitzender, als Justizminister in die Große Koalition der Bundesregierung. 2016 erklärt ihn das Männermagazin *GQ* zum bestangezogenen Mann des Jahres. Seither kennt man Heiko Maas »als schmalen Träger von Maßanzügen«, schreibt die *FAZ*.

Das erste Foto auf seinem neuen Instagram-Account im Internet zeigt den Außenminister vor einem Flugzeug stehend. Dazu der Post: »Seitdem ich Außenminister bin, war ich in 24 Ländern – und ab jetzt bin ich auch auf Instagram.« Man kann Maas fortan dabei zusehen, wie er um die Welt reist, Fahrrad fährt, verträumt von Booten aufs Wasser schaut oder Kaffee umrührt.[9]

Eigene Akzente hat er bislang nicht gesetzt. Maas ist hauptsächlich besorgt. Besorgt angesichts neuer russischer Atomwaffen, besorgt über die Lage in Libyen, in Kaschmir, in Mali, am Tschadsee oder in der Ukraine. Er startet PR-Initiativen, die sich originell geben, aber doch kaum mehr als Totgeburten sind. In Anlehnung an Greta Thunbergs »Fridays for Future«-Bewegung gibt es bei Heiko Maas einen »Donnerstag der Demokratie«. Außerdem eine Initiative gegen Rechts, die nicht in Fahrt kommt. Oder die »Allianz für Multilateralismus« – ein Netzwerk »für internationale Teamplayer«, »für faire Zusammenarbeit« und gegen »Populisten und autoritäre Regierungen«. Maas setzt eine Expertenkommission ein, die sich über die Reform der Nato Gedanken machen soll. Das Gremium soll dem Auswärtigen Amt zufolge die »Leerstelle der politischen Diskussion« in der Nato schließen. Der Außenminister wolle das Bündnis so revitalisieren. »Was macht eigentlich Heiko Maas?«, fragt bei so viel Aktionismus nicht nur die *Zeit*.[10]

Die Lifestyle-Version, die der SPD-Politiker seit Amtsantritt als Außenpolitik verkauft, ist allerdings nicht nur die Vorliebe eines politischen Berufsjugendlichen für SMS-Diplomatie. Maas' Handlungsspielraum ist eng. Das Außenministerium ist nur ein Beiboot der Bundesregierung. Es ist das Kanzleramt mit Angela Merkel, das über politische Inhalte entscheidet.

Dem russischen Außenminister kommen an diesem spätsommerlichen Septembertag in Moskau während unseres Gesprächs trübe Gedanken. »Dass *business as usual* prinzipiell nicht möglich ist, das haben schon alle seit langem verstanden«, zieht Sergej Wiktorowitsch Lawrow in einem kurzen Anfall von Resignation ein Resümee, bevor er sich zum Abschied wieder aufrafft und die Grundsatzfrage formuliert, die nicht nur ihn und Wladimir Putin in der russischen Politik derzeit umtreibt: »Wir wollen herausfinden, ob überhaupt noch irgendein ›Business‹ zwischen uns und Europa möglich ist oder nicht. Ein Miteinander ohne den westlichen Überlegenheitkomplex. Darum geht es.« Er wird diese Formulierung zwei Wochen später auf der Waldai-Konferenz noch einmal öffentlich wiederholen.

»Das bisherige Modell der Beziehungen mit der Europäischen Union funktioniert nicht mehr«, schreibt Fjodor Lukjanow, Chefredakteur der renommierten Zeitschrift *Russia in Global Affairs*, »und nun räumen beide Seiten es auch öffentlich ein.«[11] Russland müsse sich stärker auf Asien und China konzentrieren, so der außenpolitische Experte, der auch Vorsitzender der einflussreichen russischen Nichtregierungsorganisation »Council for Foreign and Defense Policy« ist.

In der Willy-Brandt-Straße 1 in Berlin machte sich in diesen Tagen Unruhe breit. Das Kanzleramt hat die Auseinandersetzung zwischen dem russischen und dem deutschen Außenminister genau verfolgt und die unmissverständliche Botschaft von Sergej Lawrow registriert. Vor allem der Hinweis Merkels, die EU müsse nun eine Antwort auf den Fall Nawalny finden, wird im Kreml als weitere Eskalation verstanden. Angela Merkel hatte in der Vergangenheit stets darauf geachtet, dass Gesprächskanäle offen blieben und dass – trotz verhängter Sanktionen – Geschäfte möglich waren. Diesmal kommt es anders. Im Herbst 2020 gibt es keinen Kontakt mehr.

»Wer einen Streit beginnt, der sollte wissen, wie er ihn beenden kann. Dieser Grundsatz geht im Fall Nawalny immer mehr verloren. Stattdessen überbieten sich fast alle mit Forderungen nach Strafen gegen die Regierung Putin«, beschreibt die *Frankfurter Rundschau* in diesen Tagen die Situation in Berlin. »Der russische Präsident ist demnach praktisch alleine für den ruchlosen Giftanschlag verantwortlich. Mögliche Sanktionen werden nicht nur damit begründet, dass Moskau nicht dabei helfe, das Attentat aufzuklären. Sondern mit einer Liste von Verfehlungen Moskaus. Es klingt wie eine Generalabrechnung mit Putin.«[12]

So sieht es auch der russische Präsident. Doch er hält sich an seine Strategie und nimmt zu Nawalny öffentlich nicht Stellung. Er hat auch nicht versucht, mit Angela Merkel inoffiziell in Kontakt zu treten. Sein außenpolitischer Berater, Juri Uschakow, greift nicht zum Telefonhörer, um in Berlin Jan Hecker, den außenpolitischen Adlatus der Kanzlerin, zu kontaktieren. Dass es die deutsche Kanzlerin selbst und nicht einfach nur der Regierungssprecher war, die verkündete, Nawalny sei zweifelsfrei mit Nowitschok vergiftet worden und Moskau habe sich gefälligst an der Aufklärung zu beteiligen, darin sieht Wladimir Putin nicht nur eine gezielte Attacke gegen Russland, sondern gegen sich selbst.

Als der russische Oppositionelle nach vier Wochen in offenkundig gutem Gesundheitszustand aus der Klinik entlassen wird und erzählt, dass ihn die Kanzlerin in der Klinik besucht und mit ihm sozusagen von Politiker zu Politikerin über die Probleme Russlands gesprochen habe, wird Merkel klar, dass sie weitere Eskalationen verhindern muss. Sie nutzt den Termin eines deutschen Managers im Kanzleramt, um eine Botschaft an den russischen Präsidenten zu übermitteln. Der Geschäftsmann, der Wladimir Putin sehr gut kennt, solle dem russischen Präsidenten bei seinem anstehenden Besuch in Moskau ausrichten, sie, Merkel, sei an einer gesichtswahrenden Lösung interessiert und bitte um ein Zeichen.

Wladimir Putin schickt einige Tage später, am 3. Oktober 2020, eine Grußbotschaft an die Kanzlerin, in der er offiziell zum Tag der Deutschen Einheit gratuliert. In dem Glückwunschtelegramm findet sich auch in einem weiteren Satz das von Merkel erbetene Signal. Russland sei bereit, neben internationalen aktuelle Themen zwischen beiden Ländern zu besprechen. Es ist Angela Merkels Job, nun den nächsten Schritt zu machen.[13]

21 Die polarisierten Staaten von Amerika

Die bühnenreife Vorstellung, die Donald Trump an diesem frühen Abend des 5. November 2020 im Presseraum des Weißen Hauses abliefert, ist einer jener Auftritte, die zum Markenzeichen seiner Amtszeit geworden sind. Trumps Welt, eine Mischung aus Wille und Wunschvorstellung, schließt Fakten und Widerspruch weitgehend aus. Während die Stimmen für die Präsidentenwahl landesweit noch längst nicht ausgezählt sind, verkündet er den wartenden Journalisten schon einmal das zu erwartende Ergebnis: »Wenn man die legalen Stimmen zählt«, erklärt Trump, »gewinne ich problemlos. Wenn man aber die illegalen Stimmen zählt, verliere ich.« Er habe die Wahl mit »historischen Zahlen« gewonnen. Alles andere sei Betrug.[1]

Der Präsident hat bei der Wahl tatsächlich rund 11 Millionen Stimmen mehr bekommen als 2016. Mehr als 74 Millionen Amerikaner setzen ihr Kreuz hinter seinen Namen. Damit hat Trump die bisherige Rekordmarke an Wahlstimmen für einen US-Präsidenten weit übertroffen: Die hielt seit 2008 Barack Obama mit knapp 70 Millionen Stimmen. Trump sicherte sich nicht nur die Zustimmung großer Teile seiner Basis in der weißen Arbeiter- und Mittelschicht.

Er konnte auch neue Wähler überzeugen, die bislang eher im Lager der Demokraten registriert wurden, darunter schwarze Männer und Latinos, das sagen die Statistiken. Es ist das beste Ergebnis, das ein republikanischer Präsident je erreicht hat, und dennoch verliert der Republikaner die Wahl klar. Es reicht nur für Platz zwei auf der Bestenliste aller Präsidentschaftswahlen.

Der Sieger heißt Joe Biden. Auch er kann ein historisches Ergebnis vorweisen. Über 81 Millionen Stimmen sind für den Demokraten gezählt, nahezu 15 Millionen mehr, als Hillary Clinton 2016 bekommen hatte. Es ist eine Wahl mit Rekordbeteiligung.[2]

Biden hat nicht gesiegt, weil er viele Trump-Wähler auf dem Land und im de-industrialisierten Rostgürtel Amerikas zurückgewonnen hätte. Er hat einfach noch mehr Menschen aus der städtischen Demokratenklientel mobilisiert. »Fast die gesamte Elite des Landes stand geschlossen hinter Biden, von Künstlern bis zu Generälen, von linken Professorinnen bis zu Amazon-Chef Jeff Bezos«, beschreibt *Le Monde* die Unterstützerszene der Demokraten. Doch auch Donald Trump hat mehr Wähler mobilisiert als je zuvor. Der Graben, der sich durch die polarisierten Staaten von Amerika zieht, ist noch breiter und tiefer geworden. Dass die Demokraten im Senat in den nächsten Jahren eine einzige Stimme mehr haben, wird die Konfrontation nicht verringern. Im Repräsentantenhaus ist die demokratische Mehrheit geschrumpft, und der oberste Gerichtshof des Landes wird dank der konservativen Neubesetzungen während der Trump-Ära fest in republikanischer Hand bleiben.

Die Wahl sei ein Test gewesen, »ob unser System Regierungsmehrheiten bringen kann«, schreibt die *New York Times* am Wahlabend und ergänzt: »Es sieht so aus, als ob es das nicht könnte.«[3] Und es liegt nicht an den Zahlen. Die weisen Joe Biden als klaren Sieger aus. Trotzdem glaubt ein Großteil der Trump-Anhänger dessen Fiktion vom Wahlbetrug, mit der der Republikaner bis zum Ende seiner Amtszeit im weißen Haus bediente. Erst als Trump-Anhänger am 6. Januar 2021 den Kongress stürmen, um gegen Bidens Ernennung vorzugehen, lenken Trump und seine Parteifreunde ein und bestätigen den 46. Präsidenten der Vereinigten Staaten. Den Grund für die Realitätsverleugnung hat die *New York Times* in der wachsenden Macht ideologischer Mythen und Falschbehauptungen verortet: »Wenn man sich nach einer verlorenen Wahl auf die Erzählung zurückziehen kann, sie verdanke sich Betrug oder einer Einmischung aus Russland, wird das Ergebnis zwangsläufig lächerlich gemacht.«[4]

Öffentlichkeit als Brandbeschleuniger

Die beiden Lager in Amerika, die nichts voneinander wissen wollen, sind nicht kleiner geworden. Die Wut der einen lebt von der Ablehnung der anderen. »Einen Haufen erbärmlicher Gestalten« hatte Hillary Clinton einst jenen Teil der Trump-Wähler bei einer Wahlkampfveranstaltung von Wall-Street-Managern bezeichnet.[5] Die Paranoia schlägt sich in der medialen Filterblase nieder. Die Amerikaner, die ihre Informationen aus der *New York Times* oder von CNN beziehen, bezeichnen sich zu über 90 Prozent als Demokraten. Die anderen, die den Sender FOX News einschalten, sind über 90 Prozent Republikaner. Das ermittelte das renommierte PEW Research Center in einer aufwendigen Untersuchung.[6]

Es ist ein lukratives Geschäftsmodell der Meinungspflege, die den Abonnenten beider Lager das vorsetzt, was sie hören wollen – ein erfolgreiches Rezept für alle Beteiligten. Die *New York Times* räumt den wirtschaftlichen Erfolg ihres politischen Kurses durchaus ein: »Es gibt kaum einen Zweifel daran, dass Donald Trumps Präsidentschaft dazu beigetragen hat, dass die Auflagenzahlen während seiner Amtszeit nach oben geklettert sind.«[7]

»Die *New York Times* ist zum ideologischen Anhängsel der Demokratischen Partei geworden«, urteilt die französische Zeitung *Le Monde* über die Arbeit der amerikanischen Kollegen, deren tägliche Leitartikel und Kommentare nur »Verachtung und Abscheu« für den scheidenden Präsidenten ausdrücken. Auch FOX News erzielte die höchsten Gewinne in dieser Zeit damit, dass der Sender mit ähnlicher Blindheit das republikanische Lager vertritt wie etwa die Konkurrenz von CNN, die auf Joe Biden setzt.

Kurz nach der Wahl Bidens im November 2020 feiert die CNN-Star-Reporterin Christiane Amanpour den Sieg der Demokraten und weist in der Anmoderation ihrer Sendung darauf hin, dass just in dieser Woche vor zweiundachtzig Jahren die Nationalsozialisten in der »Reichskristallnacht« jüdische Geschäfte zerstörten und viele ihrer Besitzer ins Gefängnis geworfen und ermordet wurden. Dann zieht Amanpour übergangslos einen Vergleich zu den Regelverstößen Donald Trumps. Nachdem Donald Trump vier Jahren lang »eine moderne Variante« der Nazi-Angriffe auf »die gleichen Werte gefahren« habe, »fordert Präsident Biden und seine Vizepräsidentin nun die Rückkehr zu den üblichen gesellschaftlichen Normen und zur Wahrheit«.[8]

Dass im Journalismus »zunehmend ein Predigerton Einzug gehalten hat, der Lagerbildung befördert«, ist keineswegs nur ein amerikanisches Phänomen. Mehr und mehr treten »Moralisten« auf, »die Heilsbotschaften verkünden«, schreibt die *FAZ* und schildert den gängigen Mechanismus: »Argumentieren Sie nur noch moralisch, erhöhen Sie sich selbst und werten Sie Ihr Gegenüber ab. Sie verkünden objektive Wahrheiten und haben das Wohl aller im Sinn, die anderen vertreten irgendwelche Interessen, sind eigennützig und reden gefährlich dummes, wenn nicht verbrecherisches Zeug.«[9]

»Die Zeit der Neutralität ist vorbei«, fordert etwa der *Spiegel*-Redakteur und ehemalige Amerika-Korrespondent Philipp Oehmke, sie wirke »heute nicht nur uninteressant und unaufrichtig«, sondern versage vor allem in ihrem Auftrag als »vierte Gewalt«.[10]

Die Position ist weitverbreitet, wenngleich nicht unwidersprochen – selbst im *Spiegel* nicht, der davon lebt.[11] Journalismus war nie neutral, auch wenn jedem Volontär erklärt wird, den Dissens in einer Gesellschaft nicht in der Berichterstattung selbst, sondern an den unterschiedlichen Positionen in der Berichterstattung deutlich zu machen. Aber wenn Journalismus mit der Berichterstattung gleich die »richtige« Interpretation mitliefert oder sich – im schlimmsten Fall – nur noch mit Agenda-Setting beschäftigt, wird er zur Karikatur. Bevorzugter Tummelplatz für Selbstdarstellung und Narzissmus des Gewerbes sind vorrangig Plattformen wie Twitter, wo journalistische Missionare den Ton angeben, die nicht nur ihnen widerstrebende Ansichten verdammen, sondern diejenigen, die sie vortragen, persönlich gleich mit. Stets mit dem Hinweis versehen, es handele sich um ihre eigene Meinung, nicht etwa um die Meinung des Mediums, für das sie arbeiten. Auch wenn sie ohne den Job keine Wirkung hätten.

»Was also bringt jemanden dazu, im Jahr 2020 Trump zu wählen? Meine beste Antwort darauf – meine einzige Antwort – lautet: Schmerz«, schreibt der amerikanische Schriftsteller Jonathan Safran Foer nach der Präsidentenwahl. Er hat für Biden gestimmt, bekennt er. »Als ich neulich durch den Bundesstaat New York fuhr, sah ich ein handgemaltes Trump-Schild, auf dem geschrieben stand: *Let's keep winning!* Es stand vor einem verfallenen Wohnmobil in einem Ort, wo sämtliche Schaufenster der Hauptstraße zugenagelt waren. Symbolische Siege müssen sehr verführerisch sein, wenn man in einem so realen Teufelskreis der Armut feststeckt, wenn man sich in einem sterbenden Industriezweig den Arsch abarbeitet und wenn man gezeigt bekommt, dass man im besten Fall unwichtig ist, im schlimmsten Fall bemitleidenswert.« Ob MSNBC, CNN oder die Comedy-Show *Saturday Night Live*, so der Autor – man könne Trumps Führungsstil vollkommen ablehnen und dennoch verstehen, dass Trump-Wähler sich zutiefst beleidigt fühlen.[12]

»*Build Back Better*« lautete Bidens Slogan: Amerika wieder aufbauen, nur besser. Eine Anleihe bei Trump, der Amerika »wieder« groß machen wollte: *Make America great again*. Für die Wähler, die er gewonnen hat, offeriert Joe Biden ein schlichtes Versprechen. Normalität, wie er sie verkörpert. Es ist die Rückkehr des Washingtoner Establishments an die Macht.

»Man stelle sich für einen Augenblick vor, Donald Trump hätte nie die politische Bühne betreten, wäre nie US-Präsident geworden. Wie würden die USA heute aussehen? Es hätte keinen Mueller-Report gegeben, kein

Impeachment-Verfahren, keine endlosen Berichte über Skandal-Tweets des Präsidenten«, schreibt der US-Korrespondent der *Zeit* in einer Analyse mit dem Titel »Ein zerbrochenes Land«. Sein Text bietet trotzdem wenig Grund für Optimismus. Die Vereinigten Staaten wären in den meisten Punkten »die gleichen USA, die uns heute begegnen«, lautet die ernüchternde Schlussfolgerung. »Wer sich die Regierungsbilanz von Barack Obama und das wenig ambitionierte soziale Wahlkampfprogramm Hillary Clintons anschaut, kann kaum zu einem anderen Schluss kommen«, so der Autor. »Es wären die USA, in denen weiterhin Millionen Menschen keine Krankenversicherung haben, Millionen Kinder hungern und Millionen Menschen von Gehaltsscheck zu Gehaltsscheck leben. Die USA, in denen ein Prozent der Bevölkerung 80 Prozent des Vermögens besitzt.«[13] Tatsächlich hat sich während der vergangenen Jahrzehnte in keiner anderen Industrienation die Kluft zwischen Arm und Reich so sehr verbreitert wie in den USA.[14]

Das Angebot des gewählten Präsidenten heißt Versöhnung, und Joe Bidens Rolle in diesem Drama ist eng definiert. Sein Trumpf ist bislang nur, dass er nicht Trump ist. »Joe Biden war fast 40 Jahre Teil dieses politischen Systems und er wird ein Land übernehmen, das nicht nur wegen der Covid-Pandemie in Trümmern liegt«, schreibt der *Zeit*-Korrespondent. Auch wenn die Pandemie zusammen mit der kontroversen Figur Donald Trump die gesellschaftlichen Schwächen der Weltmacht bloßgelegt hat, Donald Trump verkörperte nur die Wiederkehr einer Verdrängung. Viele der 44 Prozent Amerikaner, die im Niedriglohnsektor für durchschnittlich 18 000 Dollar im Jahr arbeiten, sind besonders verletzlich und können weder ihren Job aufgeben, noch von zu Hause aus arbeiten, so die *Frankfurter*

Allgemeine. Die Frage, wer »an und mit« Corona stirbt, beantwortet die Statistik eindeutig. Besonders viele von ihnen sind eher nicht weiß. Die Risikofaktoren heißen: arm, schwarz und/oder krank. Nach Zahlen des »American Public Media Research Lab« starben Schwarze, Latinos und Angehörige der indigenen Bevölkerung bislang rund dreimal häufiger nach einer Covid-Erkrankung als Weiße. Millionen sind trotz Arbeit arm, weil sie in prekären Jobs arbeiten. Das Land der unbegrenzten Möglichkeiten hat die höchste Todesrate an Corona-Opfern weltweit.[15]

Es ist eine alte Geschichte. »I have a dream«, rief Martin Luther King einst beim berühmten »Marsch auf Washington«, an einem heißen Augusttag im Jahr 1963. Vor mehr als 250 000 Demonstranten hielt der schwarze Bürgerrechtler der Vereinigten Staaten eine mitreißende Rede. Er zitierte die Unabhängigkeitserklärung von 1776, die knapp zweihundert Jahre früher das Recht auf Gleichheit für alle verkündete. Eine Garantie auf unveräußerliche Rechte für Leben, Freiheit und das Streben nach Glück.

Es ist seither für viele Amerikaner bei dem bloßen Streben geblieben, von dem Martin Luther King sprach, bevor er fünf Jahre später ermordet wurde. »Anstatt dieses heilige Versprechen einzulösen, hat Amerika den Farbigen nur einen Scheck in die Hand gedrückt, der nicht gedeckt war«, so Philip Kennicott in der *Washington Post*.[16] Seitdem hat sich die Zahl der ungedeckten Schecks vervielfacht. Es sind nicht nur mehr Menschen mit unterschiedlicher Hautfarbe, denen es schlecht geht. Auch viele weiße Amerikaner können kaum überleben.

Es ist die Mall, dieselbe große Wiese zwischen dem Parlament und dem Denkmal von Abraham Lincoln, auf der sich fast sechzig Jahre später wieder Demonstranten sammeln. An diesem Januartag im Jahr 2021 werden »fanatische Trump-Fans« den Kongress stürmen, das »Heiligtum der Demokratie«, wie die *Süddeutsche Zeitung* das amerikanische Parlament nennt, angestachelt von Trumps Lüge des Wahlbetrugs. »Wir werden die Pennsylvania Avenue hinuntergehen«, hatte Trump seinen Anhängern auf einer Demonstration Stunden zuvor erklärt, »und wir werden versuchen, unseren Republikanern – nur den schwachen, die starken haben unsere Hilfe nicht nötig – ein bisschen von dem Stolz und Mut abzugeben, den sie brauchen, um unser Land zurückzuerobern.«[17]

Die Aufforderung, die Pennsylvania Avenue hinunterzugehen, ist eindeutig. Wer sich von der National Mall in Richtung Osten bewegt, steht nach einer halben Stunde vor dem Kapitol. Noch bevor Trump mit seiner Rede fertig ist, machen sich Tausende seiner Anhänger auf den Weg. Es wird ein ebenso vergeblicher wie untauglicher Versuch, Biden zu verhindern, auch wenn zahlreiche Demonstranten ohne große Gegenwehr in das Gebäude gelangen. Dort sind die beiden Kammern des Kongresses, das Abgeordnetenhaus und der Senat, zusammengetreten. Sie werden den neuen Präsidenten offiziell ernennen.

Bilder von erstürmten Parlamenten waren bislang nur aus »Bananenrepubliken« oder Regime-Change-Operationen wie im Irak bekannt. Die Filmsequenzen, die weltweit die Runde machen, gleichen »Fotografien, die Soldaten der US-Army bei der Einnahme von Bagdad in den Palästen Saddams machten: lachende, bärtige Soldaten, die ihre Füße auf Mahagonitische legen. Mit Statuen posieren. Ein bisschen was klein hauen«, schreibt die *Frankfurter Allgemeine*.[18] »Aber wenn Trump unisono immer wieder als größter anzunehmender Unfall der westlichen Demokratie beschrieben wird, muss man sich auch ein bisschen über das politische Kurzzeitgedächtnis wundern.« Wie schon bei der Wahl Trumps machten es sich viele Journalisten sehr einfach, so der Kommentar. Sicherlich habe Trump von allen Präsidenten der jüngeren Zeit »am spalterischsten und inkompetentesten gewirkt, am offensichtlichsten gelogen, die Corona-Krise außer Kontrolle geraten lassen und mit Unterstützung marodierender Anhänger verheerende Bilder wie die eines ramponierten Kapitols in die Welt gesetzt«, zählt das Blatt das lange Sündenregister auf. Allerdings sei dies kein neues Phänomen.

Der Kommentator mokiert sich über die Aussage von Ex-Präsident George W. Bush der nach dem Sturm aufs Kapitol zu Protokoll gab, er sei »angewidert«, und erinnert an Bushs eigene desaströse Politik. »Es war der jetzt als Gentleman auftretende Bush, der auf Basis gefälschter Dokumente und mit viel weitreichenderen Lügen einen völkerrechtswidrigen Krieg anzettelte, unter dessen Folgen noch heute Millionen Menschen nicht nur in der Golfregion leiden.«

Bei den Turbulenzen in Washington werden infolge von Donald Trumps Aufwiegelung vier Menschen sterben. Es ist einer der letzten Beiträge des Politikers, der dafür sorgt, dass sich der Sehnsuchtsort Amerika weiter entzaubert.

Die Ernüchterung ist groß. Vor allem in Deutschland, auch wenn die Attraktion schon länger brökelte. »Amerika, das war die Rettung davor, nur deutsch zu sein. Meine älteren Brüder hatten ›USA, SA, SS‹ gerufen, ich später auch, ohne wirklich zu wissen, was das hieß, aber die Sehnsucht danach, einmal dorthin zu kommen, hatte damit nichts zu tun«, beschreibt die Feuilleton-Redakteurin Verena Lueken, Jahrgang 1965, ihre gemischten Gefühle kurz vor der Wahl. In ihrem *FAZ*-Essay »Die Freiheit, die sie meinten« beschreibt sie die kulturelle Anziehungskraft für viele. »Amerika« war etwas anderes als die Vereinigten Staaten, »ein Wunschbild, ein Trugbild, eine Phantasie, die ich, wie ich später erkannte, mit vielen Amerikanern teilte.«[19]

Die Zeit der Alleingänge ist vorbei

Die Erleichterung der europäischen Staatschefs, die dem neuen Präsidenten Glückwünsche schicken, ist groß und die Liste ist lang. Die Choreographie ist abgesprochen. Nachdem mehrere amerikanische Fernsehsender und die Nachrichtenagentur AP vier Tage nach der Wahl den Biden-Sieg ausgerufen haben, gratulierte Angela Merkel ebenso überschwänglich wie erleichtert: »Unsere transatlantische Freundschaft ist unersetzlich, wenn wir die großen Herausforderungen dieser Zeit bewältigen wollen.« Eine Minute zuvor hatte EU-Ratspräsident Charles Michel auf Twitter Glückwünsche übermittelt: »Europa ist bereit, sich für eine starke transatlantische Partnerschaft zu engagieren.« Sekunden später twittert Emmanuel Macron: »Wir haben viel zu tun, die heutigen Herausforderungen zu bewältigen.«[20]

Biden telefoniert umgehend mit der deutschen Kanzlerin und dem französischen Präsidenten. »Zunächst einmal ließ ich sie wissen, dass Amerika zurück ist«, erklärt er in der anschließenden Pressekonferenz in Delaware. »Wir sind wieder im Spiel. Die Zeit der Alleingänge ist vorbei.«[21]

Die demonstrative Einigkeit unter den Europäern ist nicht von Dauer. Die deutsche Verteidigungsministerin Annegret Kramp-Karrenbauer nutzt die US-Wahl, um den

Vorschlag des französischen Präsidenten zu attackieren, der für eine stärkere militärische Unabhängigkeit von Amerika wirbt, und setzt weiter auf den engen Schulterschluss mit den USA. »Die Illusionen von einer europäischen Autonomie muss beendet werden«, schreibt sie in der Online-Ausgabe von *Politico*, einem einflussreichen Medium des Washingtoner Politbetriebes. Europa könne die Rolle der Vereinigten Staaten für seine Sicherheit niemals ersetzen, so die Ministerin.

Zwei Wochen später legt Kramp-Karrenbauer in einer Grundsatzrede an der Bundeswehrhochschule in Hamburg nach, verspricht dem neuen Präsidenten Biden Gefolgschaft und beschwört das gemeinsame Feindbild China und Russland. »Dreißig Jahre nach dem Ende des Kalten Kriegs müssen wir uns eingestehen: Das Ende des Kalten Krieges war nicht das Ende der Geschichte. Der Frieden ist nicht überall ausgebrochen. Unsere Sicherheit, unser Wohlstand, unser friedliches Zusammenleben werden ganz real bedroht.« Die Gründe sind klar:

China: weil der politische Einfluss und die Wirtschaftskraft das Reich der Mitte mit zum wichtigsten Global Player und Rivalen der USA gemacht hat.

Russland: weil Moskau »unbeirrt seine stetige Aus-, ja Aufrüstung mit konventionell und nuklear bestückten Raketensystemen« fortsetzt, »in direkter Nachbarschaft der europäischen Union, unmittelbar an der Ostgrenze der Nato«, so Kramp-Karrenbauer. Dass es die Nato ist, die sich bis zur Ostgrenze Russlands bewegt hat, ist für die Verteidigungsministerin weniger das Problem.

Für Frankreichs Präsidenten sind die Aussagen von Kramp-Karrenbauer zum transatlantischen Verhältnis ein Affront, die er »ganz und gar nicht« teile. Er ist in den vergangenen Wochen schon mehrmals mit der deutschen Verteidigungsministerin aneinandergeraten.

»Ich halte das für eine Fehlinterpretation der Geschichte«, lautet Macrons wenig diplomatische Antwort. »Die Vereinigten Staaten werden uns nur als Verbündete akzeptieren, wenn wir uns selber ernst nehmen, und wenn wir in unserer eigenen Verteidigung souverän sind«, so der Präsident. In Europa würden sehr viele Themen ausgeblendet. »Um es klar zu sagen: Im geostrategischen Bereich haben wir uns das Nachdenken abgewöhnt, da wir unsere geopolitischen Beziehungen stets nur mittels der Nato definiert haben – Frankreich, historisch bedingt, weniger als andere.«[22]

Auch Wladimir Putin hat Kramp-Karrenbauers Statement registriert. »Ich bin mir nicht sicher, dass sie noch besonders glücklich ist mit ihrer Aussage«, kommentiert er die Erklärung in seiner Moskauer Residenz in Nowo-Ogarjowo. »Sie wollte offenkundig zeigen, wie hart sie ist, und hat ein altes Klischee der Nato aufgewärmt.« Man solle die Bemerkung nicht zu wichtig nehmen, auch wenn sie nicht gerade hilfreich sei für die Pflege der deutsch-russischen Beziehungen.[23]

Der russische Staatschef gratuliert Joe Biden nach der schleppenden Auszählung der Stimmen erst Wochen später zum Wahlsieg, kurz nachdem das »Electoral College«, das Wahlleutegremium der Bundesstaaten, Bidens Sieg endgültig bestätigt hatten, so wie es die Verfassung vorschreibt. Mit einer Klagewelle hatten Trump und seine Verbündeten zuvor versucht, das Wahlergebnis wegen angeblichen Betrugs zu kippen. Weder er noch seine Anwälte konnten überzeugende Belege für ihre Vorwürfe vorlegen.

Erst nach der Entscheidung an diesem Tag im Dezember schickt Wladimir Putin den offiziellen Glückwunsch Russlands. »Ich habe einfach gewartet, bis die inneramerikanische Auseinandersetzung um die Wahl zu Ende sind. Es gab keine versteckte Agenda«, kommentiert er den Zeitpunkt und ergänzt sarkastisch: »Man kann eine ruinierte Beziehung nicht mehr weiter ruinieren.«[24]

Wladimir Putin hat sich schon vor der Wahl wenig Illusionen über die künftigen Beziehungen mit den USA gemacht. Trotz aller freundlichen Worte von Donald Trump in der Öffentlichkeit hat die Trump-Regierung Dutzende neue Sanktionen gegen Moskau verhängt. Washington hat weiter aufgerüstet und 2018 den INF-Vertrag über die atomare Abrüstung aufgekündigt, weil Moskau angeblich gegen das Abkommen verstoße.

Der Vertrag über nukleare Mittelstreckensysteme (»Intermediate Range Nuclear Forces«) ist eine zentrale Vereinbarung aus der Zeit des Kalten Krieges und wurde 1987 zwischen den USA und der damaligen Sowjetunion geschlossen. Er verpflichtet beide Seiten zum Verzicht auf landgestützte ballistische Raketen und Marschflugkörper mit einer Reichweite von 500 bis 5500 Kilometern.

Kurze Zeit später reichte Trump eine weitere Kündigung für die letzte gemeinsame atomare Waffenkontroll-Vereinbarung nach. 2010 hatten Barack Obama und der damalige russische Präsident Dmitri Medwedew erklärt, die Anzahl der Atomwaffen weiter zu begrenzen. Russland und die USA besitzen zusammen rund 90 Prozent der Atomwaffen weltweit. Das sogenannte »New Start«-Abkommen legte die russischen und amerikanischen Nukleararsenale auf je 800 Trägersysteme und 1550 einsatzbereite Atomsprengköpfe fest. Sollte das New-Start-Abkommen nicht verlängert und keine neue Vereinbarung geschlossen werden, gibt es erstmals seit Jahrzehnten kein Abkommen mehr, das den Bestand an strategischen Atomwaffen begrenzt. Dass Trump dann auch noch den Ausstieg aus dem sogenannten Open-Skies-Abkommen mit Russland ankündigte, registrierte kaum noch jemand.

Putin hat als Reaktion darauf seinerseits das Abkommen mit der Nato aufgekündigt. Es hat auf beiden Seiten Beobachtungsflüge im Luftraum des anderen Vertragspartners ermöglicht. »Haben wir etwa die Verträge gekündigt?«, fragt er, darauf angesprochen, und gibt auch gleich die Antwort. »Nein, es war Amerika. Halten die uns für dumm?«[25]

In seinem Glückwunsch-Telegramm an Joe Biden, schrieb Putin: »Wir werden mit jedem kooperieren, der das Vertrauen des amerikanischen Volkes genießt.« Moskau und Washington hätten besondere Verantwortung für Sicherheit und Stabilität in der Welt.[26] Der russische Präsident hat fürs Erste eine Verlängerung des »New Start«-Abkommens zur atomaren Abrüstung um ein Jahr ohne Vorbedingungen angeboten, um umfassende Verhandlungen zu ermöglichen.

Außenpolitik als Fortsetzung der amerikanischen Innenpolitik

Joe Biden wird weltweit amerikanische Großmacht-Interessen vertreten, auch wenn der Tonfall freundlicher ist als Trumps verbale Ausfälle.

»Amerika ist bereit, die Welt anzuführen, statt sich aus ihr zurückzuziehen«, erklärt der neue Mann unmissverständlich den globalen Führungsanspruch, wieder für »unsere Werte einzustehen«. Die USA werde auf der Welt »den Platz am Kopf des Tisches« einnehmen, »jederzeit bereit, sich mit unseren Feinden anzulegen«.[27]

Warum Amerika die führende Weltmacht sein muss, hat der neue Präsident in einem langen Artikel in der Zeitschrift *Foreign Affairs* ausgeführt. Neben der üblichen Wahlkampf-Rhetorik spiegeln die Ausführungen jene amerikanische Tradition wider, die Arthur Miller in seinem Theaterstück *Hexenjagd* beschrieben hat. Es geht einmal mehr um den »American exceptionalism«, den unerschütterlichen Glauben an die eigene Mission. Das Land müsse die Stärke nutzen, »die uns zum Sieg in zwei Weltkriegen geführt und den Eisernen Vorhang beseitigt hat«, mahnt Joe Biden an. Er will den Kampf gegen den bösen Einfluss fremder Mächte nicht nur in Amerika selbst verstärken, sondern weltweit – von »Hongkong bis zum Sudan, von Chile bis zum Libanon«. Er will für mehr Anstand und weniger Korruption sorgen. Gleich im ersten Jahr als Präsident werde er eine Konferenz in den USA einberufen und alle demokratischen Staaten einladen, um die Bewegung zu erneuern – »to renew the spirit and shared purpose of the nations of the free world«.

Der Feind kommt wie immer von außen. »Die USA muss China hart anfassen«, so Biden – weil Peking den Wohlstand im Land der unbegrenzten Möglichkeiten gefährdet. Deswegen setzt Biden, anders als sein Vorgänger, auf Verbündete. Denn zusammen mit Europa könne auch China bezwungen werden. Als Oberbefehlshaber der mächtigsten Militärmacht der Welt werde er im Übrigen nicht zögern, die Amerikaner zu schützen, in welchem Teil der Welt auch immer. »Wenn es sein muss, mit Gewalt.«

Auch für Russland hat er eine Botschaft. Weil das Land »internationale Normen« verletze, werde er »sehr schmerzhafte Sanktionen verhängen« und sich »in Russland weiter einmischen und die russische Zivilgesellschaft unterstützen«, die immer wieder gegen Wladimir Putin auf die Straße gehe.[28]

American Way of Life

Bidens Vorstellung, den American Way of Life für den Rest der Welt verbindlich vorschreiben zu können, repräsentiert den politischen Mainstream in den USA, auf den sich Republikaner und Demokraten bei allen Kontroversen leicht einigen können. Es ist die klassische Formel, die schon George Bush junior nach den Anschlägen vom 11. September als Motto ausgegeben hatte: »Every nation, in every region, now has a decision to make. Either you are with us, or you are with the terrorists.« – Für uns oder gegen uns.

Auch Bidens künftiges Regierungsprogramm erinnert einmal mehr an Arthur Millers *Hexenjagd*, in dem der Pastor Samuel Parris jede abweichende Meinung in der Gemeinde als Werk des Bösen einstuft und zur tödlichen Gefahr erklärt, die es zu beseitigen galt. »Bekenne deine Schuld, oder ich führe dich hinaus und peitsche dich zu Tode«, fordert er in dem Stück eine vermeintliche Hexe auf.

Dass es der neue Präsident mit seiner Botschaft ernst meint, macht das politische Personal deutlich, das er nach dem Wahltag in seiner Heimatstadt Wilmington vorstellt. Die Kandidatinnen und Kandidaten für die außen- und sicherheitspolitischen Schlüsselpositionen in der künftigen Regierung sind alte Vertraute, bekannte Gesichter aus der Obama-Administration und Granden der demokratischen Partei, die für Kontinuität sorgen sollen.

Die künftige Finanzministerin Janet Yellen, Jahrgang 1946, war Chefin der US-Notenbank und wirtschaftspolitische Beraterin Bill Clintons. John Kerry, Jahrgang 1943, soll seine Erfahrung als Außenminister jetzt als Sonderbeauftragter für Klimafragen einbringen. Als Außenminister nominiert Joe Biden seinen langjährigen Vertrauten Antony Blinken, der zuletzt unter Hillary Clinton stellvertretender Außenminister war. Blinken ist ein langjähriger Weggefährte. Beide arbeiten seit zwanzig Jahren zusammen. Es war Antony Blinken, der als Mitarbeiter des damaligen Senators die Resolution ausarbeitete, mit der Joe Biden als Vorsitzender des Auswärtigen Ausschusses im US-Kongress den Irak-Krieg absegnete. Als Vizepräsident machte Biden ihn zu seinem nationalen Sicherheitsberater. Blinken war es auch, der sich für die Ausweitung des US-Einsatzes in Syrien und die militärische Intervention in Libyen ausgesprochen hatte, die zum Sturz des früheren Diktators Muammar al-Gaddafi führte – und die Obama selbst später als den größten außenpolitischen Fehler seiner Präsidentschaft bezeichnete.

Der Chef des State Departments ist der Mann, der Bidens Vision von der Ordnungsmacht USA umsetzen soll. »Ob es uns gefällt oder nicht – die Welt ordnet sich nicht von allein«, so Blinken kurz vor der Wahl im November. An Sendungsbewusstsein mangelt es ihm nicht: »Wir befinden uns in einer Rezession der Demokratie, und Autokratien von Russland bis China versuchen sich daraus Vorteile zu verschaffen. Aber auch jetzt in dieser speziellen Zeit wollen die demokratischen Gesellschaften, dass die USA die Führung in der freien Welt übernehmen.«[29]

Auch Victoria Nuland ist kein neues Gesicht im State Department. Die einstige Europa-Beauftragte der Obama-Regierung ist eine ausgewiesene Hardlinerin und Russland-Gegnerin, die während ihrer Karriere kompromisslos amerikanische Positionen durchsetzte. »*Fuck the EU* – Scheiß auf die EU«, so lautete ihr berühmter Ausspruch während der Ukraine-Krise, als die Europäische Union einige ihrer rabiaten Ratschläge ablehnte.

Der neue Außenminister hat sich schon länger strategisch auf den Moment der Machtübernahme eingestellt. Nach dem Ende der Obama-Regierung gründete er 2017 mit Partnern die Beraterfirma WestExec Advisors. Die neue Firma diente als eine Art Parkplatz für das einstige Obama- und neue Biden-Personal während der Trump-Zeit in der amerikanischen Hauptstadt. Schon der Name des Unternehmens symbolisiert die Nähe zur Macht. Die kleine Privatstraße West Executive Avenue trennt den Westflügel des Weißen Hauses vom gegenüberliegenden Bürogebäude, dem Eisenhower Executive Office Building, wo zahlreiche Berater des neuen Präsidenten überwinterten. Viele von ihnen haben nur darauf gewartet, dass Donald Trump die Wahl verliert, um wieder in Regierungsjobs zu wechseln.

Der Drehtüreffekt ist eine alte Tradition in Washington.[30] Hohe amerikanische Staatsdiener wechseln während einer politischen Auszeit gerne zu einer Beraterfirma, um ihr Insider-Wissen zu Geld zu machen. Die Flexibilität garantiert ein gutes Einkommen und weiteren Einfluss und der Industriekundschaft den professionellen Zugang zu staatlichen Aufträgen. Die exzellenten politischen Verbindungen von Blinkens Beraterfirma, so verspricht die Website, ist eine Garantie, um den Kunden zu helfen, »mit den wachsenden Herausforderungen und Chancen« fertigzuwerden.[31]

Die erfolgreiche Arbeit der WestExec-Berater ist eine bewährte Methode, »wie frühere Staatsdiener ihr spezielles Wissen, ihre Verbindung und Zugang für Unternehmen nutzen«, beschreibt die *New York Times* die unternehmerischen Fähigkeiten des neuen Außenministers. Vor allem die amerikanische Rüstungsindustrie machte in den vergangenen Jahren regen Gebrauch von den Zugängen. Die Liste der Experten ist lang. Auf ihr stehen neben einem stellvertretenden Ex-CIA-Chef, ein ehemaliger Vize-Verteidigungsminister und zahlreiche weitere Prominente aus dem Obama-Lager. »Die Firma ist ein Zwischenlager für prominente Vertreter der nationalen Sicherheit und der Außenpolitik früherer demokratischer Regierungen«, merkt die *New York Times* an.[32]

Auch Avril Haines ist eine alte Bekannte des neuen Präsidenten, die für die Beratungsfirma arbeitete und die Trump-Jahre genutzt hat, um ihre Regierungserfahrung zu Geld zu machen. Sie soll als künftige Direktorin der US-Geheimdienste die Welt der Agenten wieder beruhigen, die Donald Trump in Unruhe versetzt hat. Während Obamas Präsidentschaft war Haines als erste Frau zur stellvertretenden Nationalen Sicherheitsberaterin im Weißen Haus aufgestiegen, davor avancierte sie zur Vize-Direktorin des US-Auslandsgeheimdienstes CIA. Die Juristin kennt das Geschäft der amerikanischen Geheimdienst-Gemeinde bestens. Sie zeichnete mitverantwortlich für Obamas geheimes Drohnen-Programm, das weltweit Jagd auf Terroristen machte und Hunderte von Zivilisten das Leben kostete. Es war der Wikileaks-Gründer Julian Assange, der das blutige Geschäft des amerikanischen Militärs aufdeckte, weswegen ihn die USA seither unbarmherzig verfolgen.[33]

Haines unterstützte auch Trumps kontroverse Nominierung von Gina Haspel als CIA-Direktorin. Haspel, die auf eine lange Karriere zurückblickt, war unter George W. Bush mitverantwortlich für das berüchtigte Folterprogramm der Amerikaner in Geheimgefängnissen im Ausland.[34]

22 Zurück auf Anfang

In Kiew begrüßte Wolodymyr Selenskyj die Wahl des neuen US-Präsidenten mit dem verbalen Drahtseilakt, den sich der ukrainische Präsident beim Umgang mit den USA angewöhnt hat. Natürlich sei er dankbar für die Unterstützung Amerikas während der Trump-Ära, erklärt er der *New York Times* – für all »die Sanktionen gegen Russland« und dafür, dass die Ukraine in das Trainingsprogramm der Nato aufgenommen wurde. Der neue Präsident Joe Biden verstehe die Ukraine allerdings wohl doch noch besser, so Selenskyj, da Biden als Obamas Mann für Kiew schon lange vertrauliche Beziehungen zur Ukraine pflege. Dann macht er dem kommenden Mann ein Angebot. Da die USA der strategische und geopolitische Partner seines Landes seien, könnte Präsident Biden frischen Wind in die Normandie-Runde bringen. Er kenne ja die Probleme zwischen der Ukraine und Russland.[1]

Die USA mit ins Boot zu nehmen, ist ein alter Vorschlag des ukrainischen Politikers, den Deutschland, Frankreich und Russland schon einmal abgelehnt haben.

Wolodymyr Selenskyj ist unter Druck. Nicht nur, weil die ukrainische Staatsanwaltschaft noch immer ermittelt, warum Bidens Sohn Hunter nach dem Maidan-Umsturz 2014 plötzlich in den Vorstand des größten privaten Energiekonzerns Burisma berufen wurde und Hunderttausende von Dollar Honorar bekam, obwohl er von der Branche nichts verstand. Eine Berufung, die just in der Zeit kam, als Vater Biden als US-Vizepräsident für die Ukraine zuständig war.

Selenskyjs Problem ist, dass er nach dem steilen politischen Aufstieg fast ebenso rapide abgestürzt ist. Die Umfragewerte, die das Präsidialamt in der Bankovastraße 11 in der ukrainischen Hauptstadt Anfang Dezember 2020 auf den Tisch bekommt, sind ernüchternd. Für viele seiner Landsleute ist der Präsident die Enttäuschung des Jahres. Nur noch 19 Prozent würden den einstigen Hoffnungsträger des Jahres 2019 wiederwählen. Damals hatten mehr als doppelt so viele für ihn als Staatspräsidenten gestimmt.

Die Statistik zeichnet ein düsteres Bild des Landes. Der Wirtschaft geht es nicht gut, die Preise steigen, und Corona trübt die Stimmung zusätzlich.[2]

Auch »die Diener des Volkes« seiner Partei Sluha narodu stolpern. Die Kommunalwahlen Ende Oktober 2020 waren ein Rückschlag für die erfolgsverwöhnte Truppe des Präsidenten. Die lokalen Eliten erweisen sich stärker als gedacht. In der Hauptstadt gewinnt mit dem Ex-Boxweltmeister Vitali Klitschko ein erklärter Gegner Selenskyjs die Bürgermeisterwahl, und die meisten Stimmen im Stadtrat holt die Partei von Petro Poroschenko. Sie nennt sich jetzt »Europäische Solidarität«. Die politische Auferstehung des einstigen Präsidenten Poroschenko beruht nicht zuletzt auf den Stimmen, die sich zuvor auf rechtsradikale Bewegungen wie »Swoboda« und andere Rechtsaußen-Parteien verteilten.[3]

Selenskyjs »Diener des Volkes« kommen in der Hauptstadt Kiew nur auf gut 7 Prozent. Bei den Parlamentswahlen vor einem Jahr hatten sie noch alle Direktmandate geholt.[4]

In den Gebieten Luhansk und Donezk wurde nicht gewählt, obwohl es laut der Normandie-Abmachungen vorgesehen war. Er stehe zwar zu den Minsk-Vereinbarungen, hatte Selenskyj kurz zuvor Richtung Berlin und Paris verkündet, aber in den umkämpften Gebieten werde es keine Wahlen geben, solange Kiew nicht die territoriale Kontrolle habe.

Auch im Regierungsgebiet entlang der Frontlinie durften die Ukrainer »aus Sicherheitsgründen« nicht über ihre örtlichen Vertreter abstimmen. Selenskyj will mit Putin direkt verhandeln. »Als Präsident der Ukraine muss ich alle schwierigen Probleme mit ihm lösen. Und wenn es hilft, den Krieg schneller zu stoppen, muss ich mit ihm kommunizieren. Darüber hinaus glaube ich, dass es einen Dialog geben sollte«, erklärt er anschließend in einem Interview im ukrainischen Magazin *Focus*.[5]

Die Kommunalwahlen haben die politische Polarisierung wieder verschärft. Im Südosten des Landes dominiert die pro-russische Opposition. Im Westen liegt dagegen die pro-europäische Partei von Petro Poroschenko vorn. Wolodymyr Selenskyj spielt auf Zeit, kämpft mit den Anfangsschwierigkeiten der neuen Regierung, die mit hohen Erwartungen ins Amt gewählt wurde. Mehrmals hat er Minister ausgewechselt. Die Wiederaufnahme der Verhandlungen nach dem Treffen im Normandie-Format in Paris verlaufen zäh, auch wenn es die Fortschritte gibt. Der Waffenstillstand im Donbass seit dem Sommer 2020 hält, an der Grenze wird weit weniger geschossen und gestorben.

Als Angela Merkel ihn nach der Kommunalwahl anruft und an die Vereinbarungen des Pariser Gipfels erinnert, die nur schleppend umgesetzt werden, haben die Ärzte bei Wolodymyr Selenskyj gerade Corona diagnostiziert. In der Ukraine werden täglich neue Rekordzahlen bei Infektionen und Sterbefällen gemeldet. Merkel verspricht zu helfen, aber ihre Möglichkeiten sind beschränkt. Der Impfstoff ist knapp, und der Verteilungskampf in der Europäischen Union voll entbrannt. Für Länder außerhalb der EU sieht es nicht gut aus. Auch für die USA steht die einstige Sowjetrepublik nicht an erster Stelle.

»Ich musste mich damit abfinden«, räumt Selenskyj in seinem Interview mit der *New York Times* resignierend ein, »dass die Position der Ukraine nicht die stärkste ist ... Wir stehen nicht auf der Liste der Länder, die den Impfstoff als Erste bekommen.« Eine Lage, die ihn kurzfristig überlegen lässt, Impfstoff in Moskau zu ordern. »Natürlich ist es ummöglich, der ukrainischen Bevölkerung zu vermitteln, warum man keinen Impfstoff aus Russland beziehen sollte, wenn Amerika und Europa ihn uns nicht geben. Das ist einem Sterbenden unmöglich zu vermitteln.«[6] Aber er verwirft die Idee, kaum dass er sie ausgesprochen hat, gleich wieder. Sie wäre in der gegenwärtigen politischen Stimmung im eigenen Land kaum durchsetzbar.

Wolodymyr Selenskyjs Verhältnis zu Angela Merkel ist nicht das beste. Schon vor einem Jahr war er in Paris mit der deutschen Kanzlerin aneinandergeraten, weil sie Druck ausgeübt hatte, um jenen mangelnden Fortschritt einzufordern, den die selbsternannte Friedenstifterin seinem Vorgänger Poroschenko über Jahre hinweg wohlwollend durchgehen ließ. Die deutsche Ukraine-Politik der Kanzlerin ist alles andere als eine Erfolgsgeschichte, und Merkels

Zeit läuft aus. Ein Grund, warum Selenskyj verstärkt auf Joe Biden baut. Auch ein weiteres Treffen der Vertreter aus Frankreich, Deutschland, Russland und der Ukraine für Dezember wird abgesagt.

Schon Monate zuvor hat der ukrainische Präsident mit Polen und Litauen verabredet, stärker zusammenzuarbeiten. Nicht nur in Sachen Corona, sondern auch in Sicherheitsfragen. Das neue Format heißt »Lubliner Dreieck« und soll Mitteleuropa stärker und von Deutschland unabhängiger machen. Die Länder teilen ein altes Feindbild.

Das Vorbild für die neue Zusammenarbeit ist eine historische Vereinbarung mit dem Namen »Lubliner Union«. Das Denkmal in der gleichnamigen Stadt in Polen, vor dem die drei Außenminister im Sommer 2020 demonstrativ eine gemeinsame Erklärung abgegeben haben, erinnert an den Zusammenschluss von Polen und Litauen im Jahr 1569 gegen einen gemeinsamen Feind: das Großfürstentum Moskau.[7]

Jetzt fordert die neue Allianz an der Grenze zu Russland, dass die Ukraine Mitglied der Nato werden soll. Schon seit 2014 arbeiten die Ukraine, Polen und Litauen zusammen mit der Nato am Aufbau einer gemeinsamen 4500 Mann starken Truppe mit Sitz in Lublin. Sie soll als Reserve für internationale Einsätze der Nato und der Europäischen Union dienen. Die Truppen der Ukraine trainieren bereits mit Nato-Einheiten für den Ernstfall und stellen Soldaten für den Einsatz in Afghanistan. Die Erinnerung an die alten Wunden der Vergangenheit ist noch sehr lebendig. Das Potenzial für neue Konflikte ist beträchtlich. Nicht nur in Estland, Lettland, Litauen, Polen oder der Ukraine. Auch in Russland.[8]

Die Ukraine ist nur eines der zahlreichen Probleme, die

Angela Merkel beschäftigen. Seitdem sie als CDU-Vorsitzende zurückgetreten ist und zum Jahresende 2021 ihren Abschied aus der Politik erklärt hat, haben viele Länder die Kanzlerin als *lame duck* abgeschrieben. Auch im Machtkampf um die künftige Kanzlerkandidatur und die Parteispitze der CDU spielt die Kanzlerin keine Rolle mehr. Nicht nur zu Hause, auch international hat das Warten auf ihre Nachfolge begonnen. »Haftung und Kontrolle gehören zusammen«[9] – der Kernsatz der Merkel-Ära, mit dem die Unionspolitikerin die EU über ein Jahrzehnt beherrschte, funktioniert im politischen Herbst der Kanzlerin nicht mehr.

Der Widerstand gegen »Deutschland first« in den europäischen Hauptstädten ist während der Corona-Pandemie im Frühjahr 2020 gewachsen. Der Grund ist die mangelnde Solidarität Berlins, als sich nicht nur im italienischen Bergamo in Krankenhäusern und Kirchen die Särge mit Toten stapelten, bevor Lastwagen sie quer durch Italien zu noch nicht ausgelasteten Krematorien fuhren. Auch die Bankenkrise ein Jahrzehnt zuvor hat Spuren hinterlassen, vor allem in Spanien und Griechenland. Es werde in der europäischen Schuldenkrise keine gemeinsame Haftung geben – »so lange ich lebe«, kanzelte Angela Merkel damals kategorisch Pläne von EU-Kommissionspräsident José Manuel Barroso und Euro-Gruppen-Chef Jean-Claude Juncker für einen Krisenfonds mit gemeinsamen Schuldscheinen ab und pflegte in der Union ihr Image als sparsame schwäbische Hausfrau.

Gleichzeitig machte sie und der damalige Finanzminister Wolfgang Schäuble klar, dass in dieser Frage Deutschland das Sagen habe. »Die Welt wartet auf unsere Entscheidungen«, erklärte sie im deutschen Bundestag, denn schließlich müsse die grundsätzliche Frage beantwortet werden, »ob wir auch in Zukunft in Europa in Wohlstand leben können«. Seither hat die antideutsche Stimmung in den Nachbarländern zugenommen.[10]

»Merkel-Deutschland, das ist von außen betrachtet ein ökonomisch auch auf Kosten seiner Nachbarn unverschämt erfolgreicher Staat, der sich daran gewöhnt hat, seinen Willen allen anderen aufzuzwingen«, beschreibt die *Rheinische Post* die Atmosphäre in der Endphase der Merkel-Herrschaft.[11]

Der demonstrative Anspruch der deutschen Kanzlerin, den Franzosen, Griechen, Italienern oder Spaniern erklären zu wollen, wie man nach deutscher Sitte hauszuhalten hat, hat in den Ländern heftige Abwehrreflexe ausgelöst. Ein Vorschlag des französischen Präsidenten Emmanuel Macron und Merkels Gespür für den Machtverlust motivieren jetzt die deutsche Politikerin, einen späten Beitrag zur Stabilität zu leisten.

Die angeschlagene Kanzlerin vollzieht im Sommer 2020 als Ratspräsidentin eine spektakuläre Kehrtwende. Berlin akzeptiert den Vorschlag aus Paris, mit einer massiven Schuldenaufnahme über den gemeinsamen EU-Haushalt den Zusammenhalt in der Europäischen Union zu festigen. Tagelang verhandeln die siebenundzwanzig Staats- und Regierungschefs über den 1074 Milliarden Euro umfassenden Haushalt der EU und ein Corona-Wiederaufbaupaket von 750 Milliarden Euro. Es ist Angela Merkels letzte Chance, einen weiteren Zerfall Europas zu vermeiden, nach dem England mit dem Brexit die EU verlassen hat.

Für Ungarn und Polen ist das Paket eine willkommene Möglichkeit, Merkel vorzuführen. Sie haben noch alte Rechnungen offen. Beide Länder werden im Europäischen

Rat den Haushalt blockieren. Grund ist die von der deutschen Ratspräsidentschaft mit Vertretern des Europäischen Parlaments und der Kommission ausgehandelte Verschärfung von Sanktionen, falls Staaten von den gefühlten Rechtsnormen der EU abweichen, der sogenannten Rechtsstaats-Konditionalität:

»Die finanziellen Interessen der Union«, heißt es in der Abschlusserklärung des EU-Gipfels unter deutscher Präsidentschaft, seien »im Einklang mit den Werten gemäß Artikel 2 EUV zu schützen«. »EUV« steht für die Europäischen Verträge. Als zentrale Werte werden dort die »Achtung der Menschenwürde, Freiheit, Demokratie, Gleichheit, Rechtsstaatlichkeit« genannt. Komme es künftig zu Verstößen dagegen, so die Staats- und Regierungschefs, werde die Kommission »Maßnahmen vorschlagen, die vom Rat mit qualifizierter Mehrheit angenommen werden«. Mitgliedsländern, die die Rechtsstaatlichkeit verletzen, sollen künftig Mittel gekürzt werden.

Eine komplizierte Prozedur, die viel Streit hervorruft.[12] Wer etwa bestimmt, was ein Verstoß ist und was nicht? Das ebenso anspruchsvolle wie interpretationsbedürftige Programm stößt in Teilen der EU auf Widerstand. Die neue Regel ist auch Ausdruck einer Haltung der alten Mitglieder im EU-Club gegenüber den neuen Vertretern aus dem Osten, die gern als *self-congratulatory*, selbstgefällig, bezeichnet wird. Gemeint ist jenes typische Gebaren, das sich darauf beschränkt, zu betonen, wie sehr man selbst im Recht ist und wie schlimm die anderen sind. Für den Politikwissenschaftler Wolfgang Merkel vom Wissenschaftszentrum Berlin für Sozialforschung (WZB) wirkt der »kosmopolitische Geist mit überschießender Moralität« als Wachstumstreiber für den Rechtspopulismus. Zumindest dann, wenn »die Medien, die Fortschrittlichen, die besser Gestellten und der ›Chorus der Vernünftigen‹« sich damit zufriedengeben, die eigenen Interessen und die eigene kulturelle Moderne zu verteidigen, die »die da unten« nicht mehr verstehen und Verstöße gegen liberale Normen mit der Drohung eines Ausschlusses beantworten. Die Konsequenz: Wer das Tempo des Kulturkampfes steigert, statt unterschiedliche nationale Entwicklungen und Ungleichzeitigkeiten zu ertragen, muss mit Widerstand rechnen. Es ist die vorgezeichnete Bruchlinie für den Zusammenhalt der EU in den nächsten Jahren.[13]

Polen und Ungarn befürchten, dass der Mechanismus ihnen wegen ihrer umstrittenen politischen Projekte EU-Mittel kürzt. Der grundsätzliche Streit tobt seit der Flüchtlingskrise 2015, als Deutschland EU-Länder verpflichten wollte, Quoten von Flüchtlingen zu akzeptieren. »Wir haben auf einmal gesehen, dass jemand bestimmen möchte, wer sich in Ungarn aufhalten darf – und das waren nicht wir«, verteidigt der ungarische Staatschef in einem langen Streitgespräch mit dem *Zeit*-Chefredakteur Giovanni di Lorenzo die Blockade. »Es ist so weit gekommen, dass gesagt wurde: Wer die Migranten reinlässt, ist ein Rechtsstaat, wer nicht, ist kein Rechtsstaat. So weit sind wir. 2015 wurde gesagt: Wer Migranten nicht reinlässt, sollte auch keine Gelder bekommen. Ist das die Gleichheitsidee?«[14]

Orbáns Partei Fidesz hat bei der letzten Wahl 2018 die absolute Mehrheit gewonnen. Für den Regierungschef müssen die Ungarn »ihr demokratisches politisches System aus sich selbst heraus finden, wie ihre eigene Kultur mit der Demokratie verbunden werden kann. Sonst wird das nur ein primitiver amerikanischer Demokratie-Export.«

Für den Historiker Heinrich August Winkler ist die

Wunschvorstellung, wir würden in einem postnationalen Zeitalter leben, nicht nachvollziehbar. Es ist ein deutsches Problem. »Deutschland hat ohne Zweifel seinen ersten Nationalstaat ruiniert«, erklärt er den Versuch für betreutes Regieren. Die Vorstellung, »die Zeit des Nationalstaats sei schlechthin abgelaufen, wird jedoch in kaum einem anderen europäischen Land geteilt«.[15]

Wer Macht hat, kann warten. Angela Merkel ist in Eile und setzt in nächtlichen langen Sitzungen einen Kompromiss durch. Sie zeigt sich bei ihrem letzten großen Auftritt moralisch flexibel. Ungarn und Polen können den neuen Rechtsstaatsmechanismus vom Europäischen Gerichtshof überprüfen lassen. Bis zu dem Urteil soll der Beschluss ausgesetzt werden. Zudem sollen die Mitgliedsstaaten ein Mitspracherecht bekommen, wenn die EU-Kommission die konkreten Richtlinien zur Umsetzung ausarbeitet. Die Feststellung eines Rechtsstaatsverstoßes allein soll außerdem nicht ausreichen, um EU-Finanzhilfen zu kürzen.

Angela Merkel spielt auf Zeit. Bis der Europäische Gerichtshof entschieden hat, wird die Kanzlerin nicht mehr im Amt sein. Die nächtlichen Verhandlungen werden ihr letzter großer Triumph. Krisenstaaten wie Italien oder Spanien können Zuschläge in Milliardenhöhe bekommen, die sie nicht zurückzahlen müssen. Auch Polen und Ungarn bekommen weiter Geld.

Viren und Misstrauen

Der Zugang zu Wladimir Putin ist im Herbst 2020 nur noch eingeschränkt möglich. Wer den russischen Präsidenten treffen will, muss zuvor mehrere Tage in Quarantäne.

Eine Vorsichtsmaßnahme, nach dem das Corona-Virus zahlreiche Regierungsmitglieder infiziert hat. Auch die regelmäßigen Hockeyspiele mit den vertrauten Gesichtern aus der Welt der Wirtschaft und dem Sicherheitsapparat fallen aus. Am schlimmsten trifft es den neuen Ministerpräsidenten, kaum dass er im Amt ist. Mehrere Wochen kämpft Michail Mischustin auf einer Intensivstation in einem Moskauer Krankenhaus ums Überleben. Auch Dmitri Peskow, Putins Pressesprecher, ist mehrere Wochen außer Gefecht gesetzt. Der russische Präsident hat Glück, dass er sich auf einem Rundgang in einem Krankenhaus in Kommunarka am Rande Moskaus nicht ansteckte. Der Chefarzt, der ihm die Corona-Klinik zeigte, war infiziert, wie sich Stunden später herausstellte.

Seitdem führt der russische Präsident für gewöhnlich Gespräche nur per Video. Putin nutzt die internationale Jahrestagung des russischen Thinktank Waldai im Oktober 2020, um der deutschen Kanzlerin eine direkte öffentliche Antwort in Sachen Nawalny zukommen zu lassen. Auf die Frage eines deutschen Wissenschaftlers, ob sich die Rolle Deutschlands und der Kanzlerin als Vermittler für Russland in Europa nun mit dem Fall Nawalny erledigt habe, gibt er zu Protokoll: Es sei ziemlich unwahrscheinlich, dass der Oppositionspolitiker nach Deutschland zur Behandlung geschickt worden wäre, wenn ihn die russischen Stellen hätten vergiften wollen. Als er von Nawalnys Zustand erfahren habe, habe er den Generalstaatsanwalt sofort angewiesen, die gerichtliche Reisebeschränkung von Nawalny aufzuheben, weil dieser wegen einer rechtskräftigen Verurteilung auf Bewährung Russland eigentlich nicht verlassen durfte.

Dann rechnet der russische Präsident mit dem Sendungsbewusstsein der Deutschen im Allgemeinen und Merkels permanenter Moralisierung im Besonderen ab, ohne die Kanzlerin beim Namen zu nennen. Er stellt die Gegenfrage, ob Berlin überhaupt jemals eine Vermittlerrolle eingenommen und wer den Auftrag dafür erteilt habe. »War Deutschland denn je ein Vermittler zwischen Russland, der Welt oder Europa?«, so Putin. »Ich denke nicht. Russland ist ein Land, das keine Vermittler braucht.« Es gehe um die unterschiedlichen Interessen. Interessen seien nun mal der Kern von politischen Beziehungen, nicht irgendwelche Wunschvorstellungen davon, »eine besondere Rolle zu spielen«, stellt er klar. Das übliche Geschäft in der Politik sei ein Geschäft auf Gegenseitigkeit.

Es ist die einzige öffentliche Botschaft, die Wladimir Putin an diesem Tag in Richtung Berlin schickt. Mit dem weiteren Hinweis, die deutsche Wirtschaft sei immer willkommen, auch wenn China unterdessen Deutschland als Handelspartner Nummer eins abgelöst habe. Aber in Russland gebe es durchaus Nachfrage für deutsche Produkte und in Deutschland garantiere diese Nachfrage Arbeitsplätze. Darum gehe es, erklärt er, »und nicht um eine angemaßte Sonderrolle«.[16]

Der Glaube, im Besitz der richtigen Antwort auf die großen Fragen der Menschheit zu sein, hat eine lange Tradition in Deutschland. Heinrich August Winkler hat die Idee einer deutschen Sendung schon bei den Gründervätern des deutschen Nationalismus ausgemacht. »Turnvater« Friedrich Ludwig Jahn etwa, Sohn eines evangelischen Pfarrers, dachte bereits 1810 in seinem Manifest *Deutsches Volkstum* »den Deutschen eine Rolle als ›Weltbeglücker‹ und ›Heiland‹ der Erde zu«. Eine derartige moralische Überhöhung der Politik führte, so Winkler, »zu Wunschdenken, zu Überschätzung der eigenen Möglichkeiten und zu einer Verkennung der Tatsache, dass wir in Europa damit weitgehend allein stehen«.[17]

Der Streit zwischen der deutschen Kanzlerin und dem russischen Präsidenten markiert das Ende einer Ära. Die Zeiten, in denen die deutsche Wiedervereinigung als das Symbol des Wandels in Ost und West galt – wie zuvor die Teilung Deutschlands für die Zeit des Kalten Krieges in Europa und in der Welt stand –, sind vorbei. Nicht nur, weil der deutsche Außenminister Heiko Maas eine Generation vertritt, die postnationale Träume verfolgt und gleichzeitig über ein schlichtes Gut-Böse-Schema nicht hinausgekommen ist.

»Russland und der Westen sind für einander nicht mehr wichtig«, schreibt Fjodor Lukjanow, Chefredakteur von *Russia in Global Affairs*, obwohl die Ostpolitik Willy Brandts und die deutsche Einheit unter Helmut Kohl die Chance hatten, »ein unverrückbares Fundament« zu bilden. »Die EU und Angela Merkel erwarteten vielmehr, dass sich Russland den europäischen Regeln und Normen anpassen würde«, so Lukjanow. Eine Vorstellung, die Moskau nie teilte. »Je stärker die Differenzen mit Moskau wurden, desto mehr konzentrierte sich die neue ›Ostpolitik‹ unter Merkel auf andere Länder: auf Mitteleuropa, das ohnehin schon EU-Gebiet geworden war, und auf die europäisch orientierten Teilrepubliken der ehemaligen Sowjetunion.«[18]

Auch der Streit um Nord Stream 2 ist davon geprägt. Nach dem Beitritt der osteuropäischen Staaten sehen die neuen Mitglieder wie Polen und die baltischen Staaten die Chance, mit Hilfe der USA und einer Blockade dem ungeliebten einstigen großen Bruder vors Schienbein zu treten.

Sie können dabei auf die moralische Hilfe der deutschen

Grünen setzen. Ziel des Kremls sei es – so deren Argument, das sie aus Kiew und Warschau eins zu eins übernommen haben –, mit Hilfe der Pipeline die Ukraine und Polen aus dem Gastransit auszuschalten. »Dass die deutsche Bundesregierung dafür seit Jahren die Hand reicht – trotz Kritik zahlreicher europäischer Nachbarn und des EU-Parlaments –, ist schlimm genug«, predigt die Grünen-Politikerin Annalena Baerbock, die für ihre Partei ein Moralmonopol reklamiert und eine große Koalition mit der Union anstrebt. Was passiert, wenn die kulturellen Codes einer liberalen Elite ohne Rücksicht umgesetzt werden, darüber macht sie sich weniger Gedanken. Auch nicht darüber, wie ein notwendiger Annäherungsprozess zwischen Russland und den ehemaligen Sowjetrepubliken aussehen könnte, ohne die Fehler des vergangenen Jahrhunderts zu wiederholen.

Aber »Opfer-Anerkennungspolitik« hat den Vorteil, dass sie wenig kostet und viel Applaus einbringt.[19] Geleitet von der Sehnsucht nach jenem Amerika, das sich gerade selbst zerlegt, und dem gewöhnlichen Opportunismus der Macht, liegen Merkel und Baerbock im Trend der Zeit, dass es in der gegenwärtigen Politik fünfundsiebzig Jahre nach dem Zweiten Weltkrieg keine Ambivalenzen oder Grauzonen geben darf.

»Wir sind zu einer Gesellschaft der permanenten Emotion geworden, die in der Komplexität nicht mehr akzeptiert wird«, beschreibt der französische Präsident Emmanuel Macron in einem erstaunlich offenen Interview die gegenwärtige Stimmung, die in der Realpolitik schwer umzusetzen ist. »Aus uns ist eine emotionsgeladene Opfergesellschaft geworden. Das Opfer hat immer recht. Natürlich müssen die Opfer anerkannt werden, sie müssen Gehör finden, und das bekommen sie von uns. Aber in den meisten westlichen Gesellschaften erleben wir eine Art Opferprimat. Sein Diskurs verdrängt alles andere, auch die Argumente der Vernunft.«[20]

Sanktionen als Kriegserklärung

Wladimir Putin hält seine Neujahrsansprache für 2021 in klirrender Kälte auf einem Balkon des Kremls, im Wintermantel und mit Blick über den Roten Platz. »Es scheint, als hätte das zu Ende gegangene Jahr die Last mehrerer Jahre in sich aufgenommen«, sagt er. Das Corona-Virus hat das Leben nicht nur in Russland auf den Kopf gestellt. Putin erinnerte an die vielen Menschen, die gestorben sind. Der Kampf gegen das Virus werde auch im nächsten Jahr »die größte Herausforderung«.

Ansonsten ist es die vergangenen zwölf Monate für Wladimir Putin nicht schlecht gelaufen. Die Verfassungsreform, die er vor einem Jahr angestoßen hat, gießt die Duma nach und nach in Gesetzesform. Sowohl Unter- als auch Oberhaus stimmten dem Verfassungsentwurf zu. Zuvor votierten in einem landsweiten Referendum 78 Prozent der Wählerinnen und Wähler dafür. Ein Gesetz garantiert dem Präsidenten nun auch lebenslang Immunität. Etwas, was bislang zwischen Vorgänger und Nachfolger lediglich politisch informell verabredet wurde, ist nun in der Verfassung verankert. Zwei Jahrzehnte zuvor hatte Putin bei Amtsantritt seinem Vorgänger Boris Jelzin die Straffreiheit noch mit seinem ersten präsidialen Dekret garantieren müssen. Sein Plan, die politische Konkurrenz im Land im Unklaren über seine Pläne zu lassen, ist fürs Erste aufgegangen. Er könnte nun nicht nur bis 2024, sondern bis 2036 regieren.

Die Verfassungsreform ermöglicht dem Präsidenten zwei weitere Amtszeiten von je sechs Jahren.

Könnte ist das Schlüsselwort, das ihm politischen Spielraum gewährt. Der gelernte Jurist ist sich wohl bewusst, dass die ehemalige Sowjetunion nicht dem Ansturm äußerer Feinde zum Opfer fiel, sondern unter der Last der eigenen Probleme kollabierte, und hausgemachte Probleme hat Russland auch heute noch genug. Korruption, mangelnde Effizienz in der Wirtschaft und ein mäßig ausgeprägtes Rechtssystem sind nur einige davon. Putin entließ deswegen den langjährigen Regierungschef Medwedew und setzte neue Minister ein. Russland hat während der Amtszeit des Mannes aus Sankt Petersburg zahlreiche Krisen überstanden und auf der Suche nach der eigenen Identität wieder mehr an Stabilität gewonnen, auch wenn die Aufarbeitung der schwierigen Vergangenheit noch lange andauern wird.

»Die Nachricht von meinem Tod ist stark übertrieben«, antwortete einst der amerikanische Schriftsteller Mark Twain, als etliche Zeitungen berichteten, er sei gestorben. Auch Wladmir Putin hat in den letzten Wochen des Jahres 2020 wiederholt lesen können, dass er todkrank sei und dass er Anfang des neuen Jahres eine seiner Töchter zur Nachfolgerin ernennen wird. Manchmal hat er Krebs, dann wieder Parkinson, oder er leidet an Depressionen. Der medizinischen Ferndiagnose folgt ebenso regelmäßig das Dementi seines Sprechers. Kaum ein Politiker wurde während seiner Amtszeit so oft totgesagt wie Wladimir Putin.

Seit zwei Jahrzehnten erscheinen in der *New York Times*, dem *Spiegel* oder der *Süddeutschen Zeitung* regelmäßig Zustandsbeschreibungen des Landes, die gleichfalls als Nachruf gedacht sind. »Wirtschaftskrise, Corona-Pandemie, Proteste in Belarus, Proteste in Russlands Fernem Osten, eisige Beziehungen mit der EU, eine bröckelnde Mehrheit daheim. Der Kreml sichert sich durch weitere Repressionen ab.«[21] Doch selbst nach seinem Abgang, orakelt die *Süddeutsche Zeitung*, wird womöglich alles beim Alten bleiben. »Egal, wie lange Putin bleibt, sein paranoides System wird überdauern.«

Wladimir Putin, Jahrgang 1952, kennt die Vorhersagen. Er ist in der Sowjetunion groß geworden, seine Generation tritt langsam ab. Das junge Russland ist über weite Strecken nicht mehr postsowjetisch. Die russischen Staatsbürger, die in der Putin-Ära groß wurden, sind volljährig und kennen die Sowjetunion nur noch aus den Erzählungen der Eltern und Großeltern. Viele interessieren sich kaum für Politik, mögen die Regierung nicht, und trotzdem schätzen 40 Prozent die Arbeit ihres Präsidenten. Auch wenn die Sehnsucht nach fremden Welten groß ist, glauben mehr als die Hälfte der jungen Leute nicht daran, dass die Beziehungen zwischen Russland und dem Westen jemals freundlich sein werden. Der Westen ist in Russland längst nicht das Vorbild, für das er sich selbst gern hält, trotz amerikanischer Softpower, deutscher Ermahnungen und Internet.

Putin geht davon aus, dass die USA und die EU mit ihrer Politik der Sanktionen fortfahren. »Wer Sanktionen verhängt, erspart sich immerhin die Kriegserklärung«, kommentierte er während einer unserer Unterhaltung sarkastisch die permanenten Strafaktionen des Westens. Trotz der Zweifel an ihrer Wirksamkeit sind Sanktionen seit dem Ende des Kalten Kriegs zum zentralen Instrument internationaler Politik geworden. Die RAND Corporation, die Denkfabrik des amerikanischen Verteidigungsministeriums und der US-Geheimdienste, hat schon ein Programm erstellt und Strategien zur Destabilisierung Russlands vorgeschlagen. »Overextending and unbalancing Russia« ist der Titel der Studie. Die beste Methode, »Russland zu destabilisieren« und »Ängste zu schüren«, schlagen die Autoren vor, sei dort anzugreifen, wo Russlands Vorteile liegen – auf dem Energiesektor, sprich bei Nord Stream 2. Deswegen gelte es die US-amerikanische Energieproduktion auszudehnen, inklusive dem Bereich der erneuerbaren Energien. Das werde den Druck auf die russischen Exporteinnahmen und damit auf die Staats- und Verteidigungshaushalte maximieren. Dafür müssten allerdings die Europäer mitspielen, da die EU Russlands größter Abnehmer sei.[22]

Auch die Unterstützung von Demonstranten in Belarus und gezielte Waffenlieferungen in die Ukraine sind eine Option, Russland zu destabilisieren, so das Strategie-Papier.

Das Weiterdrehen der Sanktionsspirale hat Russland ökonomisch geschadet, aber nicht politisch. In Russland sprach sich in einer unabhängigen Umfrage nur jeder zehnte Bürger dafür aus, dass Moskau aufgrund der Sanktionen seine Politik ändern und sich gegenüber dem Westen kompromissbereit zeigen sollte.

Außenpolitisch ist Russlands Einfluss gewachsen. Der russische Präsident hat im Konflikt um Bergkarabach erfolgreich einen Waffenstillstand zwischen Armenien und Aserbaidschan vermittelt, jenem Gebiet im Südosten des Kaukasus. Die jüngste Runde des Kriegs um das seit Anfang der neunziger Jahre von Aserbaidschan abtrünnige, von Armenien kontrollierte Bergkarabach hat insgesamt mehr als 5000 Menschen das Leben gekostet. Und sie hat neue Realitäten geschaffen, hat den armenisch kontrollierten Teil von Bergkarabach deutlich verkleinert und Aserbaidschan die Kontrolle über umliegende Gebiete zurückgebracht.

Der Konflikt ist ein Erbe der ehemaligen Sowjetunion. Die überwiegend von Armeniern bewohnte Region Bergkarabach wechselte von der aserbaidschanischen zur armenischen Unionsrepublik und erklärte sich 1991 für unabhängig. Seither eskalierte der Konflikt zwischen den unabhängig gewordenen Staaten Armenien und Aserbaidschan. Russland unterhält eine »strategische Partnerschaft« mit Armenien. Die Türkei unterstützt ihr »Bruderland« Aserbaidschan. Es ist Putins persönlicher Kontakt zu Erdoğan, der den Waffenstillstand ermöglicht – trotz aller unterschiedlichen strategischen Interessen in Syrien oder Libyen. Ohne den russischen und türkischen Präsidenten wird es in den Gegenden keine politischen Einigungen gaben.

Das war nicht immer so. Ende 2015 hatte die türkische Luftwaffe ein russisches Kampfflugzeug abgeschossen und einen der beiden Piloten getötet, die mit dem Fallschirm abgesprungen waren. Nach russischen Angaben befand sich die Su-24 im syrischen Luftraum, und es gab keine Vorwarnung.

Als ich Wladimir Putin einige Wochen später im Januar 2016 in dem kleinen Ort Turginowo, zwischen Sankt Petersburg und Moskau in der Oblast Twer, anlässlich der traditionellen Christmette treffe, sprechen wir bis weit nach Mitternacht über die Lage in Syrien. Der russische Präsident ist ziemlich angefasst. Vor dem Abschuss hatten er und Erdoğan einen Streit über die Rolle der Kurden, die von der Türkei als Feinde, von Moskau als Verbündete eingestuft werden. Putins Reaktion fällt deutlich aus. Er verhängt massive Wirtschaftssanktionen gegen Istanbul. Auch russische Reiseveranstalter können künftig keinen Urlaub in der Türkei mehr anbieten. Die Türkei ist eines der beliebtesten Reiseziele der Russen.

Der türkische Präsident wird sich Monate später schriftlich entschuldigen. Eine Woche später versucht das türkische Militär gegen Erdoğan zu putschen und scheitert. »Es war der russische Militärgeheimdienst«, schreibt die *Moscow Times*, der Erdoğan kurz zuvor in dessen Ferienort in Marmaris gewarnt habe, dass ein Umsturzversuch angelaufen sei. Die Spannungen zwischen dem türkischen Generalstab und Erdoğan existieren, seitdem der bekennende Moslem an der Macht ist. Die Türkei hatte schon vor Erdoğan bereits viermal erfolgreich geputscht.[23]

Lösungen und Scheinlösungen

Nach einer langen Pause von drei Monaten haben Wladimir Putin und Angela Merkel wieder miteinander telefoniert. Die beiden außenpolitischen Berater Juri Uschakow und Jan Hecker haben zuvor die Themen abgesteckt. Es geht um Schadensbegrenzung, um kleine Schritte. Darum, eine weitere öffentliche Konfrontation zu vermeiden. Um die Ukraine, um Nawalny, Nord Stream 2 und um Corona. Man werde mit den Amerikanern in Sachen Nord Stream weiterverhandeln, so die Botschaft.

Einfach war es zwischen der deutschen Kanzlerin und dem Kreml-Chef nie. Der politische Ermüdungsbruch zwischen Deutschland und Russland während der Ära Merkel war auch die Folge einer unterkühlten Verbindung. »A short hello and long goodbye«, beschreibt ein Vertrauter des Präsidenten die Umgangsformen der vergangenen Jahre. Als Putin im Dezember 2020 gefragt wird, ob er Merkel, deren Abgang von der politischen Bühne ja unmittelbar bevorstehe, vermissen werde, ist die Antwort ebenso lakonisch wie pragmatisch. »Im Moment ist sie ja noch da«, stellt er fest, deswegen sei es »völlig unangemessen, zum jetzigen Zeitpunkt irgendwelche Kommentare abzugeben«. Es ist Putins Art, die politische Insolvenz abzuwickeln. Und er fügt hinzu: »Ich sehe ziemlich klar, was derzeit in Deutschland passiert und was in der nahen Zukunft noch alles passieren kann.«[24]

Dass die Kanzlerin bei einem Telefonat zu Anfang des neuen Jahres mit Putin Interesse an dem russischen Impfstoff bekundet hat, ist das übliche politische Gegengeschäft.[25] Der russische Impfstoff »Sputnik V« war weltweit der erste, der auf den Markt kam, genüge allerdings nicht den westlichen Standards, so die Kritik aus Brüssel. Ebenso wenig wie Chinas Impfstoff, jenem Land, das wohl das erfolgreichste ist bei der Bekämpfung der Krankheit. Bei der Impfstoffentwicklung geht es nicht nur um gesundheitspolitische Ziele, sondern auch um die demonstrative Überlegenheit von West oder Ost, um internationales Prestige. Es geht um geopolitischen Einfluss und ökonomischen Gewinn, auch bei einer weltweiten Pandemie. Dass Sputnik V schwere, bisher unbekannte Nebenwirkungen mit sich bringt oder unwirksam ist, hat sich bislang nicht herausgestellt.

Merkel habe sich in dem Gespräch offen gezeigt für eine bilaterale Zusammenarbeit, mit dem Zweck, europäische, sprich deutsche Produktionskapazitäten für russischen Impfstoff zu erschließen, erklärt ihre Sprecherin den Journalisten. Zuvor hatte Bundesgesundheitsminister Jens Spahn schon mit seinem russischen Amtskollegen Michail Muraschko verhandelt. Die Bundesregierung ist unter Druck, ihr Wahlversprechen zu erfüllen. Sie hat zugesagt, so schnell wie möglich allen Deutschen ein Impfangebot zu machen, und täglich stellen die Medien Vergleiche auf, wie schnell in anderen Ländern geimpft wird. Im September 2021 sind Bundestagswahlen, und bis zum Jahresende können nur knapp 20 Prozent der Weltbevölkerung in den Genuss einer Impfung kommen. Beim internationalen Wettrennen um die Lieferung von Impfstoff westlicher Hersteller ist Berlin weit abgeschlagen. Deswegen verhandelt Merkel direkt mit Putin über »mögliche Perspektiven der gemeinsamen Impfstoffproduktion« in Deutschland, um als eine Form deutscher Entwicklungshilfe »Produktionsengpässe in Russland« auszugleichen.[26]

In Syrien ist unterdessen der Krieg ein Jahrzehnt nach den Unruhen im Land auf dem Schlachtfeld entschieden worden. Etliche arabische Staaten haben ihre Botschaften wieder geöffnet. Präsident Baschar al-Assad ist entgegen aller Voraussagen noch immer im Amt, die erneuten Sanktionen der USA haben katastrophale Auswirkungen. Tausende von Menschen sterben Woche für Woche an Corona und Hunger. Auch die EU-Sanktionspolitik hat dazu beigetragen, dass das Gesundheitssystem und die Lebensmittelversorgung zusammengebrochen sind und dass selbst Hilfsorganisationen ihre Arbeit einstellen müssen. Merkel und die EU haben das Land abgeschrieben und fordern noch immer den bedingungslosen Abgang des syrischen Präsidenten. Erst dann soll es Wiederaufbauhilfe geben. Die Gefahr, dass Europa wieder mit einer Welle von Millionen Flüchtlingen überschwemmt wird, wächst. Wenn sich das Drama nicht wiederholen soll, wird Europa mit Russland und der Türkei weiter über eine politische Lösung und wirtschaftliche Hilfe für Syrien verhandeln müssen.

Dass »Sanktionen« – das Wort leitet sich vom lateinischen *sanctus*, »heilig«, her – eine besonders menschliche

Form der Kriegsführung sein soll, ist nichts anderes als Propaganda, politisches Framing. Das hat schon der Konflikt mit dem Irak gezeigt. Bevor US-Präsident George Bush junior mit seiner Koalition der Willigen im Irak einfiel, hatte die Clinton-Regierung bereits Jahre zuvor im Namen der Freiheit Sanktionen gegen Bagdad verfügt, die kaum vorstellbares Leid unter der Bevölkerung auslöste.

Wegen der Sanktionen seien nach Angaben der UN mehr als eine halbe Million Kinder gestorben, hatte die Moderatorin Lesley Stahl 1996 der einstigen US-Außenministerin Madeleine Albright in einem *60 Minutes*-Interview auf CBS vorgehalten. »Mehr als nach dem Abwurf der Atombombe in Hiroshima. War es das wert?«, fragte die Moderatorin.

»Wir denken, der Preis war es wert.« Mit diesen Worten rechtfertigte Albright den Tod Hunderttausender irakischer Kinder, weil der irakische Diktator angeblich Massenvernichtungswaffen herstellte.[27]

Albright wiederholt auch ein Jahr später jenes amerikanische Selbstverständnis, das der Pastor Parris in Millers Theaterstück nicht besser hätte formulieren können, um seine Hexenjagd in Salem, der streng puritanischen Gemeinde im amerikanischen Staat Massachusetts, zu rechtfertigen.

»Wenn wir Gewalt ausüben müssen, dann deswegen, weil wir Amerika sind. Wir sind eine unverzichtbare Nation«, so die damalige Außenministerin auf NBC. »Wir sind groß, und wir können weiter in die Zukunft sehen als andere.«[28]

Es ist diese Reduktion einer komplexen Lage auf ein archaisches Freund-Feind-Denken, die nicht nur in der Außenpolitik blind macht für Zusammenhänge, sondern auch politische Lösungen innerhalb der amerikanischen

Gesellschaft immer wieder erfolgreich blockiert hat, wie das Beispiel Donald Trump zeigt.

Das vorrangige Ziel der USA ist es jetzt, Chinas Aufstieg zur Hightech-Macht zu bremsen. Es geht um die Vorherrschaft im digitalen Zeitalter. Wer wird die technologische Supermacht des 21. Jahrhunderts?

Auch Wladimir Putin erwartet von Washington in der nahen Zukunft nichts Neues. Allenfalls etwas mehr Berechenbarkeit, da der neue Präsident sich darauf konzentrieren muss, die innenpolitische Spaltung des Landes zu bekämpfen. Die Vereinigten Staaten haben massive Probleme zu Hause und außenpolitisch eine selbst heraufbeschworene Konfrontation mit China. Russophobie, das weiß er, wird trotzdem auch weiter die Außenpolitik der neuen Regierung bestimmen. Sie ist fester Bestandteil der politischen DNA Washingtons.

Der Kreml hofft allenfalls auf das, was der britische Historiker Paul Kennedy bereits 1988 in seinem Buch *Aufstieg und Fall der großen Mächte* als »imperial overstretch« diagnostizierte – als »imperiale Überdehnung«. Kennedy beschrieb damit die Tendenz von Staaten mit großem geographischem Einflussbereich, ihre materiellen und personellen Ressourcen weltweit überall gleichzeitig einzusetzen und so ihre Kräfte letztlich zu überfordern. Das Phänomen gilt dem Autor als Vorstufe für den Verfall von Großreichen und erinnerte ihn nicht zuletzt an die Sowjetunion. Putin muss einmal mehr seine Prioritäten neu ordnen.

Die Planspiele im Kreml konzentrieren sich dabei verstärkt auf Asien und China. »Wir arbeiten eng zusammen«, erklärt Wladimir Putin Russlands Verhältnis zu China. Er und »mein Freund Xi Jinping« beraten regelmäßig, wie die Zusammenarbeit beider Länder intensiviert werden könne.

Auch eine weitere militärische Kooperation sei vorstellbar. Moskau und Peking kooperierten ohnedies schon bei technologischen Entwicklungen in der Rüstungsindustrie. Aber mehr werde er dazu öffentlich nicht sagen – »unsere chinesischen Freunde wissen darum«, erklärt er.[29]

Nach acht Jahren Verhandlungen haben nun die Staats- und Regierungschefs der Asien-Pazifik-Region den weltgrößten Freihandelsvertrag unterzeichnet. Die USA sind nicht dabei. Die »Regional Comprehensive Economic Partnership« (RCEP) baut Schutzzölle ab, stärkt über Herkunftsvereinbarungen die Lieferketten und stellt Regeln für E-Commerce auf. Ein politischer Erfolg Chinas. Auch der einstige Feind Japan hat unterschrieben.

Bei ihrem Kreuzzug gegen China können die USA auch nur bedingt auf europäische Unterstützung rechnen. Europa hat gleichfalls ein Abkommen mit China geschlossen. Sieben Jahre dauerten die Verhandlungen, bevor sich Brüssel und Peking kurz vor dem Amtsantritt von Joe Biden nun auf ein umfassendes Investitionsschutzabkommen einigten.

Russland wird sich nicht allein auf das Reich der Mitte verlassen, auch wenn Wladimir Putin einen guten Draht zum chinesischen Präsidenten hat. Es liefert bereits mehr Energie nach Asien als bisher, aber Peking ist auch Konkurrent. Putin wird weiterhin den Kontakt nach Europa pflegen und stärker auf bilaterale Kontakte setzen, auch wenn Deutschland nicht mehr die gleiche Rolle spielen wird wie einst.

Es liegt allerdings an Berlin, welche Rolle Merkels Erben für Moskau in Zukunft spielen werden. Als Abschiedsgeschenk hat Trumps Regierung weitere Sanktionen gegen Nord Stream 2 verhängt, und auch der neue Außenminister der Demokraten, Antony Blinken hat angekündigt, »jedes überzeugende Mittel anzuwenden«, um die Gaspipeline zu stoppen. Zwar hat sich Norbert Röttgen, der Transatlantiker vom Dienst der Union mit seiner Kampagne gegen Nord Stream nicht für den CDU-Vorsitz durchgesetzt. Der neue Vorsitzende der Christdemokraten heißt Armin Laschet, der ein differenziertes Verhältnis zu Russland pflegt. Doch die US-Administration kann sich dafür auf die Grünen-Vorsitzende Annalena Baerbock verlassen, um die Sanktionen durchzusetzen. Der fürsorgliche Akt im Namen der Freiheit und Menschenrechte namens PEESA (Protecting Europe's Energy Security Act) will, wie es in der US-Verordnung heißt, nur »Amerikas nationale Sicherheit« verbessern und »wirtschaftliche und politische Gefährdung Europas« durch Moskau verhindern, wie es im Gesetz heißt.[30]

Die Grüne Baerbock hat bei dem neuen Mann an der CDU-Spitze schon mal »Russlandnähe« ausgemacht und gefordert, Nord Stream 2 zu stoppen. Es habe sie »schon immer irritiert, dass Armin Laschet eher freundliche Töne« in Richtung Moskau von sich gegeben habe.[31]

Der neue amerikanische Präsident wird, kaum im Amt, noch in der ersten Woche Ende Januar 2021 mit seinem russischen Kollegen telefonieren. Joe Biden wird Wladimir Putins Vorschlag akzeptieren, den Atomwaffen-Abrüstungsvertrag »New Start« weitere fünf Jahre zu verlängern und damit die Welt wieder etwas sicherer machen. Der Vertrag über Abrüstung der beiden atomaren Supermächte war nur noch wenige Tage gültig.

Beide verabreden, weiter in Kontakt zu bleiben, auch wenn die neue Nummer eins auf die alte Tonlage setzt. Der US-Präsident habe in dem Gespräch unmissverständlich klar gemacht, so die Botschaft aus dem Oval Office »dass die USA ihre nationalen Interessen massiv verteidigen werden, sollte Russland diese oder die Interessen unserer Verbündeten verletzen.«[32] Der Präsident habe zudem auch den Fall Nawalny angesprochen.

Der russische Patient war einige Tage zuvor mit großem journalistischen Gefolge aus Berlin nach Moskau geflogen. Alexej Nawalny hat seine Rückkehr sorgfältig choreographiert und Datum und Flugnummer auf Instagram kurz vorher angekündigt. »Keiner verstand es bisher so gut wie Nawalny, die Repressionen gegen sich medial auszuschlachten«, kommentiert die *Zeit* die erfolgreiche PR-Arbeit des Polit-Aktivisten. »Kaum eine Festnahme, die er nicht auf seinem Instagram-Account hochlud. Keine Haft, die er nicht wortreich in den sozialen Medien kommentierte. Die Enthüllungen über den Mordversuch an ihm wurden zu einem regelrechten Medien-Happening.«[33]

Er wird planmäßig nach der Landung verhaftet. Die Behörden werfen ihm Verstöße gegen Bewährungsauflagen vor, die der Oppositionelle bewusst nicht eingehalten habe, obwohl er schon seit Monaten aus dem Krankenhaus in Berlin entlassen worden war. Der mediale *High Noon*-Moment auf dem Flughafen in Moskau garantiert die nötige Öffentlichkeit. Er ist nur das Vorspiel zu Nawalnys lange geplantem Frontalangriff. Während der russische Oppositionspolitiker sich zuvor über Monate als Gast der deutschen Bundesregierung mit BKA-Schutz im Schwarzwald offiziell von den Folgen des Anschlags erholte, arbeitete er an einer politischen Kamikaze-Attacke. Dafür hatte eine amerikanische Produktionsfirma aus Los Angeles eigens ein professionelles Filmstudio im Breisgauer Land angemietet und schon einmal die Rohfassung eines vermeintlichen Enthüllungsfilmes über den russischen Präsidenten geliefert, die Nawalny in dieser Zeit fertigstellt und vertont.[34]

Zwei Tage nach seiner Verhaftung in Russland stellt sein Team den Streifen ins Netz und ruft über TikTok und Telegram zu landesweiten Demonstrationen auf.

Fast zwei Stunden erzählt ein getriebener Alexej Nawalny in dem Film atemlos, wie Wladimir Putin sich einen milliardenschweren Palast am Schwarzen Meer bauen lässt, finanziert durch Korruption, um seiner Sucht nach Luxus und Prunk zu frönen, während das Volk darbt. Die Botschaft: Putin muss weg und Nawalny wird es richten.

Beweise, dass Putin Auftraggeber oder Besitzer des vermeintlichen Prunkschlosses ist, legt er nicht vor. Die Bilder, die den Präsidenten vor Ort zeigen, stammen aus anderen Filmen und sind einmontiert worden. Die scheinbar authentischen Belege von Sälen voller Gold und barocker Pracht sind Computeranimationen. Auch eine goldene Klobürste fehlt nicht. »Das Haupthaus des Anwesens hat Bond-Bösewicht-Größe«, beschreibt die *Zeit* den angeblichen Putin-Palast, »das Interieur erfüllt alle Klischees, die über russische Milliardäre unter Menschen im Westen zirkulieren.« Tausende meist junger Russen gehen anschließend gegen Korruption und für die Freilassung ihres Idols in Moskau oder St. Petersburg auf die Straße. Das Video wird innerhalb weniger Tage millionenfach abgerufen.[35]

Das Dementi Putins – »nichts von dem, was hier als mein Besitz aufgeführt wird, gehört mir oder meinen engen Verwandten, und das hat es auch niemals« – wird von den westlichen Medien nur als die pflichtschuldige Bestätigung der Vorwürfe betrachtet. Eine Überprüfung findet nicht statt.

Auf die politische Provokation reagiert die russische Staatsmacht vorhersehbar. Die Polizei geht gegen die verbotenen Demonstrationen mit Härte vor. Bilder, die für Putins Gegner nur ein weiterer Beweis für den repressiven Charakter des Regimes sind. Da passt auch das Gerichtsurteil einige Wochen später, das Nawalnys Bewährungsstrafe aufhebt und ihn für die restlichen zwei Jahre und acht Monate Jahre ins Gefängnis schickt.

Nawalnys Stabschef Leonid Wolkow, der aus Deutschland die Aktion koordiniert, gibt in der *FAZ* die historische Perspektive der Mission zu Protokoll: »Die Möglichkeit, dass wir unser Ziel nicht erreichen, ziehen wir nicht in Betracht. Wir sind von der Geschichte bestimmt zu siegen.«[36]

Glaubt man den Umfrageergebnissen der russischen Meinungsforscher, die nach dem vermeintlichen Putin-Palast-Video und den Demonstrationen ihre Landsleute befragt haben, könnte das noch ziemlich lange dauern. Fast zwei Drittel der Befragten (64 Prozent) waren demnach mit dem Kurs des Präsidenten Putin einverstanden. Der Soziologe und Direktor des unabhängigen Lewada-Instituts Lev Gudkov – kein Putin Freund – rechnet nicht mit andauernden Massenprotesten. »Der größte Teil der Bevölkerung interessiert sich nicht für Nawalny und seine Aktionen«, so Gudkovs Analyse. Auch wenn er unter Jüngeren ein paar mehr Anhänger habe. Nawalny habe allenfalls eine Art Kultstatuts »als Krieger« – lautet sein Resümee nach der Auswertung der Daten. »Aber das sind nicht wir.«[37]

Für Polen, die baltischen Staaten und die Ukraine ist der Fall Nawalny und der Zeitpunkt des Palastvideos ein perfektes politisches Timing. Sie feiern den russischen Oppositionspolitiker und fordern weitere Sanktionen gegen Russland, sowie, einmal mehr, den sofortigen Stopp von Nord

Stream 2. Auch im Europaparlament initiieren lettische und polnische Abgeordnete eine erfolgreiche Abstimmung gegen das Projekt.

Ein gutes Jahr nach dem politischen Neustart des deutsch-russischen Verhältnisses im Januar 2020 von Angela Merkel und Wladimir Putin, ist nicht mehr viel davon übrig geblieben. Merkels Zeit ist abgelaufen.

Transatlantiker und Überzeugungstäter

New York, Dezember 2020. Die letzten Sitzungen des Sicherheitsrats. Das Gremium ist die mächtigste Instanz der UNO. Der Rat besteht aus fünf ständigen Mitgliedern mit Vetorecht, darunter China und Russland, und zehn nichtständigen Mitgliedern, die für zwei Jahre Sitz und Stimme haben, wie etwa Deutschland. Die Bundesrepublik ist voraussichtlich in acht Jahren wieder an der Reihe.

Es ist die passende Bühne für den letzten Auftritt von Christoph Heusgen, dem Mann aus dem Maschinenraum des Bundeskanzleramts. Er hat wie kein anderer die Außenpolitik der Ära Merkel bestimmt. Es waren seine Ratschläge, denen die Kanzlerin aus der einstigen DDR in der Regel gefolgt ist. Zwölf Jahre war er außenpolitischer Berater und Merkels Welterklärer. Heusgen ist CDU-Mitglied, Transatlantiker und Überzeugungstäter. Der Apothekersohn aus Neuss war Austauschschüler in Ohio, studierte in Georgia und trat seine erste Stelle als Diplomat im Generalkonsulat in Chicago an. Der Job im Sicherheitsrat ist der krönende Abschluss seiner Karriere.

Heusgen ist ein selbsterklärter Freund der Freiheit und nicht von Russland. Der Nebenaußenminister der Regierung wird sich zum Abschied noch einmal ein heftiges Gefecht mit Russland und China liefern.

Heusgen klagt an: Der UN-Sicherheitsrat habe die Menschen in Syrien »fallen gelassen«. Russland unterstütze nicht nur den syrischen Machthaber Assad im Bürgerkrieg, sondern trage auch selbst zum »Leiden und Tod« der Menschen bei. Und auch den Chinesen warf er einmal mehr vor, Menschenrechte zu verletzen.

Die Antwort des russischen Diplomaten fällt kühl aus. »Sie werden uns nicht fehlen«, fasst er die Arbeit Heusgens zusammen. Der deutsche Weg zu einer ständigen Mitgliedschaft »wird schwierig sein«, so der Abschiedsgruß des chinesischen Botschafters Yao Shaojun. Die Bundesrepublik bemüht sich seit Jahren um einen ständigen Sitz in dem Gremium. Es ist Heusgens letzter Job. Seither ist er in Pension.

Wie Heusgen seine Aufgabe als deutscher Diplomat sah, erklärt er kurz danach der *Tagesschau*: »Ich sehe es durchaus als Ehre an, dass Russland es als störend empfunden hat, dass wir wieder und wieder bei jedem der vielen Themen, die auf der Tagesordnung standen, Wert darauf gelegt haben, dass sich die Staatengemeinschaft nach internationalem Recht richten muss.«[38]

Die Neigung Deutschlands, sich als »die moralische Leitnation Europas zu präsentieren«, sagte der Historiker Heinrich August Winkler im Interview, »muss auf große Skepsis bei anderen Völkern stoßen. Manchmal hat man den Eindruck, als glaubten viele Deutsche, Deutschland könne die Weltprobleme lösen.« Das Problem, das dieser Haltung zugrunde liegt, hat der Schriftsteller Leo Tolstoi bereits vor über hundert Jahren formuliert: »Alle wollen die Welt verändern, aber keiner sich selbst.«

Amerika wird sich unter Joe Biden vorrangig mit sich selbst und China beschäftigen. Europa dient Washington lediglich als nützlicher Verbündeter, um Russland als Nachfolger des einstigen Erbfeinds Sowjetunion weiter zu isolieren. Die USA setzen auf dabei auf die alten Rechnungen der einstigen Sowjetrepubliken mit Russland und die eigene Softpower. Auf das, was Arthur Miller, der Autor der *Hexenjagd* als ein ewiges Trauma beschrieben hat: »Es gibt zwei Wahrheiten. Die eine, die uns gefällt und die andere, die uns verfolgt.«

Für Angela Merkel bestand Diplomatie darin, dafür zu sorgen, dass andere Länder gefälligst genauso – oder zumindest so ähnlich – wie wir sein sollen. Bestimmt durch den Anspruch einer deutschen moralischer Überlegenheit, die gerne zusammen mit der wirtschaftlichen Macht Deutschlands eingesetzt wird.

Die Grünen tragen diesen Kurs mit. Gemeinsam mit transatlantischen Lobby-Organisationen wie der Atlantik-Brücke, dem German Marshall Fund und dem Aspen Institute hat die Heinrich-Böll-Stiftung zur Amtseinführung des neuen US-Präsidenten einen Aufruf »für eine neue Übereinkunft zwischen Deutschland und Amerika« verfasst.[39]

Die europäischen Nato-Staaten sollen »ihre Fähigkeiten zur konventionellen Verteidigung« erheblich erhöhen. »Dadurch entlasten sie die USA in Europa und erleichtern es ihnen, sich auf den Indo-Pazifik zu konzentrieren.« Das hat wenig mit der Forderung des französischen Präsidenten zu tun, die Nato nicht auf ein außenpolitischen Machtinstrument der USA zu reduzieren. Es ist die politische Version der unterlassenen Hilfeleistung für ein gemeinsames Europa.

Es wird auch nicht reichen, um in einer multipolaren

Welt zu bestehen. Die Corona-Pandemie hat den Nationalismus weiter wachsen lassen. Ein gemeinsames Europa wird es nicht ohne Russland geben. Nicht nur, weil das Land die größte Atommacht der Welt ist. Sondern auch, weil Moskau Teil der europäischen Geschichte ist. Ohne Russland wird es keine Aufarbeitung der Vergangenheit geben. Europa wird da stehen bleiben, wo wir schon nach dem Ersten Weltkrieg standen – in den Schützengräben. Der Krieg der Erinnerung anstelle der Erinnerung an die Kriege garantiert nur eines: Krieg.

Ausgewählte Literatur

Egon Bahr: Das musst du erzählen. Erinnerungen an Willy Brandt. Propyläen 2013.

Norman Davies: God's Playground. A history of Poland. Revised Edition. Oxford University Press 2002.

Francis Fukuyama: Das Ende der Geschichte. Kindler 1992.

Gabriel Gorodetsky (Hrsg.): Die Maiski-Tagebücher. Ein Diplomat im Kampf gegen Hitler 1932–1943. C.H. Beck 2016.

Ian Kershaw: Höllensturz. Europa 1914 bis 1949. DVA 2016.

Ivan Krastev, Stephen Holmes: Das Licht, das erlosch. Eine Abrechnung. Ullstein 2019.

Jörn Leonhard: Der überforderte Frieden. Versailles und die Welt 1918–1923. C.H. Beck 2019.

Jörn Leonhard: Die Büchse der Pandora. Geschichte des Ersten Weltkriegs. C.H. Beck 2014.

Mark Lilla: The Once and Future Liberal. After Identity Politics. HarperCollins 2017.

Arthur Miller: Hexenjagd. S. Fischer 1954.

Heinrich August Winkler: Wie wir wurden, was wir sind. Eine kurze Geschichte der Deutschen. C.H. Beck 2020.

Bob Woodward: Wut. Hanser 2020.

Anmerkungen

Prolog

1 »Again They Drink From the Cup of Suspicion«, New York Times, 26.11.1989.

2 ARD-alpha, 15.11.2017.

3 The Washington Post, 20.7.1990.

4 »Remarks by President Trump at a Signing Ceremony for H.R. 5515, ›John S. McCain National Defense Authorization Act for Fiscal Year 2019‹« (whitehouse.gov).

5 »Exclusive: Trump says China wants him to lose his re-election bid«, 30.4.2020 (reuters.com).

6 »Trump calls himself ›the chosen one‹ during erratic rant« (CNN, YouTube, 21.8.2019).

7 cruz.senate.gov/files/documents/Letters/2020.08.05%20Final%20Mukran%20Port%20Letter.pdf

8 »Trumps Lügen schaffen Klarheit: Er will Russland aus dem Markt boxen«, FAZ, 15.7.2018.

9 »Trump über Deutschland: Sie nutzen uns seit vielen Jahren aus«, Süddeutsche Zeitung, 29.7.2020.

10 »Entschließungsantrag – eingereicht im Anschluss an Erklärungen des Rates und der Kommission gemäß Artikel 132 Absatz 2 der Geschäftsordnung zum 80. Jahrestag des Beginns des Zweiten Weltkriegs und zur Bedeutung des europäischen Geschichtsbewusstseins für die Zukunft Europas«, Brüssel, 17.9.2019 (europaparl.europa.eu).

11 Johann Michael Möller: »Krieg der Erinnerungen«, Petersburger Dialog, Juli 2019.

12 »Emmanuel Macron in his own words (English)«, economist.com, 7.11.2019.

13 »Transcript of President Obama's Jan. 17 speech on NSA reforms« (washingtonpost.com).

1 Deutschlands langer Abschied von Amerika

1 »Munich Security Report 2020 – Westlessness« (securityconference.org).

2 »Eröffnung der Münchner Sicherheitskonferenz«, 14.2.2020 (bundespraesident.de).

3 Berthold Kohler: »Rettung nur mit Realismus«, FAZ, 14.2.2020.

4 Michael Pompeo: »The West Is Winning«. Rede auf der Münchner Sicherheitskonferenz, 15.2.2020 (state.gov).

5 Mark T. Esper: »As Prepared Remarks by Secretary of Defense Mark T. Esper at the Munich Security Conference«, 15.2.2020 (defense.gov).

6 Siehe dazu: Jochen Bittner, »Kein Grund zur Beruhigung«, Die Zeit, 9.2.2007.

7 Wolfgang Ischinger: »Chairman's Interview with Emmanuel Macron«, 15.2.2020 (securityconference.org).

8 »›The West is Winning,‹ Pompeo said. The West Wasn't Buying It«, The New York Times, 16.2.2020 (nytimes.org).

2 Merkels Rückkehr zur Realität

1 »Mitschrift Pressekonferenz … von Bundeskanzlerin Merkel und dem Präsidenten von Russland, Wladimir Putin in Moskau«, 11.1.2020 (bundeskanzlerin.de).

2 »Regierungserklärung des Bundesaußenministers Guido Westerwelle zum Umbruch in der arabischen Welt (Mitschrift)«, 16. März 2011 (archiv.bundesregierung.de).

3 Michael Kramer: »Rescuing Boris«, Time, 15.7.1996 (content.time.com/time/magazine/article/0,9171,136204,00.html); siehe auch: »Eine verdammte Lüge – Wie amerikanische Experten Boris Jelzins Wahlsieg organisierten«, Der Spiegel, 15.7.1996 (spiegel.de), sowie: Clinton Digital Library, »Declassified Documents Concerning

Russian President Boris Yeltsin« (memorandum of conversations (memcons) and memorandum of telephone conversations (telcons) between President Clinton and President Boris Yeltsin of Russia, April 21, 1996 through December 31, 1999), 13.7.2018.

4 »Memorandum of Telephone Conversation: Telcon with Russian President Boris Yeltsin«, 31.12.1999 (nsarchiv.gwu.edu).

5 Dokumentation: »Die Rede an die Nation«, 31.12.1999 (spiegel.de).

3 Putins Operation Machterhalt

1 »Presidential Address to the Federal Assembly«, 15.1.2020 (eu.kremlin.ru).

2 »Putin Outlines Political Overhaul, Including Possible Post for Himself«, The New York Times, 20.1.2020 (nytimes.com).

3 Christian Esch: »Putin, der Hütchenspieler«, Der Spiegel, 17.2.2020 (spiegel.de).

4 Europa und die Suche nach Gemeinsamkeit

1 Ivo H. Daalder/James M. Lindsay: »The Committee to Save the World Order – America's Allies Must Step Up as America Steps Down«, November/December 2018 (foreignaffairs.com).

2 »›I think the European Union is a foe,‹ Trump says ahead of Putin meeting in Helsinki«, 15.7.2018 (cbsnews.com).

3 Congressional Research Service: »U.S. Sanctions on Russia, Updated January 17, 2020« (fas.org/sgp/crs/row/R45415.pdf).

4 »Enormer Wandel der politischen Rhetorik«, FAZ, 29.5.2017 (faz.net).

5 Ivan Krastev/Stephen Holmes: Das Licht, das erlosch. Eine Abrechnung. Deutsch von Karin Schuler, Berlin: Ullstein 2019.

6 Mark Lilla: »Die wollen deine Seele« (Interview: Lars Weisbrod), Die Zeit, 10.1.2018 (zeit.de).

7 Robert Costa/Philip Rucker: »Woodward book: Trump says he knew coronavirus was ›deadly‹ and worse than the flu while intentionally misleading Americans«, The Washington Post, 9.9.2020 (washingtonpost.com).

8 Maurizio Massari: »Italian ambassador to the EU: Italy needs Europe's help«, Politico, 10.3.2020 (politico.eu).

9 Alexander Sarovic: »Europa verliert den Kampf der Bilder«, Der Spiegel, 25.3.2020 (spiegel.de).

10 Kurt M. Campbell/Rush Doshi: »The Coronavirus Could Reshape Global Order«, Foreign Affairs, 18.3.2020 (foreignaffairs.com).

11 Report of the WHO-China Joint Mission on Coronavirus Disease 2019 (COVID-19), 16.–24.2.2020 (who-china-joint-mission-on-covid-19---final-report-1100hr-28feb2020–11mar-update.pdf).

12 Ursula von der Leyen: »Scusateci, ora la Ue è con voi«, Repubblica, 1.4.2020 (rep.repubblica.it).

13 John McCain: »Why We Must Support Human Rights«, The New York Times, 8.5.2017 (nytimes.com).

5 Der Kampf um Nord Stream 2

1 »Sens. Cruz, Johnson Put Company Installing Putin's Pipeline on Formal Legal Notice«, 31.12.2019 (cruz.senate.gov).

2 Siehe: Opensecrets.org, »Oil & Gas: Top Recipients«, »2018«, »Senators«.

3 »Sens. Cruz, Shaheen's Bipartisan Bill Imposing Sanctions for Involvement in Russia's Nord Stream 2 Pipeline Advances out of Committee«, 31.7.2019 (cruz.senate.gov).

4 »Sen. Cruz: ›U.S. Must Stop Russia's Nord Stream 2‹«, 30.10.2019.

5 Kurt Kister: »Die US-Sanktionen sind falsch, anmaßend und heuchlerisch«, Süddeutsche Zeitung, 12.12.2019 (sueddeutsche.de).

6 Siehe dazu: Ines Zöttl, »Der Fluch des schwarzen Goldes«, Der Spiegel, 2.3.2020 (spiegel.de).

7 Matt Phillips/Clifford Krauss: »American Oil Drillers Were Hanging On by a Thread. Then Came the Virus«, The New York Times, 20.3.2020 (nytimes.com).

8 Malte Lehming: »Vergangenheitsbewältigung hält er für eine kranke deutsche Mentalität. Douglas Macgregor soll neuer US-Botschafter werden«, Der Tagesspiegel, 5.8.2020 (tagesspiegel.de).

6 Eine neue Schlacht in einem alten Krieg

1 Bernard Gwertzman: »Reagan lifts sanctions on sales for soviet pipeline; reports accord with allies«, Special To The New York Times, 14.11.1982 (nytimes.com).

2 Siehe dazu: Wolfgang Hoffmann, »Ein Kampf mit stumpfen Waffen. Der Boykott gegen die UdSSR«, Die Zeit, 8.1.1982 (zeit.de).

3 Director of Central Intelligence: »The Soviet Gas Pipeline in Perspective«, 21.9.1982 (cia.gov).

4 Siehe: books.google.de, »Proposed Trans-Siberian Natural Gas Pipeline: Hearing Before the Committee …«, »Statement of James L. Nelligan«.

5 Paul Lewis: »A Soviet Project Tempts Europe«, The New York Times, 30.5.1982 (nytimes.com).

6 Siehe dazu: »Schmidt Expects Others to Follow French Lead«, The New York Times, 23.7.1982 (nytimes.com), und: »›Die Amerikaner machen die Allianz kaputt‹«, Der Spiegel, 26.7.1982 (spiegel.de).

7 Syrien 2020

1 Siehe dazu: »ISIS Leader al-Baghdadi Is Dead, Trump Says«; »Trump's Syria Troop Withdrawal Complicated Plans for al-Baghdadi Raid«; »Abu Bakr al-Baghdadi, ISIS Leader known for His Brutality, Is Dead at 48«, alle: New York Times, 27.10.2019 (nytimes.com).

2 Siehe dazu: Günter Seufert, »Die Lektion von Idlib«, Le Monde diplomatique, April 2020 (scp-berlin.org).

3 »Text of Bush Speech«, 1.5.2003 (cbsnews.com).

4 Siehe auch: Marc von Lüpke/Danny Kringiel: »Der Kreuzzug. Erfundene Massenvernichtungswaffen, ein Foltergefängnis und am Ende ein gehängter Diktator: 2003 zogen die USA und Großbritannien in den Irakkrieg. Stationen eines Desasters«, Der Spiegel, 6.7.2016 (spiegel.de); außerdem: »Mission Accomplished speech« (en.wikipedia.org).

5 Siehe dazu: Text: »Bush's Speech on Iraq«, The New York Times, 18.3.2003 (nytimes.com).

6 »Powell: ›Schandfleck meiner Karriere‹«, FAZ, 9.9.2005 (faz.net).

7 Siehe: Katie Glueck/Thomas Kaplan, »Joe Biden's Vote for War«, New York Times, 12.1.2020 (nytimes.com); außerdem: Alison Mitchell/Carl Hulse, »Threats and Responses: The Vote; Congress Authorizes Bush to Use Force Against Iraq, Creating Broad Mandate«, The New York Times, 11.10.2002 (nytimes.com).

8 Siehe: Angela Merkel, »Schroeder Doesn't Speak for All Germans«, The Washington Post, 20.2.2003 (washingtonpost.com); sowie: Matthias Geis, »Stillgestanden! Angela Merkel unterstützte einst den Irak-Krieg des George W. Bush. Jetzt entpuppt sie sich als Gegnerin jeglicher Intervention«, Die Zeit, 19.7.2009 (zeit.de).

9 Stefan Ulrich: »Bushs Kriegsschuld«, Süddeutsche Zeitung, 7.7.2016 (sueddeutsche.de).

8 Krieg im Irak

1 Joshua Eaton: »U.S. Military Now Sais ISIS Leader Was Held in Notorious Abu Ghraib Prison«, The Intercept, 25.8.2016 (theintercept.com).

2 »Colin Powell on the Bush Administration's Iraq War Mistakes«, Newsweek, 13.5.2012 (Newsweek.com).

3 Ben Hubbard/Eric Schmitt: »Military Skill and Terrorist Technique Fuel Success of ISIS«, The New York Times, 27.8.2014 (nytimes.com).

4 »Obama's Remarks on Libya«, The New York Times, 28.3.2011 (nytimes.com).

5 »Department of Defense Information Report« (judicialwatch.org/wp-content/uploads/2015/05/Pg.-291-Pgs.-287-293-JW-v-DOD-and-State-14-812-DOD-Release-2015-04-10-final-version11.pdf).

6 »BND warnt vor Saudi-Arabien«, FAZ, 2.12.2015 (faz.net).

7 »In Aleppo geben Islamisten den Ton an« (Michael Lüders im Interview mit Thielko Grieß), Deutschlandfunk, 1.8.2016 (deutschlandfunk.de).

8 Claas Relotius: »Ein Kinderspiel«, Der Spiegel, 23.6.2018.

9 Boris Rosenkranz: »Die Legende des Jungen, der angeblich den Krieg in Syrien auslöste«, Übermedien, 8.1.2019 (uebermedien.de).

10 Ullrich Fichter: »Spiegel legt Betrugsfall im eigenen Haus offen«, Der Spiegel, 19.12.2018 (spiegel.de).

11 Giovanni di Lorenzo: Unser Ruf steht auf dem Spiel, Zeit-Online, 29.3.2016.

12 »Global Trends – Forced Displacement 2018«, United Nations High Commissioner for Refugees, 2019 (unhcr.org).

13 Heinrich August Winkler: »Es gibt kein deutsches Moralmonopol«, Die Zeit, 21. April 2016.

9 Ukraine

1 »President opened a bridge in Stanytsia Luhanska«, 20.11.2019 (president.gov.ua).

2 Simon Shuster: »›I'm Not Afraid of the Impeachment Questions‹: How Ukrainian President Volodymyr Zelensky Is Navigating His Role in the Word's Biggest Political Drama«, Time, 5.12.2019 (time.com).

3 »Economy in Stanytsia Luhanska and Locals' Expectations from Normandy Summit«, hromadske international, 7.12.2019 (en.hromadske.ua).

4 »Meeting with President of France Emmanuel Macron – Vladimir Putin met with President of France Emmanuel Macron on the sidelines of the G20 Summit in Hamburg«, 8.7.2017 (en.kremlin.ru).

5 Georg Blume: »Schönwetter-Freunde«, Der Spiegel, 19.8.2019 (spiegel.de).

6 Michaela Wiegel: »Ein Europa von Lissabon bis Wladiwostock«, FAZ, 19.8.2019 (faz.net).

7 Christina Hebel/Alexander Sarovic/Christoph Schult: »Das Geheimnis der Steinmeier-Formel«, Der Spiegel, 9.12.2019 (spiegel.de).

8 maxrose.house.gov/uploadedfiles/2019.10.16_rose_fto_letter_to_state.pdf

9 »Ukraine's MIA head Avakov: Surkov lost his nerve during talks in Paris«, 10.12.2019, 112 Ukraine (112.international).

10 »Vladimir Selenski fasst das erste Jahr seiner Präsidentschaft zusammen«, 21.5.2020 (russland.news).

11 Volodymyr Zelensky: »I Expected War. I Didn't Expect Trump's Impeachment or a Pandemic«, The New York Times, 20.5.2020 (nytimes.com).

10 Burisma

1 Unclassified The White House: »Memorandum of Telephone Conversation … with President Zelensky of Ukraine«, 25.7.2019 (whitehouse.gov).

2 »Foreign Affairs Issue Launch with Former Vice President Joe Biden«, 23.1.2018 (cfr.org, YouTube-Video ab Min. 53:00).

3 Konrad Schuller: »Der Westen und die Revolution im Osten«, FAZ, 21.9.2005.

4 »Remarks by Vice President Joe Biden at a Meeting with Ukrainian Legislators«, Kiew, Ukraine, 22.4.2014 (obamawhitehouse.archives.gov).

5 Siehe: Michael Kranish/David L. Stern, »As vice president, Biden said Ukraine should increase gas production. Then his son got a job with a Ukrainian gas company«, The Washington Post, 22.7.2019 (washingtonpost.com); außerdem: Opensecret.org, »Sen. Joe Biden – Delaware«, »Member«, »Contributors 1989–2020«, Select cycle: »Career«.

6 Siehe dazu: Tom Llamas/Lucien Bruggeman/Matthew Mosk, »Biden sidesteps questions about his son's foreign business dealings but promises ethics pledge«, ABC New, 20.6.2019 (abcnnews.go.com); außerdem: Christopher Drew/Mike McIntire, »Obama Aides Defend Bank's Pay to Biden Son«, The New York Times, 24.8.2008 (nyteimes.com); sowie: »MBNA Paid Biden's Son As Biden Backed Bill«, CBS News, 25.8.2008 (cbsnws.com).

7 Siehe: Michael Scherer, »Ukrainian Employer of Joe Biden's Son Hires a D.C. Lobbyist«, Time, 7.7.2014 (time.com).

8 Paul Sonne/Michael Kranish/Matt Viser: »The gas tycoon and the vice president's son: The story of Hunter Biden's foray into Ukraine«, The Washington Post, 29.9.2019 (washingtonpost.com).

9 »Remarks by Vice President Joe Biden to The Ukrainian Rada«, Kiew, 9.12.2015 (obamawhitehouse.archives.gov).

10 Michael Kranish/David L. Stern: »As vice president, Biden said Ukraine should increase gas production. Then his son got a job with a Ukrainian gas company«, The Washington Post, 22.7.2019 (washingtonpost.com).

11 Impeachment

1 Charlie Savage: »8 Takeaways From the Whistle-Blower Complaint«, The New York Times, 26.9.2019 (nytimes.com).

2 Twitter.com: Donald Trump, @realDonaldTrump, 19.9.2019.

3 Siehe: Peter Baker, »Impeachment Trial Updates: Senate Acquits Trump, Ending Historic Trial«, The New York Times, 6.2.2020 (nytimes.com), sowie: Charlie Savage, »Inspector General Fired by Trump Urges Whistle-Blowers ›to Bravely Speak Up‹«, The New York Times, 6.4.2020 (nytimes.com).

4 Volodymyr Zelensky: »I Expected War. I Didn't Expect Trump's Impeachment or a Pandemic«, The New York Times, 20.5.2020 (nytimes.com).

5 »Poroschenko drohen zehn Jahre Gefängnis«, Der Spiegel, 10.6.2020 (spiegel.de).

12 Vom richtigen Gedenken

1 Frank-Walter Steinmeier: »Remembering the Holocaust: Fighting Antisemitism«, Fifth World Holocaust Forum at Yad Vashem, Jerusalem/Israel, 23.1.2020 (bundespraesident.de).

2 Sabine Müller: »Leider eine vertane Chance«, tagesschau.de, 23.1.2020.

3 Michael Wuliger: »Untertan 2.0. Die vermeintlich höhere Moral eines ARD-Kommentars«, Jüdische Allgemeine, 30.1.2020 (juedische-allgemeine.de); siehe auch: Alexander Wendt, »Das Weltmoralhauptamt schenkt den Juden einen Kommentar«, Publico, 24.1.2020.

4 Siehe: »Ceremony to unveil the Memorial Candle monument dedicated to the residents and defenders of besieged Leningrad«, 23.1.2020 (en.kremlin.ru); sowie: Stuart Winer/Toi Staff, »Israel and Russia dedicate Jerusalem memorial to WWII Leningrad siege«, The Times of Israel, 23.1.2020 (timesofisrael.com).

5 »Polens Präsident Duda reist nicht zu Holocaust-Gedenkfeier«, Der Spiegel, 7.1.2020 (spiegel.de).

6 Hans-Peter Föhrding: »›Polen hat eine lange Antisemitismus-Tradition‹«, Der Spiegel, 2.2.2018 (spiegel.de).

7 »Historiker: ›Die Polen sehen sich als größere Opfer als die Juden‹« (Interview mit Piotr Osęka), MDR Aktuell, 17.1.2019 (mdr.de).

8 »Israel kritisiert polnisches Gesetz zu NS-Todeslagern«, Der Spiegel, 27.1.2018 (spiegel.de).

13 Polens Tragik

1 »Angenommene Texte«, »Europas Gewissen und der Totalitarismus«, »Entschließung des Europäischen Parlaments vom 2. April 2009 zum Gewissen Europas und zum Totalitarismus«, Brüssel, 2.4.2009 (europarl.europa.eu).

2 Silvia Stöber: »Sollte Saakaschwili vor Gericht gestellt werden?«, tagesschau.de, 30.9.2009.

3 Alexey Miller: »Ihr seid nur Opfer, wir sind nur Täter«, FAZ, 21.2.2020 (faz.net).

4 »Entschließungsantrag – eingereicht im Anschluss an Erklärungen des Rates und der Kommission gemäß Artikel 132 Absatz 2 der Geschäftsordnung zum 80. Jahrestag des Beginns des Zweiten Weltkriegs und zur Bedeutung des europäischen Geschichtsbewusstseins für die Zukunft Europas«, Brüssel, 17.9.2019 (europarl.europa.eu/doceo/document/B-9-2019-0097_DE.html).

5 W.I. Lenin: »Brief an den Parteitag«, 4.1.1923, »Ergänzung zum Brief vom 24. Dezember 1922«, Werke, Bd. 36, Berlin (O) 1974.

6 »russland-analysen«, Nr. 365.1.2.2019 (laender-analysen.de/russland).

7 »CIS informal summit. An informal CIS summit took place in St Petersburg«, 20.12.2019 (en.kremlin.ru).

8 »Vladimir Putin: The Real Lessons of the 75th Anniversary of World War II«, The National Interest, 18.6.2020 (nationalinterest.com).

14 Anklagen aus der Vergangenheit

1 Jens Binsky: »Verspielte Chancen« (Interview mit Jörg Leonhard), Süddeutsche Zeitung, 21.10.2018 (sueddeutsche.de).

2 Siehe auch: Ann-Kathrin Nezik, »Vater des Völkerbunds«, Der Spiegel, 27.9.2016 (spiegel.de).

3 »Friedensvertrag von Versailles (›Versailler Vertrag‹). Vom 28. Juni 1919« (documentarchiv.de).

4 »PM Neville Chamberlain's speech on his peace negotiations with Hitler – 27 September 1938« (YouTube).

5 »Policy of His Majesty's Government«, Hansard, House of Commons debates, 5.10.1938, vol 339 cc 337–454 (api.parliament.uk/historic-hansard/commons/1938/oct/05/policy-of-his-majestys-government).

6 »International Situation«, Hansard, House of Commons debates, 19.5.1939, vol 347 cc 1809–86 (api.parliament.uk/historic-hansard/commons/1939/may/19/international-situation#-S5CV0347P0_19390519_HOC_43).

7 Martin Gilbert/Richard Gott: »Herr Hitler will den Frieden retten«, 2.9.1964 (spiegel.de).

8 »Vladimir Putin: The Real Lessons of the 75th Anniversary of World War II«, The National Interest, 18.6.2020 (nationalinterest.com).

9 Ian Kershaw: »Der Weg ins Inferno«, Die Zeit, 1.7.2011 (zeit.de).

10 Götz Aly: »Hört endlich auf, Russland zu demütigen«, Berliner Zeitung, 6.7.2020 (berliner-zeitung.de).

15 Polen und Putin

1 Siehe: Konrad Schuller, »Polens Gedenken im Schatten der Gegenwart«, FAZ, 29.8.2009 (faz.net).

2 »Polens Regierungschef warnt vor dem Vergessen«, tagesschau.de, 1.9.2009.

3 Christian Neef/Ralf Neukirch/Jan Puhl/Daniel Steinvorth: »Die Schlacht der Zwillinge«, Der Spiegel, 18.6.2007 (spiegel.de).

4 Siehe: Christian Neef, »Putin lässt den Hitler-Stalin-Pakt neu bewerten«, Der Spiegel, 16.8.2019 (spiegel.de).

5 »München war der Sündenfall – Nicht erst der Hitler-Stalin-Pakt ebnete den Weg zum Krieg. Aus dem Brief des russischen Ministerpräsidenten Wladimir Putin an die Polen«, Frankfurter Allgemeine Sonntagszeitung, 6.9.2009.

6 Siehe: John-Thor Dahlburg, »Yeltsin Hails New ›Era‹ as He and Walesa Sign Pacts«, The New York Times, 26.8.1993; sowie: Adam Krzeminski, »Operation Versöhnung«, Die Zeit, 31.3.2010.

7 Konrad Schuller: »Unendliches Leid über die Welt gebracht«, FAZ, 2.9.2009 (faz.net); siehe auch: »70th anniversary of second world war – live«, The Guardian, 1.9.2009 (theguardian.com).

8 Michael Ludwig: »Putin lädt Tusk nach Katyn ein«, FAZ, 4.2.2010 (faz.net).

9 »Prime Minister Vladimir Putin and his Polish counterpart Donald Tusk take part in a commemorative ceremony at Katyn Memorial«, 7.4.2010 (archive.government.ru); siehe auch: Benjamin Bidder, »Putin wagt den Kniefall vor Stalins Opfern«, Der Spiegel, 7.4.2010 (spiegel.de).

10 »Prime Minister Tusk: one word of truth may draw two great nations«, 7.4.2010 (premier.gov.pl).

11 Siehe: Benjamin Bidder, »Putin wagt den Kniefall vor Stalins Opfern«, a.a.O.; außerdem: »Polens Präsident Kaczynski stirbt bei Flugzeugabsturz«, Der Spiegel, 10.4.2010 (spiegel.de).

12 Konrad Schuller: »Ein Platz unter Königen«, FAZ, 15.4.2010 (faz.net).

13 Konrad Schuller: »Unterwerfung und Sühne«, FAZ, 27.2.2016 (faz.net).

14 Siehe: Jan Schulz-Ojala, »Kein Kino für den polnischen Botschafter«, Der Tagesspiegel, 6.11.2016 (tagesspiegel.de), sowie: Florian Hassel, »Verordnete Verschwörung«, Süddeutsche Zeitung, 9.9.2016 (sueddeutsche.de).

15 Gerhard Gnauck: »Kaczynski führt seine Gegner im Gerichtssaal vor«, Die Welt, 12.4.2017 (welt.de).

16 Siehe dazu: Monika Sieradzka, »Ein Trauma bestimmt die Politik in Polen«, Deutsche Welle, 10.4.2018 (dw.com); »Smolensk: Opferkult, Mythos, Religion« (Interview mit Zbigniew Mikołejko), MDR Aktuell, 14.4.2020 (mdr.de); sowie: Gerhard Gnauck, »Smolensk-Absturz spaltet Polen bis heute«, Deutsche Welle, 10.4.2018 (dw.com).

16 »Für uns oder gegen uns«

1 Siehe: Shane Harris/Ellen Nakashima/Michael Scherer/Sean Sullivan, »Bernie Sanders briefed by U.S. officials that Russia is trying to help his presidential campaign«, The Washington Post, 21.2.2020 (washingtonpost.com); sowie: Julian E. Barnes/Sydney Ember: »Russia Is Said to Be Interfering to Aid Sanders in Democratic Primaries«, The New York Times, 26.2.2020 (nytimes.com).

2 Anton Troianovski: »As Bernie Sanders Pushed for Closer Ties, Soviet Union Spotted Opportunity«, The New York Times, 5.3.2020.

3 »Klobuchar und Buttigieg unterstützen Joe Bidens Kampagne«, Süddeutsche Zeitung, 2.3.2020 (sueddeutsche.de).

4 Siehe: Annie Linskey/Matt Viser/Colby Itkowitz/Felicia Sonmez/John Wagner, »John Biden accepts Democratic presidential nomination, with a call for optimism at a time of fear«, The Washington Post, 21.8.2020 (washingtonpost.com); sowie: Jacob Pramuk, »Read Joe Biden's full 2020 Democratic National Convention speech«, CNBC, 21.8.2020 (cnbc.com).

5 Vanessa Friedman: »Joe Biden Says Goodbye, Uncle Joe and Hello, Father of the Nation«, The New York Times, 21.8.2020 (nytimes.com).

6 Ken Besingen/Miriam Elder/Mark Schoofs: »These Reports Allege Trump Has Deep Ties To Russia«, BuzzFeed News, 10.1.2017 (buzzfeednews.com); siehe außerdem: Scott Shane/Nicholas Confessore/Matthew Rosenberg, »How a Sensational, Unverified Dossier Became a Crisis for Donald Trump«, The New York Times, 11.1.2017 (nytimes.com).

7 »Background to ›Assessing Russian Activities and Intentions in Recent US Elections‹: The Analytic Process and Cyber Incident Attribution«, 6.1.2017 (dni.gov/files/documents/ICA_2017_01.pdf).

8 Michael D. Shear/David E. Sanger: »Putin Led a Complex Cyberattack Scheme to Aid Trump, Report Finds«, The New York Times, 6.1.2017 (nytimes.com).

9 Michael J. Morell: »I Ran the C.I.A. Now I'm Endorsing Hillary Clinton«, The New York Times, 5.8.2016 (nytimes.com).

10 »Snowdens Deutschland-Akte – Die Dokumente im PDF-Format«, Spiegel Netzwelt, 18.6.2014 (spiegel.de/netzwelt/web/snowdens-deutschland-akte-alle-dokumente-als-pdf-a-975885.html); siehe auch: Kai Biermann, »Was der NSA-Ausschuss erreicht hat und was nicht«, Zeit Online, 28.6.2017 (zeit.de).

11 Siehe: Michael V. Hayden, »Former CIA Chief: Trump is Russia's useful fool«, The Washington Post, 3. November 2016 (washingtonpost.com); außerdem: Julia Manchester, »Hayden: Trump deserves the respect due to any US president«, The Hill (ohne Datum) (thehill.com).

12 Dov H. Levin, »Sure, the U.S. and Russia often meddle in foreign elections. Does it matter?«, The Washington Post, 7.9.2016 (washingtonpost.com).

13 Scott Shane: »Russia Isn't the Only One Meddling in Elections. We Do It, Too«, The New York Times, 17.2.2018 (nytimes.com).

14 »›Five Eyes‹ fordern Zugang zu verschlüsselten Apps«, FAZ, 12.10.2020 (faz.net).

17 Öffentliche Meinung und alte Feindbilder

1 Juliet Eliperin/Adam Entous: »Russian operation hacked a Vermont utility, showing risk to U.S. electrical grid security, officials say«, The Washington Post, 31.12.2016 (washingtonpost.com).

2 Klaus Brinkbäumer: »Wie wir Trump loswerden«, Der Spiegel, 19.5.2017 (spiegel.de).

3 Christoph Scheuermann/Jörg Schmitt: »Was ein Ex-Spion Unglaubliches über Trump zusammengetragen hat«, Der Spiegel, 1.2.2019 (spiegel.de).

4 »Annotated Dossier« (annotateddossier.com).

5 Scheuermann/Schmitt: »Was ein Ex-Spion Unglaubliches über Trump zusammengetragen hat«, a.a.O.

6 Emily Tillett: »Victoria Nuland says Obama State Dept. informed FBI of reporting from Steele dossier«, CBS News, 4.2.2018 (cbsnews.com).

7 Office of the Inspector General/U.S. Department of Justice: »Review of Four FISA Applications and Other Aspects of the FBI's Crossfire Hurricane Investigation«, revidierte Fassung, Dezember 2019 (justice.gov/storage/120919-examination.pdf).

8 Michael S. Schmidt: »Top Agent Said F.B.I. Would Stop Trump From Becoming President«, New York Times, 14.6.2018 (nytimes.com).

9 Siehe auch: »FISA Warrant Application for Carter Page«, Februar 2020 (judiciary.senate.gov/imo/media/doc/FISA%20Warrant%20Application%20for%20Carter%20Page.pdf).

10 »The FBI's Dossier Deceit – New evidence that the bureau knew the Russia info was phony in 2017«, Wall Street Journal, 17. Juli 2020 (wsj.com), sowie: James Freeman, »›Somebody Needs to Go to Jail for This‹ – New evidence the FBI misled the Senate Intelligence committee about the Steele dossier«, Wall Street Journal, 14.8.2020 (wsj.com).

11 Erik Wemple: »The Steele dossier just sustained another body blow – What do CNN and MSNBC have to say?«, The Washington Post, 21. April 2020.

18 Opfer oder Patriot?

1 Asha Rangappa: »Trump, be a patriot, not a dupe, with Putin«, CNN, 15.7.2018 (edition.cnn.com).

2 The White House: »Remarks by President Trump and President Putin of the Russian Federation in Joint Press Conference«, Foreign Policy, 16.7.2018 (whitehouse.gov).

3 »I think we've all been foolish. We should have had this dialogue a long time ago – a long time before I got to office.«

4 »Nancy Pelosi condemns Putin meeting: ›Trump obviously seemed frightened‹«, Guardian News (YouTube), 19.7.2018.

5 Christoph Scheuermann / Christina Hebel: »Ziemlich neue Freunde«, Der Spiegel, 16.7.2018 (spiegel.de).

6 Maegan Vazquez: »Former intel chiefs condemn Trump's news conference with Putin«, CNN, 17.7.2018 (edition.cnn.com).

7 Zeke Miller / Eric Tucker / Deb Riechmann: »Trump says Coats is out as national intelligence director«, AP News, 29.7.2019 (apnews.com).

8 Bob Woodward: Rage, New York: Simon & Schuster 2020, S. 113 f.

9 »Vladimir Putin answered questions from Pavel Zarubin, Rossiya 1 TV channel journalist, author and co-host of the Moscow. Kremlin. Putin programme«, 7.10.2020 (en.kremlin.ru).

10 Office of the Deputy Attorney General, Washington, D.C., 20 530: »Appointment of Special Counsel to Investigate Russian Interference with the 2016 Presidential Election and Related Matters«, 17.5.2017 (en.wikisource.org).

11 »Read the Mueller Report: Searchable Document and Index«, New York Times, 18.4.2019 (nytimes.com); siehe auch: Daniel C. Schmidt, »Diese Sätze sind brisant für Donald Trump«, FAZ, 19.4.2019 (faz.net).

12 »Diese Sätze sind brisant für Donald Trump«, a.a.O.

13 »Russian oligarchs win case over ›Trump dossier‹ ties to Putin«, Financial Times, 8.7.2020.

14 »Read the Mueller Report«, a.a.O., S. 154 f.

15 Stefan Kornelius: »Der unbestechliche Mueller erweist Trump einen Dienst«, Süddeutsche Zeitung, 23.3.2019 (sueddeutsche.de).

16 Christoph Scheuermann: »Sind wir Trump-Kritiker einer Wunschvorstellung zum Opfer gefallen?«, Der Spiegel, 29.3.2020.

17 Spiegel-Verlag (Hg.): »Die Spiegel-Standards – Ergebnisse der Spiegel-Werkstatt«, Stand: Januar 2020 (spiegel.de).

19 Merkels Endspiel

1 Siehe: Elke Dangeleit, »Türkischer Krieg um Gas und Öl im östlichen Mittelmeer«, Telepolis, 4.3.2020 (heise.de); außerdem: »Athen fordert Dringlichkeitssitzung«, Der Spiegel, 11.8.2020 (spiegel.de); Alexandra Föderl-Schmid, »Israel beginnt neue Gasförderung«, Süddeutsche Zeitung, 1.1.2020 (sueddeutsche.de); Dominik Peters / Maximilian Popp / Christoph Sydow, »Monopoly im Mittelmeer«, Der Spiegel, 14.7.2019 (spiegel.de), sowie: Thomas

Seibert, »Die Türkei und Libyen wollen das Mittelmeer unter sich aufteilen«, Der Tagesspiegel, 5.12.2019 (tagesspiegel.de).

2 »Vor EU-Gipfel: Polen will Sanktionen und Dialog mit Belarus«, Deutsche Welle, 18.8.2020 (dw.com).

3 Siehe: »EU erkennt Lukaschenko nicht als legitimen Präsidenten an«, Die Zeit, 15.9.2020 (zeit.de); außerdem: »Putin warnt vor ausländischer Einmischung in Belarus«, Der Spiegel, 18.8.2020 (spiegel.de), sowie: »Telephone conversation with Federal Chancellor of Germany Angela Merkel«, 18.8.2020 (en.kremlin.ru).

4 »Pressekonferenz von Bundeskanzlerin Merkel und Präsident Macron am 20. August 2020 in Fort de Brégançon«, Mitschrift Pressekonferenz (bundesregierung.de).

5 Siehe: »›Bild‹ – Rettungsflugzeug für Nawalny unterwegs von Nürnberg nach Omsk«, Reuters, 21.8.2020 (de.reuters.com), sowie: »Nawalny: Nutzte Merkel spezielle Taktik, um ihn nach Deutschland zu bringen?«, Münchner Merkur, aktualisiert: 6.9.2020 (merkur.de).

6 Account von »Alexey Navalny« auf Twitter, 21.8.2020 (twitter.com/navalny/status/1296769338683338754).

7 Siehe: »Nawalny unter Schutz des Bundeskriminalamtes«, Die Welt, 23.8.2020 (welt.de), sowie: Andrei Kolesnikov, »The Return of the Berlin Patient«, The Moscow Times, 28.9.2020 (themoscowtimes.com); außerdem: Alexander Chernyshev u.a., »Das Nawalny-Komplott«, Der Spiegel, 28.8.2020 (spiegel.de).

8 Juliane von Mittelstaedt, »Putin ist eine destruktive Kraft der Weltpolitik«, Der Spiegel, 28.8.2020 (spiegel.de).

9 Siehe: »The Return of the Berlin Patient«, a.a.O.

10 youtube.com/channel/UCsAw3WynQJMm7tMy093y37A

11 Siehe: Yale/Maurice R. Greenberg World Fellows Program, »Alexey Navalny – Politician and Head. Anti-Corruption Foundation«, 2010 (worldfellows.yale.edu/person/alexey-navalny/).

12 Siehe: Levada-Center (Yuri Levada Analytical Center), Press-Releases, »Aleksey Navalny«, 20.3.2017 (levada.ru), sowie: »Presidential Election«, 18.2.2020 (levada.ru).

13 Siehe: »Oberster Gerichtshof hebt Urteil gegen Nawalny auf«, Der Spiegel, 16.11.2016 (spiegel.de), sowie: »Bewährungsstrafe für russischen Oppositionellen«, Zeit-Online, 8.2.2017 (zeit.de).

14 »Он вам не Димон«, YouTube, 2.3.2017 (youtube.com/watch?v=qrwlk7_GF9g).

15 Ann-Dorit Boy: »Medwedews geheimes Imperium«, Neue Zürcher Zeitung, 4.3.2017 (nzz.ch).

16 »Навальные – интервью после отравления/The Navalniys Post-poisoning«, YouTube (mit englischen Untertiteln), 5.10.2020 (youtube.com/watch?v=vps43rXgaZc), ab Minute 78:43.

17 Siehe: »Ex-Oligarch Chodorkowski unterstützt Nawalny bei Präsidentschaftswahl«, Zeit Online, 15.4.2017 (zeit.de), sowie: »Chodorkowski scheitert in Straßburg«, Der Spiegel, 31.5.2011 (spiegel.de).

18 Andrei Kolesnikov, »The Return of the Berlin Patient«, The Moscow Times, a.a.O.

19 »Pressestatement von Bundeskanzlerin Merkel zum Fall Nawalny am 2. September 2020 in Berlin«, Mitschrift Pressekonferenz (bundeskanzlerin.de); siehe auch: »Nawalny laut Bundesregierung mit Nervenkampfstoff vergiftet«, Der Spiegel, 2.9.2020 (spiegel.de).

20 Siehe: »OPCW Issues Report on Technical Assistance Requested by Germany«, OPCW/News, 6.10.2020 (opcw.org); außerdem: Florian Rötzer, »Wie hat das Bundeswehrlabor die Nowitschok-Vergiftung nachgewiesen?«, Telepolis, 16.9.2020 (heise.de), sowie: »Pressestatement von Bundeskanzlerin Merkel«, a.a.O.

21 Christina Hebel/Marcel Rosenbach: »›Ich fühle mich schuldig‹«, Der Spiegel, 4.9.2020 (spiegel.de).

22 Georg Mascolo/Holger Stark: »Teile und schweige«, Die Zeit, 21/16.5.2018 (zeit.de); siehe außerdem: »BND beschaffte Probe von Nervengift Nowitschok«, Der Spiegel, 15.6.2018 (spiegel.de), sowie: »Auch Tschechien hat an Nervengift geforscht«, Tages-Anzeiger, 4.5.2018 (tagesanzeiger.ch).

23 Mikhail Bushuev: »Nawalny-Bericht: ›Geheim, aber zweifelsfrei‹«, Deutsche Welle, 14.10.2020 (dw.com); siehe außerdem: Christoph Seidler, »›Waren sie wirklich so dumm?‹«, Der Spiegel, 26.8.2020 (spiegel.de).

24 Jasper von Altenbockum/Klaus-Dieter Frankenberger/Mona Jaeger: »›Es gibt nur eine Sprache, die Putin versteht‹«, Frankfurter Allgemeine, 3.9.2020 (faz.net).

25 Website der Altantik-Brücke: »Über uns« (atlantik-bruecke.org).

26 Siehe: RTL/ntv-Trendbarometer – Forsa-Aktuell: »CDU/CSU, SPD und AfD in der fünften Woche unverändert – Mehrheit der Deutschen für Fertigstellung von Nord Stream II – 95 Prozent

gegen Flüssiggas aus USA«, Presseportal, 12.9.2020 (presseportal.de), sowie: »Fall Nawalny – Umfrage zum Projektausstieg Nord Stream 2 in Deutschland 2020: Soll Deutschland aus dem Projekt Nord Stream 2 aussteigen?«, Statista Research Department, 18.9.2020 (de.statista.com).

27 »Heiko Maas droht erstmals mit Stopp von Nord Stream 2«, Zeit Online, 6.9.2020 (zeit.de), sowie: »Außenminister Heiko Maas zum Fall Nawalny«, Pressemitteilung 3.9.2020 (auswaertiges-amt.de).

28 Thomas Fischer: »Der schlimmste Fall, die schnellste Meinung«, Der Spiegel, 18.9.2020 (spiegel.de).

29 »Kreml reagiert auf Nawalnys Vergiftungsvorwürfe gegen den Präsidenten«, Russia Today, 1.10.2020 (de.rt.com); siehe auch: Benjamin Bidder/Christian Esch, »›Es war kein Schmerz, es war etwas Schlimmeres‹«, Der Spiegel, 1.10.2020 (spiegel.de).

30 »Erfolg für Nawalny im sibirischen Tomsk«, tagesschau.de, 21.9.2020; siehe auch: Friedrich Schmidt, »Siege für die Kreml-Partei, Erfolge für Nawalnyj«, Frankfurter Allgemeine, 14.9.2020 (faz.net).

31 »Telephone conversation with Prime Minister of Italy Giuseppe Conte«, 26.8.2020 (en.kremlin.ru).

32 Siehe etwa: »Timoschenkos Tochter fleht Merkel um Hilfe an«, Der Spiegel, 28.4.2012 (spiegel.de).

33 Sven Becker, »›Das schaut ganz Deutschland‹ – Eine PR-Gruppe um den letzten DDR-Regierungschef Lothar de Maizière orchestrierte in Berlin eine Kampagne für die Freilassung der ukrainischen Politikerin Julija Tymoschenko«, Der Spiegel, 19.12.2015 (spiegel.de).

34 »Verheugen schockiert über Westerwelles Auftritt in Kiew« (Interview), Deutschlandfunk, 21.12.2013 (deutschlandfunkkultur.de).

35 Sven Becker, »›Das schaut ganz Deutschland‹«, a.a.O.

36 Siehe: Christiane Hoffmann u.a., »Gipfel des Scheiterns«, Der Spiegel, 24.11.2014 (spiegel.de), sowie: Cathrin Kahlweit, »Präsident Janukowitsch verweigert Unterschrift«, Süddeutsche Zeitung (sueddeutsche.de).

20 Warten auf den nächsten Schritt

1 Siehe: Außenministerium der Russischen Föderation, »Erklärung des Außenministeriums Russlands zur Situation um Alexej Nawalny«, 9.9.2020 (mid.ru).

2 »Lawrow sagt laut Moskauer Ministerium Besuch in Berlin am Dienstag ab«, Reuters, 14.9.2020 (de.reuters.com).

3 Siehe: Office of the Historian, »36. Memorandum From the President's Assistant for National Security Affairs (Kissinger) to President Nixon«, Washington, 20.10.1969 (history.state.gov); sowie: Public Library of US Diplomacy: »Chancellor Brandt before his visit to Washington«, 17.4.1973 (wikileaks.org/plusd/cables/1973BONN05612_b.html).

4 Egon Bahr: Das musst du erzählen – Erinnerungen an Willy Brandt, Berlin: Propyläen 2013, S. 75.

5 Hans Monath/Anna Sauerbrey: Wie gedopt von seiner neuen Bedeutsamkeit, Der Tagesspiegel, 23.5.2018 (tagesspiegel.de).

6 »Maas: Politische Lösung für Syrien notwendig« (Interview mit dem Spiegel), bundesregierung.de, 14.4.2018.

7 »Interview mit der Zeitung Bild am Sonntag«, bundespraesident.de, 15.4.2018.

8 »Lavrov calls out West for ›arrogant‹ behavior over Navalny case«, TASS/Russian News Agency, 14.9.2020 (tass.com).

9 Siehe: Sebastian Eder, »Perfekt in Szene gesetzt«, Frankfurter Allgemeine, 28.10.2019 (faz.net); außerdem: »Außenminister Maas zum Abschluss des Deutschlandjahrs in den USA« (Pressemitteilung), auswaertiges-amt-de, 31.10.2019; sowie: »›Trump darf uns nicht spalten‹« (Interview), Hannoversche Allgemeine, 19.7.2018 (haz.de).

10 Siehe: »Maas ruft zu Protesten gegen Rechtsextremismus auf«, Der Tagesspiegel, 22.6.2019 (tagesspiegel.de), sowie: »Allianz für den Multilateralismus: Für ein Netzwerk internationaler Teamplayer«, auswaertiges-amt.de, 12.6.2019; außerdem: Ulrich Ladurner, »Der Untätige«, Zeit Online, 21.11.2019 (zeit.de).

11 Fyodor Lukyanov: »Is Russia's Dialogue with the EU Coming to an End? – Sergei Lavrov's recent comments on the EU may sound extreme, but they were a long time in the making«, The Moscow Times, 15.10.2020 (themoscowtimes.com).

12 Andreas Schwarzkopf: »Ausweg im Fall Nawalny gesucht«, Frankfurter Rundschau, 6.9.2020 (fr.de).

13 Siehe: »Außenminister Heiko Maas zum Fall Nawalny« (Pressemitteilung), auswaertiges-amt.de, 3.9.2020; sowie: »Putin zeigt Dialogbereitschaft mit Bundesregierung«, Zeit Online, 3.10.2020 (zeit.de).

21 Die polarisierten Staaten von Amerika

1 »Remarks by President Trump on the Election«, 5.11.2020 (whitehouse.gov).

2 Siehe: »Ergebnis der US-Wahl am 03. November 2020 nach Anzahl der Wählerstimmen, Statista Research Department, 18.9.2020« (Stand 5.1.2021) (de.statista.com), sowie: »Presidential Results: Joe Biden will become the 46th US president, CNN projects« (edition.cnn.com/election/2020/results/president).

3 Ross Douthat: »2020 Will Not Be Decisive«, The New York Times, 3.11.2020, (nytimes.com).

4 »2020 Will Not Be Decisive«, a.a.O.

5 Wörtlich nannte Hillary Clinton auf einer Wahlkampfveranstaltung am 9.9.2016 die Trump-Anhänger einen »basket of deplorables«, was in der Öffentlichkeit für große Empörung sorgte und heute mitverantwortlich gemacht wird für Clintons Wahlniederlage.

6 Mark Jurkowitz/Amy Mitchell/Elisa Shearer/Mason Walker: »U.S. Media Polarization and the 2020 Election: A Nation Divided«, Pew Research Center, 24.1.2020 (journalism.org).

7 Edmund Lee: »New York Times Hits 7 Million Subscribers as Digital Revenue Rises«, The New York Times, 5.11.2020.

8 Christiane Amanpour (London), CNN, 12.11.2020 (transcripts.cnn.com/TRANSCRIPTS/2011/12/ampr.01.html).

9 Michael Hanfeld: »Pharisäer haben immer Konjunktur«, FAZ, 27.12.2019 (faz.net).

10 Philipp Oehmke: »Die Zeit der Neutralität ist vorbei«, Der Spiegel, 11.6.2020 (spiegel.de).

11 Florian Gathmann: »Wir müssen so neutral sein wie möglich«, Der Spiegel, 11.6.2020 (spiegel.de).

12 Jonathan Safran Foer: »Was Menschen dazu bringt, für Donald Trump zu stimmen«, Der Spiegel, 20.11.2020.

13 Jörg Wimalasena: »Ein zerbrochenes Land«, Die Zeit, 2.11.2020.

14 Frauke Steffens: »Es liegt nicht nur an Trump«, FAZ, 16.12.2020.

15 Siehe: »Es liegt nicht nur an Trump«, a.a.O.

16 Philip Kennicott: »Revisiting King's metaphor about a nation's debt«, The Washington Post, 24.4.2011 (washingtonpost.com).

17 Siehe: »Donald Trump Speech ›Save America‹ Rally Transcript«, 6.1.2021 (rev.com); außerdem: Aaron Blake, »What Trump said before his supporters stormed the Capitol, annotated«, The Washington Post, 11.1.2021 (washingtonpost.com).

18 Niklas Maak: »Die amerikanische Nacht«, FAZ, 10.1.2021.

19 Verena Lueken: »Die Freiheit, die sie meinten«, FAZ, 31.10.2020.

20 Matthias Kolb: »Ellbogen-Gruß mit Biden«, Süddeutsche Zeitung, 8.11.2021 (sueddeutsche.de).

21 Stefan Becket/Melissa Quinn/Grace Segers/Audrey McNamara: »Biden says he told foreign leaders ›America is back‹«, CBS News, 11.11.2020 (cbsnews.com).

22 »La doctrine Macron: une conversation avec le Président français«, Le Grand Continent (Interview), 16.11.2020 (legrandcontinent.eu).

23 »Putin explains why German defense chief wants to deal with Russia from position of force«, tass.com, 17.12.2020; siehe auch: Daniel Friedrich Sturm, »Die gespaltene Welt«, 11.11.2020 (welt.de).

24 »Putin says it's early to congratulate US election winner as legal issues not sorted out«, tass.com, 22.11.2020.

25 »USA verlassen Abkommen über militärische Beobachtungsflüge«, Zeit-Online, 22.11.2020 (zeit.de).

26 »Putin gratuliert Biden zum Wahlsieg – ›Viel Erfolg‹«, reuters.com, 15.12.2020.

27 »Joe Biden Announcement Transcript November 24: Key Cabinet Picks«, rev.com, 24.11.2020.

28 Joseph Biden: »Why America Must Lead Again – Rescuing U.S. Foreign Policy After Trump«, Foreign Affairs, März/April 2020.

29 »Biden foreign policy adviser Antony Blinken on top global challenges«, cbsnews.com, 25.9.2020.

30 Quint Forgey: »Biden reveals national security team stacked with Obama veterans«, Politico, 23.11.2020 (politico.com).

31 Siehe: westexec.com

32 Eric Lipton/Kenneth P. Vogel: »Biden Aides' Ties to Consulting and Investment Firms Pose Ethics Test«, The New York Times, 15.12.2020 (nytimes.com).

33 Siehe: Nicolas Richter »Der Zynismus des Friedensnobelpreisträgers Obama«, Süddeutsche Zeitung, 7.2.2013 (sueddeutsche.de); außerdem: Marc Pitzke: »Auf der Liste des Todes«, Der Spiegel, 16.10.2015 (spiegel.de); sowie: Jacob Appelbaum / Matthias Gebauer / Susanne Koelbl / Laura Poitras / Gordon Repinski, Marcel Rosenbach / Holger Stark: »Obamas geheime Todeslisten«, Der Spiegel, 29.12.2014 (spiegel.de).

34 Siehe: Julian E. Barnes, »Biden Pick to Lead Spy Agencies Played Key Role in Drone Strike Program Under Obama«, The New York Times, 23.11.2020 (nytimes.com); außerdem: Frauke Steffens, »Gina Haspel bereut nichts«, FAZ, 10.5.2018 (faz.net); sowie: »US-Senat bestätigt Gina Haspel als CIA-Chefin«, Süddeutsche Zeitung, 17.5.2018 (sueddeutsche.de) und: Theresa Crysmann / Thomas Hummel / Leopold Zaak, »Eine diverse Mannschaft für Biden«, Süddeutsche Zeitung, 24.11.2020 (sueddeutsche.de).

22 Zurück auf Anfang

1 Andrew E. Kramer: »With Trump Fading, Ukraine's President Looks to a Reset With the U.S.«, The New York Times, 19.12.2020 (nytimes.com).

2 »Umfrage: Selenskyj für 42 % der Ukrainer Enttäuschung des Jahres«, Ukraine Crisis media center, 18.12.2020 (uacrisis.org).

3 Siehe: »Klitschko gewinnt Wiederwahl in Kiew«, Der Spiegel, 6.11.2020 (spiegel.de); sowie: Olexiy Haran, »Lokalwahlen unter den Bedingungen der Dezentralisierung: Erfolge für die Bürgermeister, Niederlagen für Selenskyj«, Ukraine-Analysen, 16.11.2020 (laender-anaylsen.de).

4 »Lokalwahlen in der Ukraine – eine kalte Dusche für die ›Diener des Volkes‹«, Rosa Luxemburg Stiftung, 2.11.2020 (rosalux.de).

5 25.12.2020 (focus.ua / politics / 470184-visokosnyy-god-vladimira-zelenskogo).

6 Siehe: »With Trump Fading, Ukraine's President Looks to a Reset With the U.S.«, a.a.O.

7 Siehe: »Polen, Litauen und Ukraine wollen enger zusammenarbeiten«, Die Zeit, 28.7.2020 (zeit.de).

8 Siehe: Thomas Wiegold, »Kommandowechsel beim NATO-Bataillon in Litauen: ›Marienberger Jäger‹ stellen siebte Rotation«, Augen geradeaus! (Blog), 6.2.2020 (augengeradeaus.net); sowie: »NATO recognises Ukraine as Enhanced Opportunities Partner«,

NATO Press Office/News, 12.6.2020 (nato.int); außerdem: Björn Müller, »›Litauisch-Polnisch-Ukrainische‹-Brigade: gefährliches Manöver in der Sicherheitspolitik?«, Pivot Area (Blog), 18.5.2015 (pivotarea.eu).

9 »Haftung und Kontrolle gehören zusammen«, bundeskanzlerin.de, 25.9.2012.

10 »Merkel erwartet Streit-Gipfel in Brüssel«, Der Spiegel, 27.6.2012 (spiegel.de).

11 Matthias Beerman: »Europa hat genug vom Merkelismus«, Die Rheinische Post, 28.8.2018 (rp-online.de).

12 Siehe: Europäische Kommission, »Bericht über die Rechtsstaatlichkeit 2020 – Die Lage der Rechtsstaatlichkeit in der Europäischen Union«, Brüssel, 30.9.2020 (COM, 2020.580 final) (ec.europa.de); sowie: »Von der Leyen weist Kritik an Rechtsstaatsklausel zurück«, 21.7.2020, Zeit-Online (zeit.de); außerdem: Georg Blume, »Fünf Eckpunkte, zwei davon historisch«, Zeit-Online, 21.7.2020 (zeit.de).

13 Wolfgang Merkel: »Trump, die Rechtspopulisten und die Demokratie«, Frankfurter Hefte, 1.1.2017 (Ausgabe 1+2) (frankfurter-hefte.de); siehe auch: Hans Monath, »Der Hochmut der Vernünftigen«, Der Tagesspiegel, 22.6.2017 (tagesspiegel.de).

14 Viktor Orbán: »Meine kleine Handgranate reicht dafür nicht« (Interview: Giovanni di Lorenzo), Zeit-Online, 25.11.2020.

15 Heinrich August Winkler: »›Als könne Deutschland die Weltprobleme lösen‹« (Interview: Klaus Wiegrefe), Der Spiegel, 31.12.2020.

16 »Vladimir Putin Meets with Members of the Valdai Discussion Club. Transcript of the Plenary Session of the 17th Annual Meeting«, valdaiclub.com, 22.10.2020.

17 »›Als könne Deutschland die Weltprobleme lösen‹«, a.a.O.

18 Fjodor Lukjanow: »Im Osten was Neues«, ipg-journal.de, 12.10.2020.

19 Siehe: »Baerbock fordert Stopp von Stiftung für Nord Stream 2«, Weserkurier, 13.1.2021 (weser-kurier.de); sowie: »Grünenchefin Baerbock greift Tarnstiftung für Pipelinebau an«, Der Spiegel, 13.1.2021 (spiegel.de); außerdem: »SPD kritisiert Baerbock-Aussage zu Nord Stream 2«, FAZ, 14.1.2021 (faz.net).

20 Emmanuel Macron: »Ich war nie für den Multikulturalismus« (Interview: Laureline Dupont), Der Spiegel, 6.1.2021.

21 Silke Bigalke: »Putin wirkt gelangweilt«, Süddeutsche Zeitung, 17.12.2020.

22 »Overextending and Unbalancing Russia – Assessing the Impact of Cost-Imposing Options«, RAND Corporation, 2019 (www.rand.org/t/RB1001).

23 »Russia Warned Turkish Government About Imminent Coup – Reports«, The Moscow Times, 21.7.2016 (themoscowtimes.com).

24 »Putin says maintains good relations with Merkel«, tass.com, 17.12.2020.

25 »Putin und Merkel diskutierten über gemeinsame Impfstoff-Produktion«, welt.de, 5.1.2021.

26 »Impfangebot für alle Deutschen schon im Juni?«, FAZ, 4.1.2021 (faz.net).

27 »60 Minutes – Punishing Saddam: Too Good to be True«, CBS, 12.5.1996 (vimeo.com/63097068).

28 »Secretary of State Madeleine K. Albright«, »Interview on NBC-TV ›The Today Show‹ with Matt Lauer«, Columbus, Ohio, 19.2.1998 (1997–2001.state.gov).

29 »Meeting of the Valdai Discussion Club«, 22.10.2020 (en.kremlin.ru).

30 Siehe: »Sanctions on Russian Entity and a Vessel Engaging in the Construction of Nord Stream 2« (ua.usembassy.gov) und »U.S. imposes sanctions on Russian vessel involved with Nord Stream 2 pipeline«, 19.1.2021 (reuters.com).

31 »Baerbock wirft Laschet Nähe zu Russland vor«, Der Spiegel, 20.1.2021 (spiegel.de).

32 »Readout of President Joseph R. Biden, Jr. Call with President Vladimir Putin of Russia« (whitehouse.gov).

33 Simone Brunner, »Alexej Nawalny: Die Heldenshow«, Die Zeit, 22.1.2021.

34 »Nawalny produzierte Putin-Film im Schwarzwald«, Badische Neueste Nachrichten, 23.1.21.

35 Dirk Peitz, »Palast von Wladimir Putin: Vollmöblierte Schurken«, Die Zeit, 22.1.2021.

36 Konrad Schuller, »Wir sind von der Geschichte bestimmt zu siegen«, FAZ, 23.1.2021.

37 »Presidential ratings and the state of the nation«, Levada-Center

(levada.ru); »Navalny and the Russians: It's complicated«, Deutsche Welle, 30.1.2021, (dw.com); »Putin's approval rating holds steady despite Navalny crackdown: poll«, Reuters (reuters.com).

38 Siehe: »Ein Neusser erklärt Merkel die Welt«, NGZ online, 11.1.2014; sowie: »Russland beschimpft deutsche Syrien-Politik als ›heuchlerisch‹«, Der Tagesspiegel, 17.12.2020; außerdem: »Mühsam, Veränderungen reinzubringen« (Interview), tagesschau.de, 30.12.2020.

39 »Transatlantisch? Traut Euch! Für eine Neue Übereinkunft zwischen Deutschland und Amerika« (anewagreement.org).